晋风

魏晋风度现象的另类解读

戚速 著

当代世界出版社

图书在版编目（CIP）数据

晋风：魏晋风度现象的另类解读 / 戚速著. —北京：当代世界出版社，2017.1

ISBN 978-7-5090-1152-2

Ⅰ.①晋… Ⅱ.①戚… Ⅲ.①中国历史—魏晋南北朝时代—通俗读物 Ⅳ.①K235.09

中国版本图书馆CIP数据核字（2016）第274189号

书　　名：	晋风：魏晋风度现象的另类解读
出版发行：	当代世界出版社
地　　址：	北京市复兴路4号（100860）
网　　址：	http：//www.worldpress.org.cn
编务电话：	（010）83908456
发行电话：	（010）83908409
	（010）83908455
	（010）83908377
	（010）83908423（邮购）
	（010）83908410（传真）
经　　销：	全国新华书店
印　　刷：	北京天宇万达印刷有限公司
开　　本：	710毫米×1000毫米　1/16
印　　张：	19
字　　数：	255千字
版　　次：	2017年1月第1版
印　　次：	2017年1月第1次
书　　号：	ISBN 978-7-5090-1152-2
定　　价：	39.00元

如发现印装质量问题，请与承印厂联系调换。
版权所有，翻印必究；未经许可，不得转载！

代前言

初心是冲着一种情怀

《晋鉴》出版后,引起了不少读者的关注。有朋友开玩笑:"赚了多少稿费啊?"我回答:"不仅没赚,反而弘扬了三倒贴精神:贴时间,贴购书费,贴快递费。"毕竟手头样书有限,碍于情面,还得从当当网上买。"那你图什么啊?"我说:"我图的是一种情怀,你相信吗?"朋友不置可否。是啊,这个年头,这个社会,提情怀是件不合时宜的事情。但没有情怀做支撑,我确实写不了那么多的文字,也坚持不了。

同样,两年前搞"指尖上的历史"这个公众号也曾经犹豫过,在时间频率上,如果不经常更新,容易被读者遗忘;经常更新,又怕自己没时间。在内容上,不媚俗不媚读者,怕掉粉;媚读者,又怕自己受委屈,因为自己根本不会去写那些靠标题吸引人、靠标新立异曲解历史、把历史娱乐化的文章。于是,我就在夹缝里求生存,自娱自乐。两年后,我再回头看公众号里的一句话:"不哗众,不取宠,认认真真读史,轻轻松松感悟,以史鉴今,以史资政,以史励人。'指尖上的历史'将用积极的方式借鉴历史上优秀廉政文化,用热情的态度去领略历史上丰富的勤政内涵,与您共同走进既远又近的历史空间。"原来,这才是我的初心。不忘初心,方得始终。

从《晋鉴》到《晋风》,我不是写历史,而是在评说历史。写历史需要皓首穷经的精神和精力，我显然缺乏这样的必要条件。评说肯定带有自己的观点，但难免会失之偏颇。不过我想，只要在忠于史实的前提下，视点是善意的，是正能量的，相信读者总会理解和宽容的。

如果说《晋鉴》关注的是当时国家和朝廷的命运，人性变恶了，欲望膨胀了，王朝就堪忧了；那么《晋风》所关注的是当时社会的风气，风度变夸张了，风气变糟糕了，国家自然也就岌岌可危了。晋朝完全是个玩物丧志的朝代，玩金钱财富，丧积极进取之志；玩清谈玄学，丧求真务实之志；玩门阀世家，丧建功立业之志；玩权力权势，丧振兴国家之志。

在那个特定的背景里，这群士大夫们活得是很幸福，目送归鸿，手挥五弦。他们一面侈谈名教与自然的"将无同"，一面穷极奢侈享受，名士与高官合为一体，而变乱就在这种风气中孕育。此风不到西晋最后灭亡，不能终止。这跟宋朝完全不同。"进亦忧退亦忧，然则何时而乐耶？"士大夫们抛却一己私欲，忧国忧民，注定悲凉一世。然而即使这样，许多良知未泯的士大夫仍在孜孜以求着自己的济世之梦。

晋武帝司马炎忘记了"承魏氏奢侈刻弊之后，百姓思古之遗风"的初心，导致西晋五十年亡国；刘裕的后人忘记了刘裕"严正有法度，未尝视珠玉舆马之饰"的初心，导致晋、宋之际反腐倡廉虎头蛇尾，匆匆收场。

以时间为纬，以人物为经，以人性和世态为切入点，从嵇叔夜到谢康乐，构成了魏晋风度的长长画卷。本书试图以清新的笔触去反映晋朝士大夫的普遍心态，以尖锐的文笔去揭示魏晋风度背后的本质，给现在的人们以某种深层次的启发。这就是我要写《晋风》的缘由。

感谢朋友徐博专门为《晋风》赋词一首：

六朝兴废，留与何人说？

晋陵雁过，江皋多少愁波。

> 举目见日落，不见旧城廓。
> 金谷园中，旖旎香尘零落。
> 曲水流觞，觥筹交错；
> 倚门长啸，谁知盛世惊破？
> 慨洛阳纸贵，羡掷果盈车。
> 一袭胡尘，尽染北国山河。
> 泣新亭，休作楚囚色；
> 叹神州，陆沉因何？
> 闲敲棋子，掌中定干戈。
> 晋世风流，曾入青史一册。

"朱雀桥边野草花，乌衣巷口夕阳斜。"诚然，我们再也看不到那个时代的名士风流，因为魏晋风度早已随着落下的夕阳，残化淡化，化作史书上的几行墨痕。

感谢各位好友的精心指点，大力支持，跟《晋风》共同体验晋朝人和事的沉沉浮浮；更感谢我妻子的一路陪伴，夫唱妇随，跟《晋风》一起感受读史写史的喜怒哀乐。

初心是冲着一种情怀，不忘初心，砥砺前行。

· 上篇 ·

一、且咏且啸，放荡的嵇康缘何执行两套标准 ...004
二、何晏：喜欢嗑药的男神拉开魏晋风度大幕 ...009
三、风度山涛：我的转变与我的魅力无须你懂 ...013
四、晋武帝是如何对待开国大臣的 ...017
五、羊祜的另类不跟风 ...021
六、杜预主动行贿的原因居然是这个 ...025
七、如果让我选择，我就选择简单生活 ...029
八、死在自己人的"圈套"之下 ...033
九、石崇另一面：被文学情怀害掉的"国民老公" ...038
十、绝世美女的自杀为何感动千古 ...042
十一、西晋反腐败：刘毅一个人的战斗 ...046
十二、游走于超世俗与极世俗之间的"会人" ...051
十三、王澄：一个清谈误事官员的典型案例 ...055
十四、潜规则活活害死了晋王朝 ...059
十五、西晋历史上一场关于反腐败的游戏 ...063
十六、一篇"恶搞"的文章为何会流传千年 ...067
十七、古代大众情人是怎么对待老婆的 ...071
十八、西晋撰写天下第一励志诗的人 ...075

十九、你可以指责任何人，唯独不能指责他 ...080

二十、借酒装疯是真糊涂还是假糊涂 ...084

二十一、英雄的落寞：成也名士败也名士 ...088

二十二、当嵇绍的忠诚遇到晋惠帝的痴呆 ...093

二十三、荒诞之所以为荒诞，恰恰是因为它如此真实 ...097

二十四、他第一个向西晋王朝发出高危预警 ...101

二十五、写《三国志》的陈寿是怎么摊上大事的 ...105

二十六、名士挽歌：四句雷人的话让他身败名裂 ...109

二十七、活在自己的世界里是这样子的 ...114

二十八、人性之恶：眼睁睁看着西晋灭亡 ...118

·下篇·

二十九、男色崇拜下的全民荒唐和疯狂 ...126

三十、名士恩怨：王导是如何误会周伯仁的 ...130

三十一、你说我糊涂，但后人会怀念我这种糊涂的 ...135

三十二、越是让他做官，他越是极力推辞 ...139

三十三、新亭：它不是景点，却一亭勾起了千年历史 ...143

三十四、看看这位官场术士的规矩：凡做事先摸自己的良心 ...147

三十五、人这辈子只需做对一件事就可以了 ...152

三十六、青年寒士王猛是如何完成三级跳的 ...157

三十七、任凭花开花落，我都荣辱不惊 ...162

三十八、葛洪为什么要多次辞官 ...166

三十九、喜欢摆谱的绝对是个不靠谱的人 ...170

四十、一旦风气变坏了，什么都将跟着坏 ...175

四十一、扑朔迷离的谢王离婚事件 ...179

四十二、尊重老婆应当是男人最大的美德 ...183

四十三、英雄相惜是一种什么情感？这种情感牢不牢靠 …187

四十四、人与人之间是有磁场的 …192

四十五、高规格的清谈专家上了战场会怎么样 …197

四十六、东晋第一男神：清谈的风度是用来做事的 …201

四十七、王羲之感叹：有权的小人更可怕 …205

四十八、待你厌倦江湖，我陪你归隐山林 …210

四十九、当高冷的谢道韫遇上窝囊的王凝之 …214

五十、跟着总是挣扎求生的老板注定没前途 …218

五十一、读懂生命之重，才能淡看得失之轻 …222

五十二、桓冲的大义让东晋这艘破船看到一丝曙光 …227

五十三、淝水之战：失败者所有的道理都是屁 …231

五十四、玩物不丧志：《梅花三弄》人间最销魂 …236

五十五、女尼的一句话改变了一个大臣的命运 …240

五十六、人不一定要出家，但一定要修行 …246

五十七、人际关系很差的他为何获得后人点赞 …248

五十八、没有什么比权欲更有吸引力，除非你低智商低功能 …252

五十九、四世纪的大辩论：出家人要不要跪拜皇帝 …257

六十、聪明人做了糊涂事，究竟由谁来买单 …262

六十一、求告密嗜好者的内心阴影面积 …266

六十二、东晋最后逆时代潮流而动的良臣 …270

六十三、走最苦的路，看最好的风景 …274

六十四、一生五次见风使舵的人，最后的结局竟是这样 …278

六十五、不满现状，他第一个向"东晋式特权"开刀 …283

六十六、谢大才子，你怎么可以忘记自己的初心 …287

参考文献 …292

上篇

西晋是一个社会动乱的年代，也是一个思想活跃的时代；是一个最好的时代，也是一个最坏的时代。这一切缘于它那种让人爱恨交加的魏晋风度。

风度的本意是人的举止姿态，是一个人内在实力的自然流露，也是一种魅力。魏晋风度，在很多人看来，是一种率直任诞、清峻通脱的名士风范，表现出的那一派烟云水气而又风流自赏的气度。饮酒、服药、清谈和纵情山水是那个年代的特征，更是名士们所普遍崇尚的生活方式。

原本，酒药陶冶其趣味，清谈巩固其志气，体味适当也未尝不可；然而在名人效应的影响下，清谈、药与酒渐渐在西晋社会被过度追捧。一旦这种风气在全社会乃至整个朝廷也流行起来，而且深深地漫淫其中，恐怕就不是什么好事了。有人说，流行性是纯品格的终结。国家衰亡在即，百姓流离失所，高谈阔论不绝，自由任性不止，觥筹交错不息，风度也只能是风度了。

好在不同的人对魏晋风度理解不一样，自然演绎的也就不一样。同是魏晋风度，一百个人就有一百种魏晋风度的表现。山涛虽身在官场，但人格独立，思想自由，做人诚信，为官清廉，令人钦佩；同样是高官的王衍，清谈误国、贪生怕死，最后身死匈奴兵而贻笑千古。嵇康形骸放浪，孤僻自傲，被朝廷所杀，死得悲惨，临死前弹奏一曲《广陵散》震撼千古；他的儿子嵇绍忠心耿耿，为保护晋惠帝死于乱军刀下，死得悲壮。同样是风度，张华以天下为己任，守住良心底线，成为西晋最令人唏嘘叹惋的乱世忠臣；而陆机却不识政治为何物，在鹿苑之战后被糊里糊涂地杀害，临死前发出了"华亭鹤唳，岂可复闻乎"的长长感慨。

魏晋风度究竟给司马王朝带来了什么，给江湖社会带进了什么，给士族文人濡染的又是什么？如果说《晋鉴》是试图通过司马王朝的兴衰来解剖人性的特点，那么今天要写的《晋风》，则欲从人物的命运来解读魏晋风度的演变。

来吧，让我们就从魏晋风度切入，了解这段岁月。品读历史，不仅能满足我们对过去的探究欲，更能满足我们对厚重历史的求知欲，因为我们不仅想知道历史，而且还想知道为什么会发生这样的历史。

一、且咏且啸，放荡的嵇康缘何执行两套标准

魏晋风度还得从一个名人嵇康说起，尽管谈及此人会让本书一开始就显得有些血腥，有些悲剧。

三国曹魏晚期，如果没有司马氏掌权篡位的话，估计嵇康依然坐着他那传达圣旨、中规中矩的中散大夫的官位，也就没有后来他所演绎的那种洒脱不羁的风度。

嵇康本是个很浪漫的人。司马氏掌权后，身为曹操曾孙女婿的他就远离了官场，躲进山林，整天啸咏。晋朝流行啸咏，不知道这表达方式是不是嵇康发明的。啸是吹口哨，咏是歌咏，即用一种特殊的语气吹出曲调。啸咏后来演化为文士们的一种习俗，代表着放诞不羁、傲世凛然的一种姿态。

嵇康喜欢读老子和庄子的著作。他常常认为神仙禀受于自然，不是积累修行能够达到的，也常常希望有一个能与他相得益彰的人。他和阮籍、山涛等人组成一个七人团队，称为"竹林七贤"，整天游山玩水，煮酒论道。嵇康是精神领袖，主张"越名教而任自然"，也就是在他眼里什么规矩、传统都不要了；人活着就是要潇洒、快活，想做什么就做什么，想怎么快乐就怎么快乐。

嵇康曾经在洛阳西边游玩，晚上住在华阳亭。突然遇到了一位神仙般的人物，同他谈论音律。那人要来琴，弹奏了一曲《广陵散》，声调美妙得无与伦比，让嵇康听得如痴如醉。更让嵇康癫狂的是，那人居然还把《广陵散》传授给他，同时让嵇康起誓绝对不传给别人，那人也不说自己叫什么。

上 篇

嵇康是个很有个性的人。喜欢打铁的他，在宅子中的一棵柳树下，挖了个水沟。每当到了夏天，就坐在树下打铁。他又喜欢采药与游历山泽，遇到得意的时候，便忘记了返回。当时正好有砍柴的人遇上他，都称他为神人。

嵇康画像

《世说新语》中记载了这么一个故事：嵇康和吕安是莫逆之交，每当想念对方的时候，即使相隔千里也立即吩咐备车前往拜访。一次，吕安访嵇康未遇。嵇康的哥哥嵇喜客客气气地招呼他进屋坐，他不肯，只在门上写了一个很大的"鳳"（"凤"的繁体字）字就走了。做大官的嵇喜心想这凤是吉祥之物，以为吕安是在恭维自己，很高兴。其实吕安的意思，却是认为嵇喜比他弟弟差得远，"鳳"字拆开来就是"凡鸟"二字，是只平庸而凡俗的鸟。

让人不可思议的是，最佩服嵇康的王戎，曾经这么评价嵇康："与嵇康居二十年，未尝见其喜愠之色。"他俩交往了二十年，从来没有看到嵇康生气过，更没见他笑过。

嵇康更是个鄙视朝廷的人，有两件事很能说明问题。一件事情是公开和昔日的好友，现在的朝廷高官山涛绝交。山涛接受司马氏的邀请，到朝廷当官，负责选拔官吏。许多人前往祝贺，可是嵇康却送去自己的《与山巨源绝交书》。在绝交书里，嵇康说，他经常会非难成汤、武王和轻视周公、孔子，加上性格倔强，说话轻率放肆，碰到看不惯的事情脾气就要发作，这些一定为世俗礼教所不容。一句话，我嵇康不适合做官，也讨厌做官。同时，他还说，"若趣欲共登王途，期于相致，时为欢益，一旦迫之，必发狂疾。"用现在的话来说就是，如果急于要我跟您一同去做官，想把我招去，经常在一起欢聚，一旦来逼迫我，我一定会发疯的。

奇怪了，你嵇康不是做过官吗？怎么此时会说这样的话？聪明人都知道，无非是政见不同而已。但嵇康认为，既然山涛选择了投靠司马氏，那就不能再和自己做朋友。

第二件事情是嘲讽钟会。钟会是司马昭面前的红人，也喜欢舞文弄墨。钟会写了一篇读书笔记，自己觉得很不错，就带着去拜见嵇康，希望嵇康能够评点一二。可没想到嵇康根本看不起溜须拍马的钟会，就不让他进门。钟会没办法，就把自己的文章隔墙扔过去。可没想到一会儿，他那文章又被扔了出来，因为嵇康根本懒得看他的文章。

钟会不死心，终于有一天，他又来到嵇康家，看到嵇康和朋友向秀在一起打铁。见嵇康正忙着，钟会就不好打扰了，于是在一边等候。没想到一等就是一天，嵇康就是不停下来和钟会聊天。后来，钟会实在忍不住，转身走了。临走前，嵇康嘲笑钟会："你听到什么消息跑来的？又看到什么东西离开了？"钟会怨恨地说："听到我所听到的消息所以来了，看到了我所看到的东西所以走了。"

唉！你风度就风度吧，就不要议论政治了；你躲避就躲避吧，就不要讽刺朝政了。看不惯的事情你就逃避，这也不是什么奇怪的事情。

谁知小肚鸡肠的钟会一直记着这件事情，后来利用嵇康的朋友犯罪的事情，故意牵连到嵇康。司马昭听信了钟会的话，就把嵇康给杀了。其实，司马昭对嵇康的不合作也早就不满。临刑前，嵇康神色如常，在刑场上抚弹一曲《广陵散》之后，从容就戮。当时的嵇康年仅三十九岁。

不过，他被杀害后留下了两个谜团。他如此浪漫不羁，视礼仪规矩为绳索；如此自由任性，视朝政仕途为粪土，居然在教育子女时执行了两套标准。

他给儿子嵇绍写的《家诫》，跟他自己的行为完全是两回事。他在

上 篇

《家诫》中教育他的儿子做人要小心，并列出一条条的教训。有一条是说长官处不可常去，亦不可住宿；长官送人们出来时，你不要在后面，因为恐怕将来长官惩办坏人时，你有暗中密告的嫌疑。又有一条是说宴饮时候有人争论，你可立刻走开，免得在旁批评，因为两者之间必有对与不对，不批评则不像样，一批评就总要是甲非乙，不免受一方见怪。还有人要你饮酒，即使不愿饮也不要坚决地推辞，必须和和气气地拿着杯子。

光就这几条看来，我们实在觉得很稀奇：嵇康是那样高傲的人，而他教子就要儿子遵守这样的规矩。

还有他的身后托孤。嵇康被朝廷认定是罪人，将要处死，嵇康写信把自己十岁的儿子和家人都托付给山涛。为什么嵇康一方面和山涛绝交，一方面却又把家人托付给他，而不托付给自己的哥哥嵇喜、敬重的阮籍抑或是向秀呢？难道想让儿子来完成遗愿，按自己的标准自己的风度去改造社会改造朝廷？或者去仇人家做卧底，踏上跟武侠小说主人公一样的复仇之路？显然不是。在我看来，原因无非有两点，一是嵇康和山涛私交很好，虽然书信是绝交书，但其实那只是嵇康对自己不出仕为官，对世俗礼法蔑视的一种证明与信念。二是因为他认为自己的风度是不能当饭吃的，洒脱不羁、浪迹江湖只能误了他的孩子，只有规矩礼仪才能培养、教化他的孩子。有这么一个说法，凡是人们的言论、思想和行为，自己以为不错的，就希望自己的家人、朋友，还有天下的人都这样做。但嵇康、阮籍不是这样，不愿意别人来模仿他。阮籍的儿子阮浑也想加入他们的七人团队时，阮籍却不让加入。假如阮籍自以为行为是对的，就不应拒绝他的儿子，可见阮籍也并不认同他自己的行为。

这么看来，嵇康的精髓是不是在于，风度只是权宜之计罢了。他借风度之名，躲避政治风险，发泄内心情感。其实，爱之深恨之切，他还是深深爱着这个国家和这个朝廷的。

不过，后人比他直接地表达了这个想法。嵇康死去五十年之后，东晋官员周伯仁去拜访宰相王导。周伯仁举止温和从容，仪表堂堂。他刚下车，就要几个人搀扶着，而王导则含笑看着他。坐下以后，周伯仁显得满不在乎的样子，又是长啸，又是歌咏。王导说："你想学习嵇康、阮籍的风度吗？"周伯仁听后很羞愧，说："我怎么敢舍弃眼前的您，去学习以前的嵇康和阮籍呢！"

二、何晏：喜欢嗑药的男神拉开魏晋风度大幕

何晏是什么人？某个夏天的正午，皇帝曹睿召见一位年轻的臣子入宫。听大家都说他是"奶油"男神，曹睿想近距离看看这男神是不是扑了粉化了妆的。那天中午，曹睿就赐他热汤饼，也不安排人摇扇送风。这个人吃得满头大汗，只好用袖子擦汗，结果他不仅没有擦掉粉，反而越擦越显得脸色白皙红润。曹睿仔细一看，还真是纯天然粉白滑嫩，如假包换！这男神就是何晏。

何晏虽不是晋朝人，但说到魏晋风度，绕开谁都不能绕过他，东晋袁宏在《名士传》中将何晏与另两人称为"正始名士"。何晏倡导玄学，竞事清谈，遂开一时风气，为魏晋玄学的创始者之一。如果说魏晋风度分偶像派和实力派的话，在我看来，何晏绝对是偶像派的代表——何晏的吃药和香艳、嵇康的咏啸和怪诞，此两者堪称魏末晋初之绝响。

在《世说新语》中，何晏是个主要角色，"言语""文学""识鉴""赏誉"等章节中都有他的份。为什么会这么上镜呢？估计跟他的身份地位有关。

权势显赫。他是汉灵帝时大将军何进的孙子，成年后又娶了曹操的女儿金乡公主为妻，因驸马身份而被赐爵列侯。在仕途上，他先被授任散骑侍郎，后来受到大将军曹爽的重用，取代了卢毓之为吏部尚书、侍中。他也不负上级领导重托，对迎合的人升官进职，违抗的人罢黜斥退。朝廷内外看风向行事，都不敢违抗他的意图。

外貌显赫。何晏是公认的花样美男子。他是白皙清俊的那种美，白白

的，柔柔的，特别符合魏晋的审美观。他饭量很大但特意不吃饱，有种娇滴滴的贵族美。他又喜欢穿女人的衣服，《晋书·五行上》记载，"尚书何晏好服妇人之服"。他走路的时候，都舍不得不看自己，经常对着地上的影子顾盼调整，务必走出最轻盈最妖娆的姿势，恨不能双脚不点地，飘飘欲仙。他的这种装扮与姿态，特别符合魏晋时期流行的中性美。

名声显赫。何晏热爱老庄，喜欢玄谈怪论，语不惊人死不休，经常请一帮人在家里开辩论会。他认为礼法规矩根本就是没用的东西。自由散漫、万物皆无才是人生真谛，以为天地万物皆以无为本，"无也者，开物成务，无往不存者也"。他认为"道"或"无"能够创造一切，"无"是最根本的，"有"靠"无"才能存在。如此高深的道理一套一套的，往往让听他讲话的人佩服得五体投地。

尤其值得一提的是，何晏还是我国历史上率先服用五石散的人。苏轼说过："世有食钟乳、鸟喙而纵酒色以求长年者，盖始于何晏。"不仅苏轼这么认为，鲁迅也在其著名的演讲《魏晋风度及文章与药及酒之关系》中，多处提到了由何晏大力倡导服用的药物五石散。

那么，五石散为何物？据史书记载，它是用石钟乳、紫石英、白石英、石硫黄、赤石脂五味石药合成的一种中药散剂。为什么要服用它？何晏觉得它至少有两大功效：

一是助兴。何晏说："服五石散，非唯治病，亦觉神明开朗。"用现在的话来说，除了治病外，吃了它，可以麻醉神经和产生幻觉，觉得自己身轻如燕，行动如飞。特别是迷信老庄的人，以为经常服用就可以羽化升仙。有人说五石散类似于今天的摇头丸，我对医学一窍不通，不能有专业的对比，总觉得两者有相似之处，但肯定是不一样的。

二是助性。苏轼说，"晏少而富贵，故服寒食散以济其欲。"看来五石散还具有春药的作用。西晋的医学家皇甫谧也认为："晏耽爱女色，服五石散体力转强。"历史上的何晏的确是个好色之徒,他虽然娶了曹操的女儿,但并不安分,经常去勾引别的女人,使得金乡公主醋意大发,经常跑到何晏的母亲那里去告状。助兴和助性,后来五石散在晋朝的贵族圈里能迅速流行起来,成为魏晋上流社会的重要风俗,估计跟这两个作用有关。

不过是药三分毒,服五石散后,皮肤会热燥干裂,必须以吃冷食来散热,所以又被称为"寒食散",但是仅仅靠"寒食"又是不够的,必须奔走发散。有的人难以忍受,就去卧冰。此类举动称之为"行散"。再加上皮肤变得很敏感,怕疼怕刺激,所以,晋人通常穿薄而旧的宽衣,轻裘缓带、宽衣大袖。不明白的人往往认为魏晋名士的穿着很飘逸,称其为魏晋风度,这其实是迫不得已。更糟糕的是,服五石散过量要付出很大代价的,甚至会出人命的,东晋的第六位皇帝司马丕就是一例。

何晏有光鲜的一面,但也有遗憾的一处。这位著有《老子道德论》,以崇尚自然、追求无物为目标的人,在官场上却是这样注释道德和官德的:仗势专权、贪得无厌,割洛阳和野王典农的数百顷桑田和汤沐地作为自己的产业,并窃取官物,向其他州郡要求索取,官员都不敢抗逆。他这样做,也真是"老子"道德论了。

何晏自我感觉太过良好,政治上缺乏自知之明。黄门侍郎傅嘏对他早有告诫,说:"何晏有作为却很急躁,知识广博却不得要领,对外喜欢得到好处,对自己却不加检点约束,重视和自己意见相同的人,讨厌意见不同的人,好发表意见,却嫉妒超过自己的人。依我看来,他不过是败坏道德的人罢了。"后来,傅嘏还对曹爽的兄弟曹羲说:"何晏外表文静而内心浮躁,巧取好利,不求务本,我怕他一定先诱惑你们兄弟,仁人志士将远远离去,而朝政将要荒废了。"

但何晏对官场仍乐此不疲,还特地请当时的神算大师管辂给他占一卦,看看官位能不能升到三公的位置。卦成以后,管辂引证古书的义理,意味深长地劝诫,要他"见阴阳之性,明存亡之理,损益以为衰,抑进以为退"。管辂言下之意,希望何晏能急流勇退。自以为悟性很高的何晏却没有参透其中道理。还有一回,管辂说得更直接。那次何晏做了个梦,梦中有几十只青蝇趴在鼻子上,怎么轰都轰不走,就请来管辂解梦。管辂说,鼻子在人脸中所处地势最高,相当于山;苍蝇逐臭,聚集在阁下的鼻子上,说明位峻者颠,轻豪者亡。

更让人感到遗憾的是,这位一向以曹氏皇亲国戚为荣的人,居然做出令人心寒的行为。司马懿篡权后,准备要对曹氏集团动手。司马懿耍了手段,责令由何晏司审。这个决定让何晏产生了错觉,以为此乃苟活之机,于是何晏赶紧"穷治曹爽一党,不惜株连"。案件审结后,何晏呈上曹氏一党名单。司马懿不动声色,问道:"就这些?"何晏连忙又数了一遍,诚惶诚恐地答:"对,就这七姓。"司马懿又问:"不是八姓吗?"这时何晏才明白过来,问:"莫非还有我?"司马懿笑了:"是的。"结果何晏被株连三族。

何晏虽然成了政治的牺牲品,但魏晋风度刚刚开了个头,它还要延续一百多年,服食五石散还要延续六百年。尤其是服食五石散的风气自被何晏倡导并开始流行后,由魏晋至唐,名士们趋之若鹜,未有间断。这个头或多或少开得有点尴尬,至少从魏晋时全国上下文人士族集体服药这一现象,可以明显感觉到这一时代的颓废和变态。有史学家将世人服食五石散列为末世景象之一,不能说没有道理。

上 篇

三、风度山涛：我的转变与我的魅力无须你懂

真正的魏晋风度是从山涛开始。尽管这位治国能人被后人所误解甚至所痛骂，但是他以踏踏实实的人生履历诠释了什么是真正的魏晋风度。就像他的朋友对他的评价那般，山涛就像未经雕琢的玉石，未经提炼的矿石，人们都喜爱它的珍贵，却不能估量它的真实价值。而这一切，源于他的转变。

转变前的山涛还是竹林七贤的老大，跟嵇康他们一样，也是位洒脱不羁的人。他整天纵情山水，诗书寄傲，乐得逍遥自在。山涛小的时候家境贫寒，父亲又去世得早，生活的艰辛磨炼了他好学的性格。他生性喜爱《老子》《庄子》，却常常有意掩盖自己的锋芒，不让人知。

那年，山涛和嵇康、阮籍一见面，就显得很有缘，情投意合。山涛每天和他们泡在一起不说，回家后还叨念他们。山涛的妻子韩氏觉得丈夫和这两个人的交往太亲密了，有点不正常，就问他怎么回事。山涛说："眼下可以作为我朋友的，只有这俩人了。"韩氏还是有点不放心，感觉他们有同性恋的倾向，就说："以前僖负羁（春秋时代曹国大夫）的妻子也曾亲自观察过狐偃和赵衰，我也想看看，可以吗？"

于是有一天，嵇康、阮籍两个"男神"来了。韩氏准备了酒肉，让山涛留他们过夜。夜里，韩氏在墙上钻了个洞偷窥他们。不看还好，一看不得了，她看得血脉贲张，欲罢不能。韩氏整整看了一个通宵，简直比时下的"粉丝"还疯狂。事后山涛问她："你觉得我这两个朋友如何？"韩氏说："你的才智情趣远远不如他们，只能以你的见识气度和他们相交。"山

涛说："他们也常常认为我的气度胜过他们。"

这是《世说新语》中最暧昧难解的一则故事，如果只是喝喝茶纯聊天，清谈玄理，韩氏恐怕只会昏昏欲睡。那么问题来了，那一夜，这三个男人晚上在房里到底做了些什么，以至于让一个女人竟如痴如醉地看了一个通宵？

对于山涛的清谈，有人问山涛的好友王戎，"山涛水平怎么样？和谁相当？"王戎说："这个人从来不肯以清谈家自居，可是他虽然不读《老子》《庄子》，但常常听到他的谈论，倒是处处和老庄思想相合。"现在看来，做学问、做人的最高境界，难道不就是这样吗？

和嵇康、阮籍等人不同的是，山涛胸怀大志，山水并不是他的归宿。他曾很自信地对妻子说："暂且忍耐饥寒，今后我做三公（古代朝廷中最尊显的三个官职司马、司徒、司空的合称）的时候，你就可以享清福了。"

果然，山涛的才华得到了司马氏的青睐，被邀请出来做官。又因为山涛的从祖姑山氏是司马懿夫人张春华的母亲，他与晋武帝是亲戚关系，所以晋升很快，后来做到了吏部尚书。转变后的山涛，在这个岗位上为朝廷物色了很多优秀的人才。山涛将所荐拔上奏的人物列名成册，并详细做了点评，当时称为《山公启事》。他前后选举的百官都选贤用能，只有用陆亮，是晋武帝诏命所任用的。晋武帝在此人任命上与山涛意见不一，山涛争辩而武帝不听。陆亮不久也因为贪污受贿而被罢免。

在山涛的优秀品质中，还包括对嵇康儿子的培养。嵇康临死前把儿子嵇绍托给了他宣称与之绝交的政敌山涛，并对儿子说："有山涛伯伯在，你就不会成为孤儿。"山涛也果然没辜负这份信任，对嵇康一家老小尽心照顾。十几年后，嵇绍长大成人，很有才，有他父亲的遗风，不喜欢出来做官。于是山涛劝他，"我替你考虑很久了，天地间春夏秋冬四季尚且有相互更替的时候，更何况人生短暂的一世？"山涛向晋武帝力荐嵇绍，而

上 篇

嵇绍后来果真没有让山涛失望。惠帝即位后，朝廷发生叛乱。敌兵攻进皇宫，守卫的将士们纷纷逃跑。此时，身为侍中的嵇绍却迎着乱兵赶到宫中，站在晋惠帝的车驾上，用血肉之躯来护卫惠帝，结果他身中数箭而死。

身处高位的山涛有自知之明，尽管西晋是个穷奢极欲的社会，不过他却异常清醒，不像当时的士族官员追逐奢华，他生活很节俭，做到了出淤泥而不染，自律极严。山东有个叫袁毅的县官，贪赃枉法，捞了不少钱。他跑到京城到处贿赂公卿，给山涛也送了一百匹丝绸。山涛本不想要，可又知道官场的潜规则，不想独自违抗风气，就收下来藏在家中的阁子上。后来袁毅恶迹败露，被逮捕治罪，凡是他曾经行贿的人都被检举出来。山涛也受到调查，他从阁子里取出那些丝绸，上面积满灰尘，而且印封完好如初。如此不爱钱财却忠于国家忠于事业的良臣，自然成了晋武帝信任的人。

一百多年后，宰相谢安看到山涛的事迹，曾经问家里的晚辈："为什么晋武帝每次赏赐给山涛的东西总是不多呢？"侄儿谢玄想了一下，回答说："大概是山涛想要的不多，所以赏赐的东西就少了。"

自从西晋一统天下后，晋武帝司马炎感觉天下从此太平，于是下诏罢除天下兵役，州郡都解散军队，大郡只设置武吏一百人，小郡设五十人。山涛正生着病，听到这个消息，坐着车子赶来劝谏晋武帝。山涛说："天下太平是暂时的，不稳定因素随时会死灰复燃，千万不可轻视军队装备。"很多大臣认为山涛是杞人忧天，晋武帝自然也听不进去。

更糟糕的是，晋武帝对自己的文治武功孤芳自赏，开始不理朝政，专心享受起来。山涛感到很失望，心中悲凉，多次以老、病为由辞官，怎奈晋武帝就是不肯放手。七十岁时，他还被任命为太子少傅，后来又升职为司徒。公元281年，已经七十六岁高龄的山涛反复上表请辞，晋武帝才答应让他回家。两年后，他平静地离开了人世。山涛身后只留下破屋子十间，还不够自己的子孙居住。

就在山涛离世后，灾难也悄悄降临西晋。晋惠帝永宁年间，西晋多次发生叛乱，盗贼蜂起，各郡国都因没有军备而不能制止，导致天下大乱。此时，宰相王衍情不自禁地慨叹说："山涛所论，与道暗合。"公元316年，成汉将军刘曜攻破长安，俘获末代皇帝司马邺，西晋亡国。此时，距山涛去世仅三十三年。到了这时，人们才想起当初西晋盛极一时时，山涛反对皇帝偃武修文政策的"杞人言论"，确是一个洞悉人类历史规律、深谙国家兴衰的深刻预言。

然而，就是这样一位勤政廉政又见识非凡的人，却被后世所误解。明末清初的顾炎武对山涛很是反感，尤其是山涛劝说嵇绍出仕那段话语，认为山涛的话败坏了仁义，伤害了教化，竟致使天下人目无父母。在顾炎武看来，对于嵇绍来说，司马王朝的国君并非是他的国君，因为自己的父亲是被司马家族杀害的。

跟顾炎武一样，不少人指责和贬低山涛，主要认为他不该出仕，就应该跟嵇康一样，远离朝廷浪迹山野，只有这样才保持住自己的高风亮节。我不这么看，在王朝交替时期，山涛的选择无疑是理智的。为谁服务为谁做事并不重要，重要的是你有没有做出有利于人民、有利于国家的事情。实际上，把山涛放在漫长的历史长河中看一看，他对社会对国家的贡献和自我价值的实现，远比醉卧竹林、清谈玄学、博得一些清誉要有意义得多。

这个真正有魏晋风度的治国能人，最终被顾炎武们骂得狗血喷头，而且被后人们误解了很长的时间。看来，读史就是这样有趣，做人就是这样有趣。

上篇

四、晋武帝是如何对待开国大臣的

解决开国大臣的方法,比起宋太祖赵匡胤杯酒释兵权的无奈,明太祖朱元璋"狡兔死走狗烹"的残酷,晋武帝司马炎算是宽容和厚待的了。

晋朝建立后,天下政局基本稳定,都说"人饱暖思淫欲",好像国家也差不多。这时候志得意满的晋武帝开始蠢蠢欲动,想开启奢华之旅。这一方面,他受到了魏晋风度中人生须及时享乐的思想观念影响。"普天之下,莫非王土;率土之滨,莫非王臣",做皇帝不享受还做什么皇帝?另一方面,晋武帝还有个小九九,为了使自己的皇帝宝座坐得更长久些,让江山更加稳固些,为了避免开国大臣夺权篡位,心慈的晋武帝并没有下狠手要他们的命,也没有夺他们的权,而是采取"玩物丧志"法,让他们在温柔乡里逐渐消除野心。

于是,一场君臣同乐的大戏帷幕在晋朝建立之初就这样拉开了。

为了让大臣们相信自己是诚心诚意地跟他们一起享乐的,晋武帝竟然作了荒淫奢纵的表率。他大兴土木,修建楼堂馆所,改善居住条件。他公开卖官鬻爵,把人家卖官换来的钱送进了自己的小金库。平灭东吴之后,把东吴的金银珠宝全

晋武帝司马炎

部抢来不算，他还把东吴后宫五千多美女也全部带走。一下子，武帝后宫扩充至一万多人。美女实在太多，眼花缭乱，晋武帝不知今晚宠幸在何处。于是，他发明了羊车寻幸法，一到晚上就坐在羊车上，信羊由缰。羊溜达到谁门前停留，晋武帝就睡在谁屋里。

他的用意很明白，各位爱卿，我这么享受生活，你们上行下效吧。臣子们都不是傻瓜，纷纷有样学样。在晋武帝的示范下，上演了一幕幕闹剧。

吃豪餐却说无处下筷。公卿贵族跟着竞富争豪，大臣何曾每天吃饭用一万钱，还说"无处下箸"，他的儿子何劭一定要吃四方畛异，一天膳费二万钱。为维持这种奢靡腐化的生活，何曾他们必然加紧聚敛，因此贪污纳贿，习以为常，当时有人指出："奢侈之费，甚于天灾。"

为臣子斗富推波助澜。大臣石崇与皇室成员王恺上演了一幕斗富的时代闹剧，作为一国之君的晋武帝，不仅不加以劝诫约束、以正世风，反而推波助澜、煽风点火。他甚至参入其中，拿出皇宫的宝物——宫里收藏的一株两尺多高的珊瑚树赐给王恺，大力支持手下"参赛"。

用人乳喂猪千古奇闻。晋武帝一次到大臣王济家吃饭，尝到蒸乳猪，觉得味道鲜美，就问王济怎么做出来的。王济眉飞色舞地说："这些乳猪是用人的乳汁喂养大的，做的时候又用人的乳汁蒸制，所以才这么好吃。"一个臣子如此向皇帝炫富，实在是那个朝代的奇葩。

腐败分子有了庇护伞。由于皇帝的示范作用，眼看着腐败日益严重，形势十分严峻。当时有个叫羊琇的大官，性格奢侈放恣，接受贿赂，名闻京师。被人发现后，羊琇罪应处死。晋武帝却因为羊琇与自己的交情，就把羊琇藏起来，半月之后又把他放出来官复原职。

高级士族被特别优待。魏晋时期分士、庶两族，晋武帝在法律上给高级士族以特权，犯了法的，只罚小官，不罚大官。士族子弟们并不需

上 篇

要学什么有实用价值的真本领,只要不是白痴傻瓜,年纪轻轻就可以被授以官职,而且是那些事务轻简、升迁快速的官职。即使他们不断做错事,也照升不误。更有趣的是,越是放弃责任,对工作毫不用心的人,越是享有盛名。

上有好者,下必甚焉。西晋以奢靡为荣,只有他们想不到的,没有他们做不到的。高调斗富的石崇,迎合了皇帝的意图。表面上石崇"显摆"的是自己之富,本质里石崇"显摆"的是主子司马炎之宠。还有,那道人乳蒸猪吃的不是菜,吃的是态度,吃的是风气,是骄奢淫逸之风。

晋武帝这招太厉害了,拉满朝大臣同他一起"下水"。当社会精英都流氓化庸俗化之后,玩物丧志的他们还能有什么逆臣贼子的野心?果然,在这样的"御臣之术"下,晋朝自开国起就灯红酒绿,过好今天、及时享乐。这班文武大臣们一个个醉生梦死、暮气沉沉,如行尸走肉。没有一个大臣觊觎皇帝宝座,没有一个大臣想篡夺皇权。大臣舒心,皇帝放心。为了不让大臣们惦记司马氏的江山,司马炎如此对待开国大臣们,实在用心良苦啊。后人皆怨晋武帝带头腐败,谁能知晓司马炎"醉翁之意不在酒"?

以这样的手段管理手下,以这样的方法治理国家,我想想都醉了。西晋以奢侈成风闻名,那时社会虽贫富悬殊,但享乐主义至上。整个社会弥漫着"我堕落我快乐"。以石崇为代表的大臣们,全然失去了社会"是非观",甚至羞耻心,全力追求以"实惠"为目的的行为方式。

对社会自上而下崇尚奢华的现象,有识之士无不忧心忡忡。大臣傅咸就向朝廷上书,愤怒指出:"古者尧有茅茨,今之百姓竞丰其屋。古者臣无玉食,今之贾竖皆厌粱肉。古者后妃乃有殊饰,今之婢妾被服绫罗。古者大夫乃不徒行,今之贱隶乘轻驱肥。古者人稠地狭而有储蓄,由于节也；今者土广人稀而患不足，由于奢也。"对这种歪风邪气，晋武帝不但不制止，反而还鼓励。很多忠臣，如司隶校尉刘毅等都大胆直言，给予这种奢靡之风猛烈批评，但是晋武帝当然不会接受。

这使我想起三百年后北周的奠基者宇文泰向苏绰讨教治国之道的事来。宇文泰问："用什么样的人来治国？"苏绰答："用贪官。"宇文泰不解地问："为什么要用贪官？"苏绰答："你要想叫别人为你卖命，就必须给他好处；他能得到好处是因为你给的权，所以，他为了保住自己的好处就必须维护你的权。皇帝人人想坐，如果没有贪官维护你的政权，那么你还怎么巩固统治？"

西晋之初，表面歌舞升平，臣子们山呼皇恩浩荡，但是晋武帝做梦也没想到，一个社会奢靡堕落若此，又如何不会天下大乱呢？人们做官做大官，很大的动力是为了更方便地捞钱、捞大钱，也就是贪污受贿、结党营私、权钱交易。羊毛出在羊身上，最终的苦难全部转嫁在本已是十分困苦的百姓身上。

当时的文人鲁褒，一针见血地批评："钱"变成了社会一个有力的"杠杆"，人们毫不隐讳地谈钱、爱钱、贪钱、掠钱，朝野上下一切向钱看，一切可以用钱换，社会风气腐败透顶。

孟子也曾经说过，"上下交征利，而国危矣"。如果举国上下的人都在争利、逐利，国家就危险了。如果此种现象成为社会时尚，那国家肯定要出问题了。在钱的驱动下，西晋社会问题日趋严重，统治危机日益显现。

君臣同乐的大幕还在继续。公元290年，晋武帝司马炎终因纵欲过度被掏空了身子，一病不起，不久死去，时年五十五岁。因为挥霍、腐败、荒淫过度，他给继任者、他的宝贝儿子留下了一个烂摊子。

我想套用曹雪芹的那首诗——"满纸荒唐言，一把辛酸泪。都云作者痴，谁解其中味"——来送给千年前的晋武帝，不知妥不妥？

上 篇

五、羊祜的另类不跟风

一般人都会认为，凡是成功人士都是人际关系处理的高手，跟各式各样的人交往都如鱼得水，炉火纯青。其实也不见得完全就是这样，晋朝的羊祜就是一个例外。

羊祜是晋初的贤臣良将，他的门阀背景不是一般的显赫，祖父、父亲均是官声远著的太守。他的姐姐羊徽瑜是景献羊皇后，外甥是晋武帝胞弟齐王司马攸。他先是作为戍边将领，受命驻守荆州十几年，为实现三国一统立下了汗马功劳；后作为朝廷重臣，掌握着机要之权，大凡朝廷政治事件的斟酌敲定，都要征询他的意见。如此的显赫背景和位高权重，羊祜的关系似乎应该是左右逢源。其实不是的，羊祜的言行多次遭到同僚乃至亲友的攻讦和诋毁。

他的人际关系为何会这么糟糕？原因只有一个，就是羊祜不喜欢跟风。他对世俗之风、奢侈之风、清谈之风都不喜欢，甚至逆潮流而动。别人千方百计争相得到的事，他会退得远远的；而大家都避之唯恐不及的事，他却不避祸患挺身而出，做出了许多在常人眼里"不合时宜又不识时务"的事。

对敌军实施信义，这是他的第一个做法。在荆州边界，羊祜对吴国的百姓与军队讲究信义。每次和吴人交战，羊祜都预先与对方商定交战的时间，从不搞突然袭击。有部下在边界抓到吴军两位将领的孩子，羊祜知道后，马上命令将孩子送回。羊祜的部队行军路过吴国边境时，收割田里稻谷以充军粮，但每次都要根据收割数量用绢偿还。打猎的时候，羊祜约束部下，不许超越边界线。如有禽兽先被吴国人所伤而后被晋兵获得，他都送还对方。

对于羊祜的这些做法，他的对手陆抗心中很清楚。所以他常常告诫将士们说："羊祜专以德感人，如果我们只用暴力侵夺，那就会不战而被征服的。我们只保住边界算了，不要为小利而争夺侵扰。"因此，在很长的一段时间里，晋、吴两国的荆州边线处于和平状态。羊祜与陆抗对垒，双方常有使者往还。陆抗称赞羊祜的德行度量，"虽乐毅、诸葛孔明不能过也"。一次陆抗生病，向羊祜求药。羊祜马上派人把药送过来，并说："这是我最近自己配制的药，还未服。听说您病了，就先送给您吃。"吴将怕其中有诈，劝陆抗别服。陆抗不肯听自己部下的劝告，并说："羊祜怎会用毒药害人呢。"话说完，他便仰而服下。

羊祜实行以道德感化来征服东吴将士的攻心之策，使吴人心悦诚服，十分尊重他，不称呼他的名字，只称"羊公"。应该说，这个战略思想在当时的客观条件下无疑是正确的，实践中也确实收到了良好的效果。这里面有一个问题，就是这种做法很违背常理，非常容易被别人扣上通敌的帽子，弄不好就会被砍头，甚至株连家族。可是，羊祜不管这些，"苟利国家生死与，岂因祸福避趋之"。这个危险的策略，他一直实行到死。

自己不要封赏，影响了人家的封赏，这是他第二个做法。司马炎称帝后，羊祜因功晋爵为郡公，食邑三千户，同时被封赏的还有功臣荀勖。但羊祜视地位为粪土，坚决地辞让这些封赏。他的言辞非常恳切："昔张良请受留万户，汉祖不夺其志。臣受钜平于先帝，敢辱重爵，以速官谤。"晋武帝被他的高风和诚恳深深地感动了，别人都不择手段为自己加官晋爵，而他却执意为自己退官。尽管武帝心里不情愿，但还是不忍拂了他谦退之意，只好给他降一级，封他为侯爵。因为羊祜固辞郡公高位，害得一同被封的荀勖左右为难：接受吧，人家说你的风格没有羊祜高；不接受吧，那么好的政治和经济待遇求都求不来，放弃了很可惜。思前想后，荀勖最后很不情愿地也跟着辞掉了郡公待遇，降为济北郡侯。荀勖对羊祜自然就有了意见，而这个荀勖是皇帝的宠臣，一直在皇帝身边掌管机要，善于察言观色，他说的话就会很有杀伤力。

不随大流，不拉帮结派，是他第三个做法。大家都知道，长期领兵在外的大臣，最怕在朝中的关系处理不好。于是他们常常会想尽办法，"京信常通，炭敬常丰"，通过各种手段，努力维护好与朝中的大臣，特别是与那些得宠权臣的关系，甚至为此不惜去刮民脂民膏。可是羊祜是个正直清廉，毫无私念的人，这些事他不会做，也做不来。而且他看见邪门歪道就来气，以至荀勖、冯紞等人十分忌恨，常常在皇帝面前诋毁他。《晋书·羊祜传》记载："（羊）祜贞悫无私，疾恶邪佞，荀勖、冯紞之徒甚忌之。"

与善于拉帮结派的贾充、荀勖、冯紞等人相比，羊祜在处理人际关系上有些死板。在封建朝代，凡身居显要者，都可向皇帝举荐贤才。凡是自己举荐的贤才被皇帝使用，就为自己建立一个可靠的人际关系。这是个千金难买的资源。史书载，羊祜历任晋文帝司马昭、晋武帝司马炎二朝要职。不管政事还是人事，皇帝经常征询他的意见。那些欲通过他伸手要官者，全被羊祜拒绝。羊祜暗地向皇帝推荐人才，但他从不钻营谋求权势利禄，封侯不受。他所推举荐拔的人，连本人都不知是谁荐举的。有人提醒羊祜过于谨慎，他却回答说："不能举贤取异，岂得不愧知人之难哉！拜爵公朝，谢恩私门，吾所不取。"一句淡淡的"吾所不取"，却折射出了羊祜在举荐官员中不图名、不图利、不图谢恩私门，一心只为国家强盛、人民幸福而举贤取异的思想境界。

对清谈人士的看不惯，是他第四个做法。在朝廷上公开攻击中伤羊祜的人中，还有羊祜的从甥王衍。王衍是晋朝清谈界的权威，善于夸夸其谈。他谈话中偶有口误，能巧妙更改，为自己博得了"口中雌黄"的美名。十四岁那年，他拜见名气很大的舅舅羊祜，就显出矜持优雅的老成。他在舅舅面前夸夸其谈，羊祜并不欣赏他，甚至十分反感这种光说不做的行为。结果，羊祜的冷漠态度惹得王衍拂袖而去。羊祜评价王衍时说："王衍方以盛名处大位，然败俗伤化，必此人也。"就这样，羊祜又增加了一个在皇帝面前告状的对手。在诋毁羊祜的人中，还有王衍的堂哥王戎。羊祜出镇襄阳时，王戎兄弟俩都在其麾下效力。在西陵之战中，王戎因违反军纪，要被羊祜"从事军法"，经人说情才保住脑袋。西陵之战后，王戎、王衍回到京城洛阳，二人联手诋毁羊祜。他们与人说话不到三句，必把话题转移为攻击羊祜。以致当时京城流传一句俗语："二王当国，羊祜无德。"不过，王戎、王衍之流对羊祜的诋毁，丝毫没有损毁羊祜的光辉人格。

公元278年，五十八岁的羊祜病故，他的钱财生前大部分被捐助贫寒和奖励军士，辞世之际家无余财。《晋书·羊祜传》记载，"帝素服哭之，甚哀，是日大寒，帝涕泪沾须鬓，皆为冰焉"。襄阳百姓闻讯，"莫不号恸，罢市，巷哭者声相接"。"罢市"这个词，估计最早出自这里。

羊祜曾经对自己的儿子说过："人臣树私则背公，是大惑也。"这就是他的肺腑之言，他的一生也正是这样做的。羊祜的不跟风、"不合时宜"，为的都是国，都是民，而唯独没有他自己。

上 篇

六、杜预主动行贿的原因居然是这个

"人生不如意十之八九",这是西晋羊祜的名言。为什么他会有如此感慨?因为他的正直无私、勤勉廉洁得罪了贪腐成性的权贵王衍、王戎。这兄弟俩一直对羊祜百般诋毁,最终令羊祜未能亲眼看见自己一手策划的灭吴成果;而同样是当时公认品德最高尚、政治头脑最清醒的杜预,在接过羊祜的接力棒后,却成了西晋奠定统一基业的实际执行人,很是称心如意,这是为什么呢?

杜预是个不简单的人物,知识海量丰富,简直是活字典,人称"杜武库"。他虽然连马都骑不稳,射箭也射不穿箭靶,却是文能给晋朝制定法律、给《左传》做注解,武能平定东吴统一全国。这在世人眼里几乎是完美的男神。然而,就是这样优秀的人物,也经常被朋友们所轻视。

那一年他被封为镇南将军,不少文武大臣都来给他祝贺。杜预估计家里设备不齐全,也可能是杜预平时浪荡惯了,他让那么多重量级的朋友坐在一种叫连榻的家具上。这种坐具能容几个人,方便倒是方便,但实在有损体面。要几个将军、刺史级别的朋友一窝蜂挤在一条连榻上,这样做让人情以何堪?

当时有个叫羊琇的朋友实在看不下去了,转身就走,当场"拉黑"杜预。羊琇是什么人?他系出名门,其家族是有名的"泰山羊氏"。此人很讲究身份地位,也很在意排场,当然受不了这个待遇。杜预看到羊琇退出现场,便马上委托另一位朋友裴楷去追回羊琇。羊琇跑出去几里地,大概觉得自己这样做对不起朋友,就停下马来。正好此时裴楷也追上来了,于是两人一起回到杜预府上，回到了朋友们中间。

还有一次，杜预奉命离开京城洛阳，前往镇守荆州。出发这天，在洛阳城的七里桥设宴与朋友话别。他的朋友都到了，正当大家欢欢喜喜举杯道贺时，在场有个叫杨济的大臣，突然觉得杜预此人根本不配当他的朋友，原因就是杜预年轻时地位低微，喜欢行侠仗义，江湖气味浓，社会舆论对其颇有微词，加上他的父亲被治过罪，贬为庶人，这些历史让某些朋友觉得耻辱。在西晋那个重视门阀的时代，杜预的身份确实有些尴尬。《世说新语·方正》说杜预"少贱，好豪侠，不为物所许"。其实，杜预的地位也不低，他的祖辈、父辈都是魏晋时期的士大夫，他自己也是西晋王朝的驸马爷。杨济突然拂袖离开，明摆着就是看不起杜预。

一位叫和峤的朋友，见杨济走了，就问杨的去向。有人说："跑了。"和峤把握十足地说："这小子肯定去大夏门那里遛马去了。"他也赶到大夏门，果然看见杨济在那里检阅手下的骑兵。和峤二话不说，拽着杨济就往回走，硬生生地将他又拉回，让他规规矩矩坐下来，继续和朋友们饮酒笑谈。可见杜预的为人还是不错的。

那个时候，西晋开始大面积塌方式的奢靡腐败，当时的《钱神论》是这样描述的，说钱这东西"排朱门，入紫闼"，只要钱用到位，就"危可使安，死可使活，贵可使贱，生可使杀"，甚至"忿争辩讼非钱不胜，孤弱幽滞非钱不发，怨仇嫌恨非钱不解"。总而言之，有钱有理，没钱没命，是非、荣辱、曲直、成败，一切都是可以寻租的。

杜预的朋友也大多如此。何曾，曾经官居"八公"之一，是西晋地位最高的太傅。他能敏锐地察觉到政治的腐败，和腐败所必然带来的后果，甚至预言自己的孙子辈将不免一场劫难。可就是这位被司马光赞叹为何其聪明的能人，自己却是个骄奢腐败的典型，同时代的人评论他"骄奢过度，名被九域"。他每天的伙食费据说要花掉一万枚铜钱，就这样还说

上 篇

"无下箸处"。

上文提到的,被后人赞为"玉人",公认品格较高尚、操守较端正的裴楷,据说生性豪爽。权贵豪门和他交往,看中他的好东西都可以随便拿走。这些好东西小到衣服器皿、车辆马匹,大到刚造好的别墅,他都毫不顾惜。如此慷慨,钱又从哪里来?史书上记载,他赈济自家亲戚的每年一百万枚铜钱,是从国库里要来的梁国与赵国的租赋,是典型的慷国家之慨。然而这样一件事,却被视作是他的"美德"的表现之一。

掌政的王衍、王戎更是富甲一方,奢侈无比。尤其是王戎,"性好利",多置园田水碓,聚敛无已,富甲京城。

朝廷上下腐败成风,身为地方官员的杜预左右为难。在地方任上,他一方面积极为政,如建立学校,修治水利遗迹,引滍、淯水灌溉田野,百姓得利,都称之为"杜父";如兖豫等州郡连降暴雨,加上蝗虫之灾,百姓苦不堪言,杜预便亲自调查,两次上书,提出切合实际的救灾措施。但另一方面,他吸取了羊祜的教训,不得不提防京城中的权贵对他的陷害,想方设法为自己营造一个良好的政治环境。一方面,他为人正直,为官清廉,个人操守也很出色,号称"不爱钱财,只爱左传",为人所称道。但另一方面,正是这位难得的清廉人物,却常常给京城里的权贵行贿送礼,殷勤备至。对此有人十分不解,杜预苦笑道:"我这样做只是希望他们得了好处后别来给我捣乱,不是希望靠贿赂换来自己升官发财的好处。"人们听了他的话,都觉得很有道理在地方为官、离皇帝远,京中权贵们只要轻飘飘地说上那么几句,哪怕地方上做得再好,也要玩完。所以,不图好处其实就是图他们别胡说,但远比跑官来得妙。杜预常说:"立德是我不能做到的,但我可以做到立功立言。"估计他已经很清楚,在那种环境里,想立德实在太难。

杜预明白,晋朝的官场复杂险恶是有名的。不可想象,在晋朝为官,如果没有帮派以及足够的钱财来疏通人脉、打通关系，想要做到官运亨通、安然无恙，能够保官保命，恐怕是不太可能的。因此杜预早就丢掉了祖训，入乡随俗，到什么山便唱什么歌。杜预确实不想贪污受贿，因为他有点贵族血统，含着金钥匙出生，小的时候就是不愁吃，不愁穿。

杜预更明白，魏晋时期的士大夫大多崇尚修道养生，崇尚夸夸其谈，崇尚贪图享受，而他不去赶这个时髦。因为他认为从政者，生命的意义不在于寿命长短、意志体现，不在于高官厚禄、荣华富贵，而在于有位有为、立功立德，当世口碑、青史留名。所以，他跟羊祜正好相反，一个因不肯屈服而抱憾，另一个因不肯抱憾而屈服。

不知道这算不算另类的魏晋风度？

上 篇

七、如果让我选择,我就选择简单生活

读《晋书·乐广传》和《世说新语》的乐广故事,我不禁羡慕魏晋名士那种简单淡泊的生活。简单生活的背后,却蕴含着很强的智慧。

乐广是西晋初期南阳人。他父亲乐方是魏国征西大将军夏侯玄的参军,相当于现在的部队参谋长。有一回,夏侯玄在路上遇见乐广,就把他叫过来交谈了一会,很是欣赏。夏侯玄对乐方说:"你这孩子有出息,将来能成名人,好好培养吧。"那一年,乐广才八岁。后来父亲去世了,乐广就一人寄居在山阳。他家境贫寒,默默无闻,致力学业,没有人了解他。

夏侯玄慧眼识人,果然,乐广长大后,被朝廷当成优秀人才培养。他从县令开始,一路升官到河南尹,相当于现在的首都长官。这主要得益于他的三个简单。

说话简单。乐广性格淡泊,为人风格简练,又很会跟人打交道,擅长交际,可以说是当时士大夫圈里的领袖人物。他的口才极佳,别人向他请教,他三言两语就把问题分析得清清楚楚,言简意赅。而且,他为人也不浮夸,对于自己所不知道的,干脆沉默,不知为不知。魏晋以来出现一种"清谈"现象,贵族名士们喜欢促膝长谈,用老庄的哲学观点分析探讨人生、社会乃至宇宙,通常一谈就是一整天一整夜。一次,深得皇帝信任的大臣王衍,与乐广长谈,他们整整谈了一天。王衍对乐广钦佩不已,说:"我和别人说话,已经觉得很简练了,但是遇到乐广,还是觉得啰嗦!"

《世说新语》里有这么一则故事很有说服力。有位客人问乐广,"旨不至"这句话是什么意思?乐广先不分析这句话的词句,径直用拂尘柄敲着小桌子说："达到了没有？"客人回答："达到了。"乐广于是又举起拂尘说："如果达到了，怎么能离开呢？"这时客人才醒悟过来，表示信服。

生活简单。贫寒的家境培养出乐广谦和节俭的性格，很少有贪图享乐的要求，与人无争。尤其在与人交往上，他采取了简单处理。他评价人物时，"凡论人，必先称其所长，则所短不言自见"。一定先称赞那个人的长处，缺点半个字也不提，但如此一来，对方的缺点反而显露无遗。这种说好话当然不是现在某些人一味没有原则地说一些没有根据的好话，让人感到很虚。不过，这样处理也估计只有乐广做得到。魏晋时期，尤其是司马氏掌握朝政时，社会环境比较复杂，士大夫讲人是非的风险比较大。乐广这种委婉的方式，既能维护对方的自尊，又能保持自己的人格，于人于己两不相误，这就是他的聪明之处。

有一位曾经很亲近的客人，很久没有到乐广这里来了。乐广问他什么原因，他回答说："先前在您那里，承蒙您赐酒，正想喝酒，看见杯中有条蛇，心中很厌恶它，喝了酒后就病了。"在当时河南官府办公大厅墙上有张弓，上面用油漆画着蛇。乐广料想杯中的蛇，就是弓的影子。于是他再次邀请客人，做了一个简单的处理。他又把酒杯放在先前的地方，对客人说："酒杯中又有什么东西，见到没有？"客人回答说："见到的东西像先前一样。"乐广于是告诉他杯中蛇影的原因。客人一下子疑心消除了，得了很久的重病顿时好了。这就是成语"杯弓蛇影"的来历。

做官简单。同很多信奉老庄的晋朝官员一样，乐广也实施无为而治，宽政待民。老百姓和和睦睦，自己也乐得逍遥。对有过失的百姓，他总先最大限度地宽恕，让他自己明白善恶在哪里。乐广在官任治理政事，没有什么惊人的功绩。然而，每次当他离开职位，留下的仁爱，却被人们思念。

不像现在个别官员，在位期间轰轰烈烈三把火，人走政息恢复原样一阵烟。

上 篇

在他任河南尹之前，官府的房子多闹妖怪，先前的官员都不敢住正房。乐广上任后，简单的他没有多想，坦然居住，毫不害怕。一天晚上，房子外面的门突然自动关闭，他身边的人都异常惊惧。乐广独自像平常一样，在房子里认真探查，发现墙根有个孔洞，让人挖掘，捉到一只野狸猫。他命人把那只狸猫打死后，那些妖怪之事再也没有发生。心中没鬼，世界自然就没鬼。

对复杂的政治事件的简单处理。公元299年12月，皇后贾南风废掉司马遹太子之位后，准备把他送至许昌禁闭，同时下令太子宫中属官不能前去送行。但是，江统、潘滔等人却违反禁令去送行，遭到逮捕下狱。河南尹乐广认为，原太子手下的人，去给他送行，并不是什么大不了的事，就下令将拘禁于河南郡的太子属官都释放了。当时人们都为乐广捏了把汗。后来，有人向手握重权的贾谧说："之所以把太子废黜遣送，是因为他作恶多端。现在太子东宫的臣僚，冒着犯罪的危险与太子告别，说明太子并没有人心丧尽。若对他们严厉处罚，这事广为流传，反而宣扬了太子的美德，不如释放他们。"贾谧赞同，乐广没有获罪。

官场的动荡和黑暗，让乐广感到名声太大会招来祸殃。于是，他在河南尹的任上干了一段时间后，便想急流勇退。但乐广擅长说，却不擅长写，于是就请同事潘岳帮他写《让河南尹表》。结果，这篇由乐广口述，潘岳笔录整理的公文，成了当时名篇，一时间洛阳纸贵。乐广给朝廷上了后，并没有被批准致仕归田，反而被升任为吏部尚书、尚书左仆射。

在我看来，乐广的简单源自他深谙老子之道——"夫唯不争，故天下莫能与之争。"如果说人分三等，脾气好能力好为上等，脾气差能力好为中等，脾气差能力差为下等，那乐广就是上等之人。乐广虽为名士，但是，对于名士们放诞的行为并不认可。当时，王澄、胡毋辅之等人任诞的时候，随心所欲，甚至于裸体，体现他们"轻名教重自然"。后人评价晋朝是个人性最解放、私欲最放纵的年代。乐广对此不以为然，他说："名教里自然就有快乐的地方，何必非要那样呢？"因为这世界没有绝对的自由，任何自由过了头就会遭遇不自由。

尚书令卫瓘也很仰慕他，让自己的几个儿子前往造访，让他们去见识一下什么叫名士风度。卫瓘对他们说："乐广这个人，就像是水一样的镜子，见到他，就会感到，他的形象如玉石般光彩，像是云雾散开看见了青天一样。"

按理说，这么一位与世无争、淡泊名利、口碑极好的人，会有一个很好的归宿。然而遗憾的是，乐广后来被卷入一场政治斗争。他的女婿成都王司马颖与长沙王司马乂争权夺利，司马乂怀疑乐广会跟司马颖串通，于是对乐广进行了监视。一有风吹草动，司马乂就派人突袭搜查乐广家，指望能够找出一两个串通的证据来。为此，乐广忧愤不已。公元304年2月29日，乐广在悲愤中去世。

风度造就了他的生活，而政治却结束了他的生命。古代封建政治就是这么残酷。

上 篇

八、死在自己人的"圈套"之下

周处马上要和来自氐羌的敌军作战了，前方的敌军虎视眈眈剑拔弩张并没有让他退缩。周处不后悔自己的选择，尽管明知这是一条不归路，但作为一名将领马革裹尸战死沙场也是他的荣光。可后方的一股冷风让他不寒而栗，他不会忘记那双充满邪恶的眼睛和那副皮笑肉不笑的神情。

周处是个什么人，就是晋朝那个除三害改过自新的好少年。他是义兴阳羡人，供职于东吴国。东吴亡国后，晋朝大臣王浑登上建邺宫饮酒。王浑对吴国的遗老遗少们说："各位是亡国留下的人，难道没有忧戚吗？"周处回答说："汉朝末年分崩离析，魏蜀吴三国鼎立。魏国先灭亡，吴国后灭亡。亡国忧伤，哪里只是一个人呢？"这话说得很委婉，但指桑骂槐，你王浑原先不也是魏国的大臣吗，怎么没见你对魏的灭亡有一丝的悲戚？王浑本来想羞辱东吴的众臣僚，没想到却碰了个软钉子，羞惭不已。

周处除三害

周处就是这样一个硬汉子。我承认国家的灭亡和失败，但绝不允许你以胜利者的姿态居高临下地羞辱我们。人要活得有尊严，我绝不会为了博取某某的好感、讨谁的欢心而接受这样的凌辱。

晋武帝为了安抚东吴的民众，任用了东吴的一些官员。周处先是出任新平太守，处理边疆民族问题很成功，"抚和戎狄，叛羌归附，雍土美之"，深得雍州当地百姓的赞美。之后他转任广汉太守，"郡多滞讼，有经三十年而不决者，处详其枉直，一朝决遣。"在日常事务的处理上准确、细致、高效率，展现了周处极高的政务才能。后来他因母亲年迈而辞官归里，不久再被派到楚国担任内史。该郡已经经历丧乱，新老居户夹杂，风俗不一。周处用教义敦促他们，又把那些露在野外没人认领的尸骸白骨安葬。远近的人们都称赞他。

因为他的功绩，周处后来升迁为御史中丞。他所纠察弹劾之人，既有宠臣也有皇亲国戚。哪怕遇上梁王司马肜违法，周处也严格按法律条文结论，这下可把司马肜给得罪了。

这个司马肜是什么人？是司马懿的儿子，晋武帝司马炎的叔叔，当今皇上晋惠帝司马衷的叔爷。权高位重，大家见到他溜须拍马都来不及，偏偏刚正不阿的周处碰上他，还不留任何情面地惩罚了他。

司马肜是个人品极差的王爷。他任用道德败坏的张蕃为中大夫，该人曾恣意做奸淫之事而被人家唾弃。司马肜为官贪婪无能，但喜欢自我标榜，说："我在长安，哪样事做得不好！"他经常指着补丁粗糙的衣服表示自己很清廉，结果遭人白眼说："朝廷内外指望你举荐贤才，使不仁的人远离朝廷。而你位居三公辅相，因为单衣补丁，就把这当作清廉，你还好意思说？"

当正直的人遇到人品低劣的人，那就是一场悲剧。不幸的是，一心报皇恩的周处也偏偏赶上了最不懂得珍惜臣子忠心的时代。而更加不幸的是，上天偏偏就给了司马肜报复的机会。

元康六年（公元296年），西北少数民族氐羌反叛，首领齐万年称帝。十一月，晋朝任命周处为建威将军，隶属安西将军夏侯骏。出乎意料的是，朝廷任用周处，并不是因为他勇敢多谋、善于作战，而是被他得罪的那些人以堂而皇之的借口推上了最前线。这些人此时一致称颂周处是"吴名将之后，忠烈果毅"，并不是希望他能迅速平定叛乱建功立业，而是希望他打败仗，借齐万年之手直接或间接地杀掉周处。

更出乎意料的是，此次平叛的最高统帅居然就是那个一无所能的司马肜。这样的人做了征西大将军、都督关中诸军事，结果可想而知。周处自知身处险境，必为所害，但为尽人臣之节，便不推辞，抱着必死的决心慷慨西征。

这时候有两个人也替他深深担忧。一个是同为吴人的伏波将军孙秀，知道他准会战死，对他说："你有老母，可以凭这个理由推辞。"周处拒绝说："忠孝之道，怎么能够两全？既然已经告别亲人侍奉国君，父母又怎么能把我当儿子呢？今天是我献身国家的时机。"

另一个是中书令陈准，知道司马肜将会报旧仇，便上书朝廷说："夏侯骏和梁王司马肜都是贵戚，不是将帅之才，进兵不求功名，撤退不怕责罚。周处是吴国人，忠勇果敢，与人有怨隙又没有救援，必将丧身。应该下诏让孟观带一万精兵当周处的前锋，必定能歼灭敌寇。不然，司马肜会让周处当先锋，定会失败。"朝廷不同意，他们甚至可能会认为陈准是杞人忧天，司马肜是皇族，怎么会拿自己家的江山开玩笑？

甚至连敌方主帅齐万年也认为如果周处当主帅，则无法抵挡；若周处受制于人，则必可擒获。

两军对战马上要开始了。当时叛兵驻扎在梁山，有七万人。司马肜命令周处进军讨贼，周处便与振武将军卢播、雍州刺史解系在六陌进攻齐万年。将要作战时，周处的士兵还没吃饭，司马肜却督促他赶快出战，同时断绝他的后援。周处知道必定会失败，便赋诗说："去去世事已，策马观西戎。藜藿美梁黍，期待能善终。"说罢，他便上战场作战，从早晨到日暮，杀敌万余人，弓箭用尽。早接到司马肜指令的卢播、解系当然不会救援他。周处手下劝他撤退，周处按剑说道："这是我报效臣节献出生命的时刻，为何要撤退？以身殉国，不也是可以的吗？"于是，他全力作战至全军覆没。

周处之死，朝廷要问责司马肜。犯了这样的罪错，司马肜会给自己找出很多的借口。最后司马肜只落得个"朝廷尤之"的处分，相当于今天的口头警告而已。更让人气愤的是，不久，司马肜就"征拜大将军、尚书令、领军将军、录尚书事"，朝廷的军政、人事大权都归了他。

一个忠心为国的志节之士就这样死在了自己人的"圈套"下。这样的"圈套"是冠冕堂皇的，是明摆着悬在头上的。像潘尼在《安身论》中所指出的那样，"人人自私，家家有欲，中欲并争，群私交伐"。把私人利益置于国家利益之上，为了个人恩怨结党倾轧成了西晋基本的政治符号。因为，盘旋在西晋王朝顶端的是一群和社会现实与百姓脱节的食利阶层，这个群体的典型特征就是荣华富贵来得特别容易，他们没有经历创业的艰辛，没有底层挣扎的经历，注定他们不会珍惜国家命运，只会率性挥霍。处在这样的环境之中，周处的悲剧就成为一种必然，无法确定的只是悲剧的形式与程度以及发生时间的迟早而已。

令人情何以堪的是，两人死后被追封的谥号居然一模一样。司马肜去世后，谥号为灵，因其见到正义的事不去做，不勤政而成名。后皇帝念其是宗室，又改谥号为孝。司马睿当晋王时，打算为冤死的周处加封谥号。大臣们说："周处德行清廉方正，才量高出，历守四郡，安定人心建立美政；而出征以身为国，临危献出生命，这都是忠臣贤士盛美的德业。按照谥法，固守仁德而不行邪僻叫作孝。"于是便谥号为孝。

更令人情何以堪的是，有了周处的前车之鉴，后人学会了变通，丢掉了原则。八王之乱期间，齐王司马冏一度控制洛阳，河间王司马颙要组织联军讨伐齐王。司马冏召集会议，讨论对敌策略。当时担任尚书令的王戎，建议司马冏退休放弃权力，才是上策。司马冏身边的谋士勃然大怒，建言司马冏要把他处死示众。王戎一听，马上表示人有三急，捂着肚子要上厕所。没多久，司马冏就听见有人叫唤起来了："不好了，不好了，王大人掉茅坑里头了！"司马冏让人把王戎捞起来以后，马上把这位浑身恶臭的王大人送回府第。王戎声称自己是不小心才会失足跌入茅坑。一计下来，让王戎逃得一命。后来，司马冏被杀死了，但王戎还活着。

九、石崇另一面：被文学情怀害掉的"国民老公"

两晋历史上有两场声色盛宴，都流传千古，后人至今赞不绝口，向往不已。这两场宴会不仅是文人墨客展示才华的聚会，更是魏晋风度精华的一个缩影。这两场宴会，一场是东晋时期王羲之组织的兰亭聚会，一场是西晋官员石崇牵头的金谷宴会。前者因为曲水流觞让人记住了《兰亭集序》，后者则因主人比富斗富的奢侈形象，让世人几乎遗忘了跟《兰亭集序》同样精彩的《金谷诗序》。

石崇是西晋著名的富豪，喜欢露富、炫富、比富和斗富。石崇通常让人误解他是个肥头油耳、大腹便便、说话粗鲁的土豪，其实，他是个绝对的美男子，用"惊艳"一词来形容也不过分。他百分百遗传了他父亲的基因，父亲石苞本来祖上没有多少名气，因相貌非凡后来竟做了司空这个高位。

石崇，有钱、有权、有貌。其实，他还有另一面，具有相当深的文学情怀，堪称晋朝时期的"国民老公"。

石崇满怀深情地记录了那天金谷宴会的场景：

当时征西大将军祭酒王诩要回长安，我与众朋友一起给他送行，到金谷涧中去。白天黑夜地游乐欢宴，多次变更地方。有时登高临下，有时依次坐在水边。当时把琴、瑟、笙、筑和乐人一起载于车中，众人同时演奏。等到了住地，让他们与鼓吹轮流顺次演奏。于是众朋友都饮酒赋诗来抒发心中感怀，有的作诗不成，就罚酒三斗。时间过得很快，感慨生命的短暂，恐怕死亡是没有一定期限。

金谷园是石崇的私家别馆，他经常邀请潘岳、陆机等"二十四友"在此聚会。这座园子很是气派：山形水势，筑园建馆。周围几十里内，楼榭亭阁，高下错落。金谷水萦绕穿流其间，鸟鸣幽村，鱼跃荷塘。这座园子很是高贵：石崇用绢绸茶叶、铜铁器等派人去南洋群岛换回珍珠、玛瑙、琥珀、犀角、象牙等贵重物品，把园内的屋宇装饰得金碧辉煌，宛如宫殿。这座园子更有亮点：每次宴客，他必命爱妾绿珠出来歌舞侑酒，见者都忘失魂魄，因此绿珠之美名闻于天下。

石崇在年轻时就有独到的财富观。他曾与王敦一起进太学，看到颜回、原宪的像。石崇回头对王敦感叹道："若与他们同听孔子之课，和他们不一定有大差别。"王敦说："其他人我不敢说，子贡和你很接近。"石崇很严肃地说："一个士人应当既享厚福，又有高名，为什么要做那瓦罐当窗子的穷人呢？"

石崇真正发财是在荆州刺史任上。他竟抢劫远行商客，取得巨额财物，以此致富。史书称，石崇后来的财产山海之大不可比拟，宏丽室宇彼此相连；后房的几百个姬妾，都穿着刺绣精美无双的锦缎，身上装饰着璀璨夺目的珍珠美玉宝石。

据《世说新语》等记载，石崇用他的文学情怀把自家的厕所修建得华美绝伦，准备了各种香水、香膏给客人洗手、抹脸。经常得有十多个女仆恭立侍候，一律穿着锦绣，打扮得艳丽夺目，列队侍候客人上厕所。客人上过了厕所，这些婢女要客人把原来穿的衣服脱下，侍候他们换上了新衣才让他们出去。官员刘寔年轻时很贫穷，无论是骑马还是徒步外出，每到一处歇息，从不劳累主人，砍柴挑水都亲自动手。后来官当大了，仍是保持勤俭朴素的美德。有一次，他去石崇家拜访。他上厕所时，见厕所里有绛色蚊帐、垫子、褥子等极讲究的陈设，还有婢女捧着香袋侍候，忙退出来。他笑着对石崇说："我错进了你的内室。"石崇说："那是厕所！"刘寔说："我享受不了这个。"于是改进了别处的厕所。

石崇也曾以文学情怀的豪迈与晋武帝的舅父王恺相比奢靡。晋武帝暗中帮助王恺，赐了他一棵二尺来高的珊瑚树。那珊瑚树枝条繁茂，树干四处延伸，世上很少有与他相当的。王恺把这棵珊瑚树拿来给石崇看。石崇看后，随手拿起铁制的如意，击打珊瑚树，顺手敲下去，珊瑚树立刻碎了。王恺之后感到很惋惜，又认为石崇是嫉妒自己的宝物。石崇说："这有什么啊，我现在就赔给你。"于是，他命令手下的人把家里的珊瑚树全部拿出来。这些珊瑚树的高度有三四尺，树干枝条举世无双而且光耀夺目，像王恺那样的就比比皆是了。

在很多人看来，石崇与王恺豪迈地斗富，是一种病态的嗜好。其实，一方面，这是当时世家大族出于标榜自己优越地位考虑，而采取的较为普遍的炫耀行为。另一方面，他们沉浸魏晋风度不能自拔，选择纵情享乐，炫富、斗富就是常见的享乐方式。

石崇对这种生活也是很满足的。他曾经在《思归叹》诗里表达自己的惬意："登城隅兮临长江，极望无涯兮思填胸。鱼瀺灂兮鸟缤翻，泽雉游凫兮戏中园。惟金石兮幽且清，林郁茂兮芳卉盈。吹长笛兮弹五弦，高歌凌云兮乐余年。超逍遥兮绝尘埃，福亦不至兮祸不来。"

石崇不光有钱，身边也不缺美女，绿珠是他的宠妾之一。石崇担任卫尉时，极力巴结权臣贾谧，贾谧也对他很亲善。公元300年，赵王司马伦发动政变，贾谧被杀，石崇也被免官。司马伦的党羽孙秀倾慕绿珠，趁机派人到石府索要绿珠。

孙秀的使者将来意告诉石崇，石崇将自己的数十个小妾喊出来，让使者挑选。当使者说"只要绿珠"时，石崇勃然大怒，断然拒绝。于是，孙秀恼怒之下，劝司马伦逮捕石崇。

这个具有文学情怀的"国民老公"，在下狱后天真地认为，那么多同僚曾到金谷园受过他的款待，一起享受过他的奢靡，他们应该会向皇帝求情的。结果不但没有一个人出来说情，反而大家都嫉妒他。后来，石崇再次天真地说："我不过是流放到交趾、广州罢了。"直到被装在囚车上拉到东市，这才叹息道："这些奴才是想图我的家产啊！"押他的人答道："知道是家财害了你，为何不早点把它散发掉！"临死之前，石崇曾对绿珠叹息说："我现在因你而获罪。"绿珠表示"愿死于君前"，随即坠楼而死。石崇被杀于东市，时年五十二岁。

拥有文学情怀的人适合做富翁，适合做作家，适合做发明家，唯独不适合做官员。文学充满想象、充满浪漫、充满激情，而官场意味着约束，意味着收敛，意味着谨慎。司马光评论道："石崇以奢靡夸人，卒以此死东市。"

有文学情怀的石崇根本不懂一个最基本的道理：财不外露。你有钱也得掖着点藏着点，不能在人前炫耀。何况你还不是正道来的，你还想炫富，那真就是作茧自缚了。这验证了一句古语："祸福无门，惟人所召。"

当然，石崇更不会懂，穷奢极欲的贵族们相互之间出现生活奢侈腐化、相互攀比炫耀、对民间巧取豪夺、经常争豪斗富，而且流行成风，那么往往也就预示着他们所处的朝代即将土崩瓦解。

果然，这个"国民老公"被杀十六年后，曾经富庶强盛的西晋王朝灰飞烟灭。五百年后，杜牧路过洛阳时，睹物思人，写了一首《金谷园》："繁华事散逐香尘，流水无情草自春。日暮东风怨啼鸟，落花犹似坠楼人。"以此典故警戒后人。

十、绝世美女的自杀为何感动千古

"轻轻的我走了,正如我轻轻的来;我轻轻的招手,作别西天的云彩。"把这句话放在绿珠这位晋朝绝世美女身上是再贴切不过。魏晋风度绕不开女人,绿珠就是其中一位。这位绝世美女不仅见证了魏晋风度的富丽堂皇,同时也演绎了爱情故事的凄美绝伦。

那是一个春日午后,一位生在白州(今广西博白)境内的双角山下十五岁的美女,名叫绿珠。被时任交趾采访使(官名)的石崇以十斛(一斛为十斗)明珠的价格买走了。这个买了她且后来成为帝国首富的男人,是完全冲着绿珠容貌来的,因为她"绝艳的姿容世所罕见"。

石崇把她带到洛阳的私家别墅金谷园,为她建起珠玉嵌墙高达百丈的崇绮楼,以慰绿珠的思乡之愁。崇绮楼里面装饰以珍珠、玛瑙、琥珀、犀角、象牙,金碧辉煌、穷奢极丽。绿珠擅长吹笛,又善舞《明君》,其才情可见一斑。绿珠妩媚动人,又善解人意,恍若天仙下凡。因而,石崇在众多姬妾之中,唯独对绿珠别有宠爱。

金谷园自从来了绿珠,也显得格外熠熠生辉。石崇和当时的名士左思、潘岳等二十四人结成诗社,号称"金谷二十四友",经常吟诗作赋,清谈对饮。而且每次在金谷园宴客,石崇一定会叫绿珠出来歌舞侑酒。只要她开始舞蹈,无论门第族望多么高贵,无论文采武功多么出众,无论仪容举止多么优美,此时却都只有跪坐着仰视她的份,像膜拜神明一样瞻仰翻飞起舞的她。大家都几乎忘失魂魄,于是绿珠的美名闻于天下,绿珠也因此感到十分的幸福和满足。

上 篇

但是绿珠也经历过残酷的一幕。石崇这个把她含在嘴里怕融掉、捧在手里怕丢掉的男人,也有凶残的一面。每次请客饮酒,石崇喜欢让美人斟酒劝客。如果客人不喝酒,他马上就让侍卫把美人杀掉。一次王导与王敦兄弟俩一道去石崇家赴宴。王导向来不能喝酒,但怕石崇杀人,当美女行酒时只好勉强饮下。王敦却不买账,他原本倒是能喝酒,却硬拗着偏不喝。结果石崇斩了三个美人,他仍是不喝,而且面不改色。那次,绿珠刚从偏厅经过,正好撞见腰斩美人的骇人一幕,震惊之余恐惧久久不能消除。她无法想象,那个对自己千依百顺疼爱至极的石崇,就是眼前这个在腰斩美人时神色自若、谈笑风生的恶棍。

"善歌樊素口,能舞小蛮腰。"绿珠艳名远播后,深深吸引了赵王司马伦的部下孙秀。孙秀是个典型的小人,他对绿珠产生了强烈的占有欲,便派人前往金谷园,向石崇索要绿珠。石崇勃然大怒,脱口而出就是一句:"绿珠是我所爱,要谁都可以,想带走她,门都没有!"

就这样,绿珠在全朝奢华、全民腐败的日子里日复一日、年复一年地生活着。金谷园中的景色一如既往的浮华,但庙堂之上的风云变幻却日益加剧。纵情声色的晋武帝死后,赵王司马伦发动兵变,杀了晋惠帝自立为君。那个对石崇充满嫉恨、对绿珠挂满垂涎的孙秀一跃蹿升为洛阳新贵,到处为所欲为。欲夺绿珠并蓄谋已久的他很快便向司马伦参了石崇一本,削了石崇的太尉头衔。

此时,在金谷园里的绿珠很明白:时局变动,他已经在朝中失势。石崇昔日与人比权斗富,丝毫不肯低调服软屈居人后,树敌甚多。获罪只是早晚的事。到那时,石府上下必受其祸;自己艳名在外,恐怕也是凶多吉少。现下离那繁华落尽、故人远去的一日,已经不远了。

石崇对绿珠叹息说:"我现在因为你而获罪。"绿珠流泪说:"愿效死于君前。"她的意思很明白,与其在石崇死后被孙秀蹂躏,还不如早点结束人生以保持忠贞。

绿珠提了提裙摆,最后一次回头,含笑看了石崇最后一眼。在寂静的空气中,在石崇还来不及反应的刹那,她纵身跳了下去,坠楼而死。

她这一跳,是为崇高的爱情而跳,更是为女性的尊严而跳。

绿珠之死结束了金谷园的繁华与喧嚣,只留下目瞪口呆的石崇。没多久,石崇连同他的家族数十人也被拉到东市口,追随绿珠去了。

绿珠虽死,她的顽艳与骨气历来为士人所倾慕、称道。

在唐朝大臣牛僧孺看来,这是一个刚烈的女人,更是一则传奇。德宗贞元年间,牛僧孺考进士落第后,经过洛阳准备返回老家。过鸣皋山时,他因暮色苍茫而迷路。忽然牛僧孺为一阵异香吸引,在夜里进入汉文帝生母薄太后的庙。薄太后的亡灵留牛僧孺吃饭,招来包括王昭君、潘妃(南朝齐废帝萧宝卷的妃子)、杨贵妃在内的前朝及当朝帝王的貌美的妃子宫人,与牛僧孺宴乐赋诗。席间,薄太后指着潘妃旁边的绿珠,问牛僧孺:"你认识她吗?她是石家的绿珠。潘妃认她做妹妹,所以与潘妃一起来。"薄太后对绿珠说:"刚才大家都做了诗,你怎么不做啊?"绿珠起身道谢,作诗曰:"此日人非昔日人,笛声空怨赵王伦。红残翠碎花楼下,金谷千年更不春。"她诗做好了,酒也喝完了。薄太后说:"牛秀才远来,今夕谁人为伴?"几位妃子宫人纷纷找理由婉拒。潘妃说:"齐废帝萧宝卷为了我,不仅身死,还丢了朝廷,我不可以辜负他。"绿珠也马上站了起来,拒绝说:"石崇性格很严厉,今天宁可死,我也不能乱来。"后来薄太后由王昭君去侍寝去了。

在唐朝诗人杜牧笔下,这是个多情的女人,更是篇传世诗歌。唐文宗开成年间,三十四岁的杜牧任监察御史,分管东都洛阳。一日,他骑马在洛阳西北散心,路过一处废园,他下马一看,居然是曾经盛极一时的金谷园!一时间他倦意全无,很想观赏当年绿珠下榻的崇绮楼到底是何样子,于是他就循着小径向前走去。此处早已繁华落尽，人去楼空，唯有园中的牡丹依旧静静地开落。日暮风起，满院牡丹花瓣漱漱，落了一地，寂寂无声。

杜牧不禁感慨，繁华的往事已随着香尘散尽，没能够留下半点踪迹。如茵的春草年年自绿，流水无情地悄悄逝去。黄昏时啼鸟在东风里噬怨声声，飘飞的落花还像那坠楼的人。

伤感的杜牧迟迟没有离开这颓废的荒园，因为他还在想，那么美丽动人的她，是否也曾走过感情的千山万水？那

绿珠坠楼

崇绮楼上的绿珠，是否也曾跟石崇为爱争论对与错？那兀自赴死的绿珠，生前是否有过抱怨与怨恨？

在我看来，这是个跟魏晋风度有关的女人，折射出一个精彩的道理。从绿珠跟石崇等人交往，可以看出魏晋男人们似乎已站在了欣赏女性、尊重女性的角度上，不仅欣赏着她形容的曼妙，也欣赏她的风度和气质以及高雅的品格。同样，绿珠面对男性，不必附耳听命，而是以自己的智慧、自己的才思来赢得男性的尊重，呈现出一种独立之美。还有一个道理，就是，女人经常会被男人感动，以为是被爱了。但过段时间后，却忽然发觉，他其实并不爱你。没错，男人能感动你，却并不一定爱你。感动只是想得到你，而爱却是需要付出自己。石崇对绿珠是爱，因为他付出了自己，包括生命。

十一、西晋反腐败：刘毅一个人的战斗

晋朝有两个同名的刘毅，一个在西晋初，一个在东晋末。今天要说的是西晋初的刘毅，他刚正不阿、疾恶如仇、执法如山，那种整日清谈、无所事事、饮酒吃药的行为都与他无缘。按理说这个人跟魏晋风度是不搭边的，但在我眼里，作为西晋反腐败第一人的他敢于逆潮流，无疑是另类的魏晋风度。

刘毅，字仲雄，东莱掖县人。掖县，即现在的山东莱州。山东人大多性格耿直，刘毅也如此。他幼年孝顺父母，少年就有清刚之节。他喜欢品评人物，可能是由于说话一针见血又不留情面，王公贵族们看到他都有几分惧怕。后来太守杜恕请他做功曹，功曹是太守的主要佐吏，主管考察记录业绩，有点像现在的地方组织部长。上任后，刘毅秉公执法，赏勤罚懒，淘汰一百多个占着茅坑不拉屎的庸官庸吏。他那种声势和威望远远超出太守，难怪当时的人都说："但闻刘功曹，不闻杜府君。"

刘毅正式做官是后来被本郡推举为孝廉，被朝廷征召为司隶都官从事。这个官职是京城地区的监察官，估计他的为人已经为朝廷所知晓，让他担任此职，重点想查处贪官污吏。

他刚一上任，京都秩序肃然。当时的河南尹（相当于现在的北京市市长）是个能干的家伙，但有经济问题，有人便向刘毅举报。刘毅掌握了基本情况后，准备弹劾河南尹。但是刘毅的上级领导司隶校尉不同意，理由是："捉兽的犬，鼷鼠也可以在它背上爬。"意思是说，能干的官员，难免会有些贪腐。刘毅马上顶了过去："既能捉兽，又能杀鼠，这犬有什么不好!"这意思跟现在我们主张的官员既要干事又要清廉是一个意思。于是刘毅转身就走,坚决要查办河南尹。

咸宁四年(公元278年),由于成绩突出,刘毅升任司隶校尉。皇帝专门让他正风肃纪,纠正豪门贵族的不轨行为。消息一传出,吓坏了全国很多的郡守、县令。他们赶紧跑到司隶衙门交出印绶,检讨的检讨,自首的自首,辞职的辞职,一时风清气正。这跟一千三百年后的一幕很像,隆庆三年(1570年)夏天,海瑞升调右佥都御史,外放应天巡抚。应天下属的十府属吏害怕海瑞的威严,怕自己的劣迹败露,纷纷自动辞职。

但好景不长,那个当年厉行节俭到车舆的青丝绳断了以青麻代之的司马炎渐渐消失了,取而代之的是一个色欲熏心、尽情享乐的晋武帝。晋廷到处奢侈糜烂,社会到处比富炫富。为了弥补大肆铺张带来的亏空,晋武帝居然公开悬赏卖官,凡是给他送钱的,都能得到相称的官职或免祸,卖官所得的钱款都被晋武帝放在内库,任意挥霍。刘毅实在看不下去。

有一日朝会,晋武帝突然心血来潮,问群臣:"朕可比汉朝哪个皇帝?"群臣当然都拿前朝的明君刘邦、刘秀来比,晋武帝听了十分得意。正当他沉醉在一片颂扬之声中的时候,却听刘毅一人高声道:"皇上和桓、灵二帝有得一拼!"这一句话顿时让满朝文武震惊,晋武帝的笑意僵住了。

汉桓帝和汉灵帝是东汉末年的两个昏君,两个人一前一后把东汉折腾乱了之后,汉献帝接过这个烂摊子,成为曹操手中的傀儡。可以说,东汉就是在这两个人的手中灭亡的。

晋武帝发了一会儿愣,不甘心地说道:"就算我比不上古代那些明君,难道不比这两个昏君强吗?"

刘毅道:"当年桓帝和灵帝卖官,钱都归入了国库。陛下您现在卖官,所得的钱却都进了自己的腰包。从这一点来看,您连这两个人也比不上啊。"

晋武帝好不尴尬，只好讪讪地替自己找个台阶说："桓、灵二帝不会有你这样的直言忠臣，而我身边却有。这说明我还是比他们好一些啊。"

这时下面又有一群善于溜须拍马的大臣一齐夸道："刘毅是忠臣，但他直言犯上，陛下不但不怒，反而高兴，说明皇上真的是明君啊！"一席话说得晋武帝大喜，把刘毅的话丢到一边，又开开心心地继续他的享乐。

对待公家刚正不阿，对待家人刘毅更是如此。刘毅日夜操劳公事，经常在办公室加班加点，有时坐而待旦。一次，他在办公室因劳成疾，突发疾病。他的妻子去省视，经过抢救，刘毅才性命无虞。但事后，刘毅便向朝廷请求治他妻子的罪，因为在晋朝，家人是不能去办公场所的。于是他妻子槌杖加身，刘毅就是这样不徇私情。

刘毅视腐败为天敌，以一人之力狂战晋朝腐败风车。但由于皇帝的示范作用，众官员依然权钱交易、花天酒地、肆意妄为。刘毅被累得气喘吁吁、节节败退，而腐败却是日益做大。当时有个叫羊琇的大官，性格奢侈放恣，接受贿赂，名闻京师。刘毅发现后认为羊琇罪应处死，但是晋武帝因为羊琇与自己的交情，就把羊琇藏起来，只是将他免官而已。半月之后，武帝又把羊琇放出来官复原职。

羊琇的例子让刘毅明白了，真正的腐败不是能抓住的一两个小老虎，也不是未被抓住的那些大老虎。真正的腐败就在我们中间，就在选拔干部的制度上。这样的腐败要是不反的话，晋朝就有丢掉江山的危险。

刘毅直接把矛头指向当时盛极一时的九品中正制，认为曹魏时期设立的九品制度，是权宜之计，并没有选拔出人才，而有八种弊端，他上疏请求废止。他认为，做官有三难，关系到国家的盛衰兴亡，人物难知、爱憎难防、真伪难辨。如今设立中正，评定九品，高低随意，荣辱在手。有皇帝的威福和朝廷的权势，爱憎和虚实全在于己，对公不负考核之责，对私不怕告发，用尽心计，钻营各方，廉洁谦让的风气消失了，得过且过的习俗形成了，天下纷乱，只争品级和官位，没听说谦让，他为朝廷感到羞耻。

还有，现在的中正不看真才实学，专门依靠帮派利益；处事不公，专门根据个人感情，想要给的，作假以助他成名；想要让他下的，便吹毛求疵。不顾真才实学，衰弱则降下，兴盛则扶上；同一个人，十天之内官职就发生变化，或以贿赂使自己通达，以求晋升。

这种体制正是腐败的源头，晋的腐败不只是朝廷官员的堕落，而是全国上下规模空前的大腐败。中央官员以不过问行政事务为荣，地方官员以不过问人民疾苦为荣，百姓也是穷奢极欲。

针针见血的奏疏结尾，刘毅提出要废除九品中正制，恢复古代的乡里议论推举制。

这份奏章跟后来的江统要把关中的胡人赶回老家去的《徙戎论》同样著称于世，只是两份奏章都不具备可行性。如果说后者的实施将会引起全社会的大动荡，那么前者的颁发将会引起贵族集团的大地震。因为此时，晋武帝沉浸在众人鲜花捧月般的一统天下的幸福世界里，每天只想着坐着羊车到哪个妃子处宠幸；贵族集团也正处在九品中正制所带来的巨大的既得利益中，享受该享受到的待遇。岂是你说废就能废的？晋武帝当然不会去实行。

刘毅对这个朝廷很失望，七十岁那年，他提出辞官告老还乡。退休时，他家里十分清贫，都快揭不开锅了。晋武帝过意不去，赐钱三十万，每日还供给一些米肉让他养家糊口。

刘毅是一个人在战斗，他无疑是位猛士，冲锋陷阵。但是以当时的朝廷情况和社会环境，反腐败是不可能长久的。他的主张、举措也瞬间便淹没在灯红酒绿、粉饰太平的人影中。太康六年（公元285年），刘毅去世，晋武帝手抚几案吃惊地说："我失去了一个名臣，可惜不能让他活着做到最高级别的三公。"其实晋武帝比谁都明白，如此峭直的刘毅，是做不到宰辅位置的。

此时的晋朝，虽然表面上还保持着平静，但是日积月累的腐败行为如同急流奔涌的岩浆蕴酿着它的总爆发，让整个晋国，在滚滚的烟火中瞬间崩溃。

上 篇

十二、游走于超世俗与极世俗之间的"会人"

"会人"是我的家乡话,就是能人的意思。"会人"聪明能干又有点圆滑世故,擅长公关,善于办事。王戎就是这样的人。在那个动乱年代,他知物、知人、知势,也知自己的使命,却用老庄思想明哲保身,始终没有在紧要关头挺身而出,为国家献计献策。

王戎出身魏晋高门琅琊王氏,祖父王雄官至幽州刺史,父亲王浑担任过凉州刺史。王戎自幼聪颖,神采秀美。关于他,有个耳熟能详的故事。七岁的王戎与小伙伴玩耍,看到路边的李子树上硕果累累,压弯了枝条。别的孩子都去摘李子,唯独他不去。别人问他:"你为何不去摘?"他说:"李子树生在路边,结这么多李子但没有人采摘,说明这李子一定是苦的。"别人摘下一尝,果真如此。

成年之后,他以知人知事为著称。公元263年,钟会率军伐蜀,出师前与王戎道别,问王戎有什么灭蜀的计策。王戎说:"道家有句话叫'为而不恃',成功并不难,保持成果就难了。"次年,钟会叛乱失败被杀,大家都觉得王戎有见识。

公元291年,当时身为宗室的司马繇成了政要,专断刑赏,威震内外。王戎告诫司马繇说:"大事成功之后,考虑问题要深远些。"司马繇嗤之以鼻,结果果然被废徙至辽东。

孙秀在琅琊作郡吏时的人品就很差,王衍曾拒绝品评,而王戎却劝王衍给孙秀好的品级。到司马伦、孙秀掌权时,杀戮朝官,王戎、王衍得以幸免。还有,王戎厌恶族弟王敦,经常托病避而不见。后来,王敦果然起兵造反。他的先见之明真是绝了。

王戎脑很"泛"（家乡话，就是聪明的意思），善于处理重大事件。在当荆州刺史时，他分析晋和吴的形势，认为东吴已是强弩之末。于是，他采取分化、收买吴国在荆州之南的官员，包括领兵的军官。这种策反工作，他做得有声有色。他在吴国广布间谍，并成功策反了吴国光禄卿石伟。结果西晋很快就灭掉了吴。

王戎还很能干，在荆州强化治安工作，使社会安定；修河道，研发新稻种，改良农田，因此，很受当地百姓的欢迎。任吏部尚书时，王戎创制了甲午制，但凡选拔人才，先让被选的人治理百姓，然后在授官擢用。由于擅长公关又加精明能干，在晋惠帝时他升官至尚书令、太傅、司徒等要职，位列三公。

王戎还是个矛盾体。一方面，他是个超世俗的人，满嘴老庄，长于清谈。王戎与其父王浑的朋友、年长其二十四岁的阮籍交好。当时阮籍与王浑同任尚书郎，每造访王浑时，与王浑见一面就离去；和王戎交谈，很久才出来。阮籍对王浑说："你儿子清虚可赏，和你不是一类人。与你说话，不如与阿戎说。"

一次，众名士一起到洛水边游玩。回来的时候，乐广问王衍："今天玩得高兴吗？"王衍说："裴仆射擅长谈论名理，滔滔不绝，志趣高雅；张茂先谈《史记》《汉书》，娓娓动听；我和王戎谈论季子、张子房，也议论高超而玄妙。"王戎就是这样受到鉴识者的欣赏。

但另一方面，王戎也是个极世俗的人，敛财、吝啬的贪婪本性几十年不改。《晋书》说王戎"性好利"，多置园田水碓，聚敛无已，富甲京城。虽然如此，但是却非常吝啬抠门，不相信手下的管家，常常半夜在蜡烛下和他的老婆算账、对账。

《世说新语》记载王戎为人贪吝，其俭啬一篇共有九条，即有四条记王戎事。王戎早年在荆州刺史任上就曾私派部下修建园宅，因此被免官，后来出钱赎回了官职。

《晋书》载："（王戎）家有好李，常出货之，恐人得种，恒钻其核。"这是说，王戎还在自己田里种了李子，为了防止良种被人弄走，无论是卖李还是吃李都将李核钻孔！他女儿的婆家借他钱，他耿耿于怀。女儿某次回娘家，王戎见她未带欠钱来就十分生气，不理睬女儿，等女儿再次来将欠钱还上他才高兴。他侄儿结婚，他送一件单衣，婚后立即要回。他儿子王万患有肥胖病，王戎怕花钱，不给治疗，让儿子吃糠减肥，结果，他儿子不到二十岁死了。这些行为，同他在"竹林七贤"聚会时的言谈及官场的行为相悖，一位表里不一的魏晋士人形象跃然纸上。

在官场上，他官越做越大，但表现得越来越世俗。在朝堂上从来都是顺着皇帝，也不劝谏，做事圆滑，取媚上级，所以能做到司徒这样的大官。

八王之乱期间，他认为司马王朝将要颓败，天下将要大乱，便与权臣苟合求容。后来愍怀太子司马遹被废，他也没有一言劝谏。对干部任免采取明哲保身，没有提拔过什么人，也没重用过什么人，只是随时势而沉浮，做些平级交流的工作。他知道，当时宗室争斗很厉害，提拔任何一方的人都会得罪人。被拜为司徒后，他虽然总理三司之权，却把政事交给僚属办理，自己常骑小马从便门出游，见到他的人不知他是三公。

河间王司马颙联合成都王司马颖等讨伐齐王司马冏。司马冏问王戎对策。王戎建议司马冏主动撤回自己的封国，尚可保住王位。司马冏身边的谋臣怒斥道："自汉魏以来，王公失势回府第，有能保全妻子儿女的吗？说这件事的人当斩！"群臣惊惧，王戎马上假装服五石散药力发作，要如厕，结果跌倒在厕中，才免去一死。后趁晋惠帝被挟持迁往长安之机，出奔京城，躲在一个叫"郏"封地里，直至七十二岁死去。

可就是这样一个极世俗的人,却有着这样一则"不受赙仪"的故事:王戎的父亲王浑去世的时候,由于正直清廉,为民造福,享有美名,很多故吏和百姓,不远千里来吊唁他,纷纷送礼以表示对他的尊敬和哀思。估计来的人很多,送的礼金上百万。按说,这是个收财的好机会,没有会因为这个收财而指责你。但是王戎却分文不取,把礼金退了回去。王戎的"不受",似乎足以让我们今天许多伸手索贿的贪官汗颜。

看来,人就是多面性,晋朝没有一个人比他更复杂,也没有一个人比他更令人捉摸不透。在超世俗和极世俗之间,王戎同时也是个著名的大孝子,和当时的和峤俱以孝称,那一年两人同时遭遇大丧。王戎伤心欲绝,哀毁骨立,形容枯槁;而和峤虽然也很伤心落泪,但是却不失礼数。晋武帝知道了这件事之后,有一天就问刘仲雄,说:"你是不是数次去看望王戎和和峤啊?我听说和峤非常伤心悲哀但不失礼数,让人很担心啊。"这时,刘仲雄就说:"和峤悲哀不失礼数,精神气度还不至于太过亏损。王戎伤心悲苦不顾礼节,形销骨立。我认为和峤虽然伤心难过,但是还抱着生的念头,王戎就不同了,他是抱着死的念头啊。陛下您不应该担心和峤,而是更应该为王戎担忧啊。"

盖棺定论,在王戎这个"会人"身上,充分体现出人的复杂性:既好老庄,热爱清谈,旷达不拘礼仪;又追名逐利,在官场上明哲保身,一帆风顺。

忠乎?奸乎?君子乎?小人乎?王戎,让人一言难尽。

上 篇

十三、王澄：一个清谈误事官员的典型案例

在晋朝历史上，清谈误事最典型的人物应属王澄。他是琅琊临沂人，字平子，出身世族，背景显赫，系太尉王衍亲弟，司徒王戎堂弟，大将军王敦族弟。他本人也有盛名，勇力过人，爱好清谈。他从小就任要职，甚至八王之乱中，一开始附成都王颖，后来又投靠东海王越。《晋书·王澄传》如此记载：

少历显位，累迁成都王颖从事中郎。及颖败，东海王越请为司空长史。以迎大驾勋，封南乡侯。迁建威将军、雍州刺史，不之职。

这位极有天赋的人，不管智商还是情商都是超一流的。他很小的时候虽还不会说话，但见到人的行为举止，就知道背后的用意。十四岁那年，他的嫂子、王衍的妻子郭氏，性情贪婪卑鄙，想命令婢女去路上担粪。王澄劝谏郭氏不能这么做。史书记录了经过：

（王澄）谏郭以为不可。郭大怒，谓澄曰："昔夫人临终，以小郎属新妇，不以新妇属小郎。"因捉其衣裾，将杖之。澄争得脱，逾窗而走。

王衍对这个弟弟特别看重，曾这样点评天下人士："阿平（即王澄）第一，子嵩（即庾敳）第二，处仲（即王敦）第三。"还说，凡是经过王澄所提的题目，王衍便不再多言，就说"已经平子矣"。身为清谈界的领袖人物王衍都这么评价了，王澄的名声不响也难。史书记载：

时王敦、谢鲲、庾敳、阮修皆为衍所亲善,号为四友,而亦与澄狎,又有光逸、胡毋辅之等亦豫焉。酣宴纵诞,穷欢极娱。

盛名之下的王澄整天无所事事,高谈阔论,但不论世事,只雅咏玄虚而已。所谓"雅咏玄虚",也就是空谈老庄罢了,这在当时成为士大夫的一种风气。

晋惠帝后期,王衍提请王澄为荆州刺史,同时提名王敦为青州刺史。王衍常常问他们治国方略,王敦比较务实,说:"应当事到临头随机而变,不可以事情还没发生就议论。"王澄却言辞显露锋芒,从不按常理出牌,一时间满座都大为叹服。空口议论的实力王敦不如王澄,但这为王澄的生死命运留下了隐患。

清谈之余,王澄还为人举止放诞,不拘礼俗,甚至有脱下衣服光着身体来标新立异的举动,这样一来,王衍更加欣赏了,说这是一种"落落穆穆然"的风度。那天,王澄调任荆州刺史,朝中官僚同事前往送行时,王澄却上演了这样令人目瞪口呆的一幕。《世说新语》是这么记载的:

王平子出为荆州,王太尉及时贤送者倾路。时庭中有大树,上有鹊巢。平子脱衣巾,径上树取鹊子,凉衣拘阂树枝,便复脱去。得鹊子,还下弄,神色自若,旁若无人。

当众脱衣裸体,王澄这一系列于情不合、于理不符、于境不容的行为,却被当时的人们认为他能作为人伦的借镜,纷纷效仿。

不仅如此,王澄到荆州上任后,终日不理政事,日夜纵酒。左右的人常常恳切地劝告他,要加强学习,树立威望,保全州境。没多久天下大乱,王澄认为乱从京都起,不是一个州能匡正抵御的。许多流民自巴蜀徙入荆湘,因生活窘困,纷纷屯聚造反。王澄袭杀其八千余人,从而激起更大规模的反抗。

对得罪他的人，王澄往往过于严厉。荆州本地一士人曾因为琐事得罪了王澄。王澄发怒，命令左右棒打。别驾郭舒劝阻说："刺史喝得太多了，你们这些人怎敢妄动。"王澄发怒说："别驾太狂了，胡说我醉了！"于是让人掐他的鼻子，揪他的眉头，郭舒跪而忍受。就这样，王澄对部下凶狠导致上下离心。最后他觉得自己终难在荆湘久处，便辞去了刺史之职。

辞官就辞官吧，像王澄这类人，凭他的身份和影响，完全可以像孔子那样周游遍地四处讲学做一个大师，也可以像南朝的陶弘景隐居山中修炼自身那样做一个智者，哪怕终日在家与同好者饮酒作乐高谈阔论做一个超脱的贵族也可以。但是那个年代是不会轻易"浪费"这样一位名士的。

永嘉之乱后，王澄接受了琅琊王司马睿的邀请，出任军谘祭酒。他南渡后途径豫章时，拜访了时任江州刺史的族兄王敦。因为他素有盛名，一到豫章就马上引起王敦所治军民的仰慕乃至骚动，这令王敦感到很不爽。遗憾的是，王澄还不知收敛，只管继续自己的狂妄，还趁机提起旧事来讽刺王敦，这让王敦更加愤恨，想对他下手。史书上记录了王澄的最后结局：

敦欲入内，澄手引敦衣，至于绝带。乃登于梁，因骂敦曰："行事如此，殃将及焉。"敦令力士路戎搤杀之，时年四十四，载尸还其家。刘琨闻澄之死，叹曰："澄自取之。"

这个少时聪慧，长大之后变得如此怪诞不经的人物，不能不说是当时整个环境影响的结果。对他的行为，他的侄儿王玄很是不屑。王衍曾问儿子王玄说："你叔父（指王澄）是名士，你为什么不推崇他？"王玄说："哪有名士整天胡言乱语的呢！"

对于王澄等人任放为达甚至裸体的行为，同为名士的乐广也不认可："名教中自有乐地，何为乃尔也？"显然，乐广的话是从儒家礼教的角度来责难王澄等人的裸体行为。他表达了一个观点，认为这种裸体完全是人性的倒退和异化，毫无任何积极影响。与其表现毫无任何精神寄托和社会意义的纵欲式的裸体袒露，还不如回到儒家礼教的规范中来。

同样是裸体，相比之下，东汉末年的祢衡"裸袒击鼓，羞辱曹操"的故事就具有了正能量。祢衡的裸袒行为与其疾恶如仇的人格精神融为了一体，所以后人不仅没有指责这种裸袒行为，反而赞许这是以忠斥奸、大快人心的一件好事。

裸体、嗜酒、清谈成为王澄平生三大爱好。作为清谈家也好，思想家也罢，这三种爱好都无可厚非。可惜的是他做了肩负国家重任的朝廷命官，做了为天下苍生谋福祉的公务人员，却终日妄语，无所事事，借酒生疯，除了空谈之外还是空谈。结果，他不仅误事，还"误"命。

这对我们现在也有教育意义，个别领导干部也善于清谈却不善实干。他们往往热衷于不切实际、不着边际、不负责任的空谈，这种"语言的巨人，行动的矮子"，显示出自诩超脱、一副置身事外的看客心态。这些人往往不放下身段，到农村工厂第一线去做一点脚踏实地的调查研究，做一点有益于社会的实际工作，以空谈来显示自己的口才，不但无助于成事，还可能误事甚至坏事。它跟实干形成鲜明对比，实干是一种追求，一种精神，一种勇气，一种担当。甚至还有的人，以评判者自居，不知天下大势何往，不知中华历史文脉，不知国力资源几何，不知国家根基所在，不知百姓疾苦冷暖，然而照样信口雌黄，胡言乱语。这种现象不能不引起我们高度警惕。

对王澄的行为，东晋末年的王恭有一番生动的解释，"做名士不一定需要特殊的才能，只要能经常无事，尽情地喝酒，熟读《离骚》，就可以称为名士。"王恭也是深谙此道的，果然，读书少、不熟悉兵法的他，在东晋末年的战乱中被杀，走上了跟王澄同样的不归路，做了魏晋风度的殉道者。

上 篇

十四、潜规则活活害死了晋王朝

一个既没有什么实践经验，也没有基层锻炼的储备干部，在一种叫九品中正的制度下，居然被朝廷评为"天材英博，亮拔不群"，然后顺利踏上仕途，真是让现在读史的人大感意外。其实在晋朝前后，这种现象实在再普遍不过。比如西晋的这位叫孙楚的人，就是九品中正制的受益者。

孙楚是有点才的，但他性格古怪得很，非常不合群，而且经常依仗官宦子弟的身份，恃才傲物，欺负邻里，所以在地方上对他的评价普遍趋低。但是他跟同郡的、担任中正的王济关系很好。王济是孙楚的偶像，孙楚心高气傲，只佩服他一人。那年孙楚与同乡的人接受朝廷考核推荐，王济派出的访问者去了解邑人品类情况，回来后向王济汇报。问到孙楚，王济说："这个人不是你所能目测的，我亲自来测定。"于是他便把孙楚评定为："天才英博，亮拔不群。"这个评定，就是基于两人关系以及孙楚的家世而得出的，什么能力和品德统统靠边站。也就是这个评定，让孙楚顺利地当上了朝廷的佐著作郎。

后来的事情证明了孙楚的为人。没多久朝廷让他担任开国功臣、大司马石苞的骠骑军事。孙楚倚仗才气，对石苞很是侮慢。当初到任时，他也只是作一个揖说："天子让我参知你的军事。"石苞听了很是不爽。后来，孙楚与吴国人孙世山一起妄议中央、毁谤时政，被石苞弹劾。孙楚虽上表自我辩解，纷争多年，事未判决，结果又与乡间人郭奕发生争执。晋武帝虽然没有公开治孙楚的罪，但因这些不清不楚的事情而责备他，把这个目中无人的"人才"搁置在那里，不提拔也不使用。

晋朝实施的九品中正制，在发明科举制度以前，这种制度出发点很好，设计也很合理。很多人才会因为这种制度走上仕途，货与帝王家，为朝廷出力。

1.推荐者权威。推荐者也就是主考者是国家设在全国省、市（郡县）两级的地方人事部长"中正"，具有一定的权威性。中正一般由本地在中央任职的二品以上官员担任，这样既能上达天听，又能下通民情。

2.程序很合理。中正经常在中央机关待着，真正办事的是中正的属员"访问者"。他们跟星探一样，负责做家访，到处走访，收集意见，综合考察人才，并报告给中正。中正负责写评语、定品级，上报中央复核后，录入中央组织部的储备干部数据库。

3.评判很科学。根据家世、道德、才能三个标准，中正把人才分为九品，以后当官的品级就跟中正评的品级挂钩。比如中正评定你可以当厅局级干部，那么以后厅局长职位，你就可以当。

按理说，这套制度会产生很多德才兼备者才是，但为何还会出孙楚之类的货色呢？我认为，一个好的制度，却活活被潜规则所害。不怕制度没建立，只怕制度被念歪。

第一个潜规则：中正的评价形式化。当时社会形成所谓的"品题"热潮，大家每天热衷于评人好坏，这在《世说新语》里会读到很多例子，比如谢安评价时人褚爽说，如果褚爽长大后不能成才，我就再也不看人了。而对于储备干部的评价，中正主要是通过手下的人道听途说汇总起来的，肯定有不全面的地方。你把人考评太差，人家不能当官，就不容易发财。所谓"夺人钱财，等于杀人父母"。挡人前途，自然招人忌恨，特别是那些没有道德、又能钻营的人肯定会怀恨在心，对中正不利。何况，中正的评价，关系到人家前途。走后门的、说情的、关系户的，都免不了要做个顺水人情，不好把这些人的评语都写得太坏。这样做久而久之，评语就越来越好，二品越来越多（一品是完美的圣人，一般空缺）。

第二个潜规则：家世成了唯一依据。有了第一个潜规则后，贵族子弟都能通过各种关系成为"德才兼备"的人才，那么最后都拼家世了。出身决定前途，官员选拔制度简化成了搜索引擎，唯一的功能就是查找族谱。由于被品评上的人可以得到官职，尤其是评为上品的人更可以高居显位，并且子孙世代入宦为官，因此引诱许多士人不顾廉耻贿赂中正，或者假造家谱，极力钻营。这种选官的混浊现象，对国家的吏治只能起到腐蚀作用。同时，自从门阀世族控制了推荐考核大权之后，九品中正制便只重家世、轻视才德，结果往往把真正的贤才排斥在外，而阀阅膏粱子弟则高居显位。望族高门的士人品第虽高，但品德却不一定清廉正直。

第三个潜规则。连坐机制形成小圈子。朝廷为了杜绝官员在选拔人才方面应付了事，还设计了一个连坐机制：规定评语不实的，推荐人要承担责任。制度运行之后，负面效果就出来了。因为谁也不敢保证自己的评语真实客观准确，所以如果不是利益相关，没有什么人会没事找事，冒险推荐不相干的人，这就促使人才选拔制度变成了裙带关系制度。大家亲戚之间互相推荐，一人得道，鸡犬升天；一人失势，相互扶持。久而久之，掌权的大家族以及文武百官之间就形成小圈子，成为利益共同体。所以有人针对时下贪腐事件出谋献计说，为了防贪，要建立制度，追究当初提拔贪官的人的责任，这是糊涂人讲糊涂话，根本没操作性。什么原因，无须我多说。何况，一个干部被提拔的时候是不错的，只是在以后的日子里被腐化，也不好追究当初推荐他的人。

再来看三个评判的标准。在三个标准中，家世比较好评，可以量化比较。比如说，我爸爸是二品官，你爸爸是七品官，那么龙生龙，凤生凤，老鼠儿子会打洞，我这个人才就比你这个人才高级。评价"道德、才能"，就比较难办，只能由中正概括写一写。比如曹魏时候，有一个叫吉茂的人，得到中正的评语是"德优能少"。无法量化的标准，其实就是没有标准，因为他受评委主观因素影响太大，不同的人，考评结果会有天壤之别。一个人的德行与操守完全由中正说了算，中正说你行，你就行，不行也行；说你不行，你就不行，行也不行。为了提高中正的权威，政府还禁止被评者诉讼枉曲。

九品中正制发展下去，随着小圈子里的人越来越多。为了照顾大部分人的利益，到南朝时期，甚至父祖官爵的高低也无关紧要，所重视的只是魏晋间远祖的名位。高门士族子弟往往弱冠便由吏部直接从家里铨选入仕，均凭借门第而得中正高品。如傅畅，"年未弱冠，甚有重名，以选入侍讲东宫"。谢琰，"弱冠以贞干称，美风姿，……拜著作郎"。王洽，"（王）导诸子中最知名，与荀羡俱有美称。弱冠，历散骑、中书郎"。

九品中正制背后的潜规矩导致的后果是形成了"上品无寒门，下品无士族"。这种制度造成的恶果，一方面，贵族子弟之间因为缺乏竞争，泥沙俱下，东晋末期，就没有什么突出人物了。另一方面，庶族成为天生被统治民族，社会两极分化，对立越来越严重。

我在写《晋鉴》的时候，曾经特别指出，整个两晋时期，社会缺乏活力，人才流动几乎停滞，国家政治制度僵化，创新意愿严重不足，阶层对立严重，晋朝最终被历史所淘汰，就是这个潜规则遍地开花结的果。

上 篇

十五、西晋历史上一场关于反腐败的游戏

很多刚接触历史的朋友,估计有跟我差不多的想法,都会认为一个开国皇帝刚打下江山,一定会在反腐败上狠下功夫,以树政风,以赢民心。在这一点上,最典型的如朱元璋。

其实,司马炎在开国之初,也很想有一番作为,对反腐问题抓得也很紧。他在即位的公元265年就颁布《中正六条举淹滞》,提出选拔官吏的六项标准,其中第四项"洁身劳廉"要求的正是廉洁自律、不腐败。

这本是好事,但是这个统一中国的雄主犯了一个天大的错误,他居然将反腐败这么严肃认真的事当成一场游戏来玩。

他即位没多久,有人就向他揭发腐败行为。担任朝廷司隶校尉的李憙上疏说:"前任的立进县令刘友、前任尚书山涛、中山王司马睦以及已故的尚书仆射武陔各占公家三更稻田,请求免去山涛、司马睦等人官职。武陔已死,请求贬损他的谥号。"

显然这是有分量的揭发,不仅有名有姓,还有腐败事实,更重要的是检举人李憙的身份——司隶校尉,这个官职是晋朝地位最高、职责最重的专职反腐官员。还有李憙这个人,他在曹魏末年就担任司隶校尉。晋取代曹魏后,因为他是司马炎父亲司马昭亲自选拔的官员,非但没有降职,反倒"以本官行司徒事",升了半级被封为异姓最高的侯爵。可以说,这样一位官员出面纠举官吏腐败问题,可见检举之事分量不轻。

李憙向司马炎纠举的贪腐官员:刘友、山涛、司马睦和武陔,他们的罪名是"侵占官三更稻田"。所谓"三更稻田",从《三国会要·食货》的

记载看，是官府所有在北方边界以三更轮休法（把田地分成三份，每年一份种植水稻，两份休耕养肥）进行屯田耕种的水稻田，用今天的话来讲，就是"国家战备农场"。

如果检举之事属实，这将是一起性质相当严重且恶劣的腐败事件，甚至深挖下去还很有可能是窝案、串案。身为官员，假公济私已算贪腐，侵吞的对象又是对国防战备关系重大的边境官田。李憙身为政府主抓反腐倡廉和官员审查的最高级别专职干部，对这样的四个"贪官"提出惩处要求，可谓理直气壮。

在司马炎准备清廉立国的大背景下，我们读到这段历史，肯定会以为司马炎会杀鸡骇猴，以儆效尤的。结果出乎意料，司马炎在看完奏疏后，下诏说："法律这种东西，天下以它为准绳，不回避皇亲贵族，才能维系其尊严，朕怎能在其间放纵邪枉呢！然而考察此事是刘友做的，侵犯剥削百姓，迷惑朝廷官员，奸臣居然敢做这样的事，当刑讯追究刘友来惩处邪佞。山涛等如不再出过失，都不可问罪。《易经》说，'王臣忠诚，是因为没有私心'。如今李憙坚持一心在公的志向，按照责任办事，可以说是'国家的司直'啊。光武帝说过：'皇亲国戚尚且收敛自己来回避二鲍'，是否就是这样呢！告诫众官吏，各自慎重对待自己的职务，宽大原宥的恩典，是不会多次遇上的。"

从司马炎的批复中，可以看出三重意思。李憙的做法是值得称赞的；原县令刘友是要惩罚的；山涛等几位高官不追究责任。司马炎称李憙"亢志在公，当官而行"（所作所为都是职责所在，理所当然），将他称作"邦之司直"（国家主管道德准绳的人物），并将他比作东汉光武帝时著名的执法干部二鲍（鲍永、鲍恢）。他对李憙的做法确实是充分肯定与热情赞扬的。

不仅如此，他还铿锵有力地表示"法者天下取正，不避亲贵，然后行耳"（法律必须遵循正道，对达官贵人皇亲国戚一律秉公执法，才能维系

上 篇

其尊严),表示自己绝不会徇私枉法。

然而令人遗憾的是,诏书的另一半将"贪腐主犯"锁定为刘友一人,指责他"侵剥百姓,缪惑朝士"——贪腐都是他一个人的责任,其他几位朝廷高官不过是被他蒙蔽了。于是司马炎下令,因为山涛等另几位被指控官员能"不贰其过"(不重复犯同样的错误),因此不予任何追究。

表面看,这次反腐败是典型的"只打苍蝇,不打老虎",而且级别最低的前县令做了替罪羊。在李憙纠举的四位官吏中,司马睦的生父是司马炎父亲司马昭的弟弟司马进,也就是说,他是皇帝的堂兄弟,当时封为中山王,有食邑五千两百户;山涛当时刚卸任尚书,以大鸿胪加奉车都尉,封为新沓伯;武陔是追随司马氏三代的亲信,曾做到尚书左仆射、左光禄大夫、开府仪同三司的高官,但当时已经去世;而刘友最高只做到立进县令,和前面三位比,是不折不扣的芝麻绿豆官。而且在当时,区区一个县令,是绝没有能耐去"缪惑"一位王爷、一位伯爵和一位三公级高官的。

从深层次来看,这不过是君臣之间心照不宣的一场预排好的游戏,形式上轰轰烈烈反腐,实际上各方都没打算较真。因为作为监察和反贪腐主要官员,李憙当然知道这贪腐必须反,却又不能当真反;作为皇帝,司马炎当然更知道贪腐不能容,但士族出身的贪腐分子又不能真的不容。于是当臣子的故意制造一个可以打一棍,又不会当真打死的案件,何况其中还有一个本来就是死人。当皇帝的则心领神会,捡一个级别最低的做替罪羊,又以"不贰过"为由"高高举起、轻轻落下",放过三个高官。然后司马炎表彰反腐官员,做到既推崇反贪腐的"大政方针",又很好地照顾了朝中其他有腐败嫌疑的臣子们。

对此,司马光在《资治通鉴》中猛烈批评司马炎:"晋武帝赦山涛而褒李憙,其于刑赏两失之。使憙所言为是,则涛不可赦;所言为非,则憙不足褒。褒之使言,言而不用,怨结于下,威玩于上,将安用之!且四臣同罪，刘友伏诛而涛等不问，避贵施贱，可谓政乎！"他说的很直接，要么奖励李憙处罚山涛，要么赦免山涛也不奖励李憙。既赦免山涛又奖励李憙，不知道司马炎是出于什么逻辑！

其实李憙也并不是个以刚直著称的人物。他的父亲李牷在东汉就做到大鸿胪的高官，门第高贵。司马炎的祖父司马懿几次征辟他当官，都被他回绝。等司马懿去世，司马炎伯父司马师当权，下令让李憙出来任职。尽管授予的职位比司马懿给的还低些，李憙却忙不迭地跑来报到，理由是司马懿客客气气邀请，自己也能客客气气回绝。司马师拿出法律条文逼迫李憙，李憙自己又惧怕落入法网，只能乖乖从命。这样一个人物，其"纠举贪腐"也必然是察言观色后的选择性行为。

上有所好，下必甚焉。皇帝都把反腐败当成游戏，那么臣子们自然积极效尤，晋初的奢靡成风、腐败之风也就显得再平常不过了。我想，司马炎肯定忘记了一句话：我们不要因为已经走得太远，以至于忘记了为什么而出发。反腐败不是拿来做人情，更不是拿来做游戏的，而是拿来保卫国家利益，捍卫老百姓权益的。

上 篇

十六、一篇"恶搞"的文章为何会流传千年

有一天,一位衣着华丽的公子司空游荡京城。百无聊赖间,他遇到了一个又老又穷的读书人綦母。司空问他:"你年纪这么大了,准备去哪里?"綦母说:"我想要去找个贵人,帮忙找找有没有做官的门路。"司空问他:"四书五经学好了没有?"綦母信心满满地回答:"学得都蛮好的,没问题。"

"那么,你有没有钱呢?""钱?没有,我是穷书生一枚。"司空大笑:没钱,你学那么多顶什么用?找人帮忙怎么可以没有钱?老兄你啊你,真是死脑筋,顽固不化,既不知古,又不知今!看来我是要好好给你洗洗脑才行。于是便有了司空下面一番关于"恶搞"金钱的神论。

老兄啊,首先有钱能改变地位。钱币没有地位却受人尊敬,没有势力却那么红火,它能够推开富贵官宦之家的朱门紫闼。有钱的地方,可以化危机为平安,可以让死的重新复活;可要是没钱了,那贵的就要变成贱的,活的也得把它杀了。愁怨忿恨,没有钱就没有办法化解;好的声名,没有钱便不可能被传播。

(话外音:说它是恶搞,其实在现实中都能找到原型,比如晋朝两位名臣都因为爱钱而声名远播。晋朝一代名臣和峤,也曾有过清政之绩,但他和他的祖父和洽有些不同。和洽一生清廉,死时家财尽散;而和峤在位时家产丰实胜于司马王族。和峤一生异常吝啬,爱钱如命,杜预称他为"钱癖"。另一位叫王济,他遭贬后把家迁到了北邙山下。当时人多地贵,

王济喜欢骑马射箭,就买下一块地,筑起矮墙。他让人把钱串起来,绕着矮墙转了一圈。当时这地被人们称为"金沟"。)

老兄啊,其次,有钱可以使鬼推磨。洛阳城中的富贵人家,身居官位的那些人,对于孔方兄的热爱,从来都不曾停止。他们拉着它们的手,一直抱它们在怀中,不管它们的样子是优是劣,也不管它们有多大年岁。在孔方兄的家中,宾客们总是聚得满满的,门前就同集市一样热闹。谚语说:"钱虽然没有听觉,却可以暗中指使别人做事。"这话难道是假的吗?又说:"有钱便可以役使鬼神。"

(话外音:这大概是"孔方兄"和"有钱能使鬼推磨"最早的说法了。作为一般等价交换物,钱是最无辜的,坏就坏在人心不古。这点,不管你信不信,反正我是信了。)

老兄啊,钱还能改变生死命运。有人说,死生是命运所决定的,富贵是上天所决定的。我却以为,死生并非命运所决定,富贵也不过因为钱而已。生命的长短,官位、俸禄的高低,都是在于钱的多少,天又怎么能决定呢?对于四季的运行,万物的生长,钱肯定比不上天的作用;而使穷困的人显达,使处境窘迫的人得以摆脱,上天的力量就不如钱大了。

(话外音:富豪王恺在当朝皇帝晋武帝的资助下,仍然是另一富豪石崇的手下败将,说明石崇之富已经超过了皇室。当时的名士张华在《轻薄篇》中所写:"末世多轻薄,骄代好浮华,志意既放逸,贷财亦丰奢。人生若浮寄,年时忽蹉跎。"封建贵族穷奢极欲,"奢侈之费,甚于天灾"。骄代王公、末世贵族以一种病态的狂热,过醉生梦死的岁月和淫逸不堪的生活。金钱也让人变得更加自私。据外国科学研究表明,那些将金钱握在

上 篇

手里的人会变得内向，不爱交际，而那些只是观看纸币的人开始掩饰自己的情绪，表现出毫不掩饰的自私。）

老兄，我说了那么多，你听明白了没有？最后再说一点，有钱能让你立刻做官。钱，可以使政治上不得志的人变得通达，使富贵的人过得温暖、舒适，使没有钱的人变得勇猛、凶悍。所以说，国君没有钱财士人就不会前来，国君没有奖赏士人就不会到他那。谚语说："做官如果没有靠山，那还不如归田务农。"即使有在朝的官员，却没有孔方兄，那么和没有脚却想要行走，没有翅膀却想要飞翔又有什么分别呢？即使你的才学和颜回一样好，容貌和子张一样漂亮，手里没有钱却想要奋起，有什么希望呢？还不如早些回家，种田干活去吧。

上面就是晋朝当时著名的《钱神论》的内容。不知道綦母听了这番话后是什么态度，是恍然大悟呢？还是云里雾里呢？抑或半信半疑？文章没有说明。在那个喜欢清谈、喜欢高雅的时代，这篇拿"钱"说事，赤裸裸吹捧金钱好处的文章，在当时名士们眼里，绝对是"恶搞"之作。

写这篇文章的人叫鲁褒，不用说，这位先生肯定是没钱之人，也是没势之人，否则不会写出这么愤世嫉俗的文章来。史书记载，鲁褒"以

著名书法家马玉麟《钱神论》

贫素自立","伤时之贪鄙"写下了《钱神论》。那个年代，正是晋惠帝司马衷在位之时。在物欲横流、奢华无度、争豪斗富的世风里，一切以钱财为标准，钱成了万能之神，加之晋代的门阀之制，这样的世道兼世风，怎能不使这位先生大发感慨？于是，"盖疾时者共传其文"，一时洛阳纸贵。

同样对金钱进行讽刺的还有莎士比亚。一千多年后，这位英国剧作家在他的悲剧《雅典的泰门》里对金钱做过生动的描述。剧中的泰门看着黄澄澄、金灿灿的金子发出这样一段有名的独白："这东西，只这一点点儿，就可以使黑的变成白的，丑的变成美的，错的变成对的，老人变成少年，懦夫变成勇士。这黄色的奴隶可以使异教联盟，同宗分裂……"

东晋之后，这种奢靡之风、金钱万能的情况才有所改观。可能是因为有了西晋的亡国之痛，东晋的殷浩对于金钱贪迷所带来的危害认识才刻骨铭心。有人因怪梦而问他说："为什么将要得官就梦见棺材，将要发财就梦见屎粪？"殷浩的回答让人叫绝："官爵本来就是又臭又腐的东西，所以将做官时就会梦见装臭尸的棺材；钱财本来就是粪土，所以将发财时就会梦见粪便。"

《钱神论》这篇"恶搞"的文章之所以能流传千年，在我看来，原因还有一个：很多事说出来显得很恶俗，但恶俗的背后通常会有心照不宣的利益，于是人的趋利本能往往让他会想方设法去做恶俗的事，只是不愿被说出来罢了。于是，与恶俗相随而来的是层出不穷的灰地带、潜规则、逆潮流。

有人说，鲁褒落魄时所写的文章是士人在危机时代所表现出的其风流的一面，它丝毫没有减弱士人的形象，反而使魏晋风度淋漓尽致。我说，今天重新审视这篇文章，对于近乎"金钱万能"而又面临"道德滑坡"与"法治不彰"双重尴尬局面中的当下中国，显然有着深刻的警示意义。

上 篇

十七、古代大众情人是怎么对待老婆的

前段时间热播的电视剧《琅琊榜》,观众都被里面帅气的男演员所吸引,从男一号到有露脸的士兵,几乎个个都帅呆了、酷毙了。有人说这是卖萌,但在我看来其实蛮符合魏晋那个男色盛行的时代。晋朝最不缺的就是帅哥,放眼过去,遍地都是。《世说新语》中专门安排了一篇《容止》,搜罗了当时一流的帅哥,就其容貌、风姿、举止等进行了详细的介绍,以教育士大夫们如何做一位风度翩翩的美男子——当时叫"玉人"。

今天要说的是晋朝第一美男,成为后世美貌代名词的潘安。在当时,他就是一个大众情人。著名媒人、《金瓶梅》中的王婆总结出完美男人的五项指标,第一项便是要貌若潘安。

潘安是巩县(今河南巩义)人。祖父潘瑾,做过安平太守。父亲潘芘,曾是琅琊内史。潘安原本不叫潘安,而叫潘岳,字安仁。人家叫着潘安仁的时候,可能就把那个"仁"字给省略了。那么潘安是如何在如云美男中脱颖而出,成为古今第一美男的呢?难道仅仅就因为他的容貌吗?

潘安的帅,帅在他的外貌上。潘安有多帅,史书并无详细记载,但通过一个例子可以感受到。潘安每次出去游玩的时候,总有大批女性追着他。那种围追堵截的状态,绝对与当今的粉丝们追星相差无几。追着潘安的一批批少女老妇在疯狂大叫"潘安潘安我爱你"之余,还给他献花和献果。潘安每次回家的时候,都能够满载而归,这也就是"掷果盈车"典故的由来。看他这么走红,自然有人会羡慕会效仿。《晋书·潘岳传》里记载这么一个小故事。当时一位叫张载的丑男羡慕不已,也想出游换个"掷果盈车"回来。结果他"每行，小儿以瓦石掷之，委顿而返"。《世说新语》中也记载丑男左思的故事："左太冲绝丑，亦复效岳游遨，于是群妪齐共乱唾之，委顿而返。"张载是被小孩子扔石头乱砸，左思则挨女人们一顿乱唾。张载和左思都是当时著名文人，文章好得没话说甚至让洛阳纸贵，但相貌差得不敢恭维，让人们掷石乱唾。反面相衬，这让潘岳的名声更大了。

潘安的帅，还帅在他的才华上。潘岳不仅长了张锦绣脸面，还写得一手锦绣文章，很早就名闻遐迩。《文赋》将他与陆机齐名，"潘陆"就是潘安和陆机。陆机是当时著名的文人。梁钟嵘《诗品》将潘安作品列为上品，并有"潘才如江"的赞语。潘安的《西征赋》《秋兴赋》《寡妇赋》《闲居赋》都是诗赋中的名篇，流传后世有《潘黄门集》。潘安小名檀奴，所以后世文学中，"檀奴""檀郎""潘郎"都成了俊美情郎的代名词。

潘安的帅，更帅在他的用情专一上。通常像潘安这样的"玉人"，一般女人是"hold"不住的。倒不是说"玉人"自身雄性激素旺盛难免蠢蠢欲动，而是那个社会太有诱惑力，女人们太疯狂。不是你去招蜂惹蝶，而是人家主动来投怀送抱。然而潘安却是个例外。虽然长得帅，潘安却没有以此为资本寻花问柳，而是对妻子无限专一。潘安十二岁时，与十岁的杨氏定亲，杨氏是晋代名儒杨肇的女儿。杨氏史书没有详细描述，但可想象她一定是既有内质的美，又有外在的秀，所以让潘安一生迷恋忠诚。二十多年，两人相濡以沫，感情甚笃。后来，杨氏比潘安早去世，潘安悲痛欲绝，涕泪凝成三首《悼亡诗》，观者无不跟着悲凄。李商隐曾说："只有安仁能作诔，何曾宋玉解招魂。"可见这三首《悼之诗》情深意切到何种地步。更让人感动的是，潘安此后一直独身未娶，也不沾女色，成为千古佳话。于是从这演绎出了另一个美好之词——潘杨之好。光就这一点，也够他成为无数女子梦想情人对于爱情的忠贞坚若磐石的理由。

上 篇

其实还值得一提的是，潘安的帅跟他的孝道有关。潘安是个孝子，二十四孝中"辞官奉母"就是说的潘安。元康六年（公元296年），潘安的母亲得了病，他就毅然辞官照顾母亲。潘安还在洛阳城南洛河旁造了一所房子，周围种了花草，栽了柳树，与母亲相亲相守。他怕母亲烦闷，还经常驾车带着母亲出游。这时间他留下的名作就是《闲居赋》。事业和孝道之间，他决然毅然选择了孝道，很得人们的称颂。

但遗憾的是，这样一位有貌有才有情有义的人，命运却不怎么顺利。潘安二十岁时，逢晋武帝司马炎下乡耕田作秀。当时文人纷纷作诗拍马，供职于权臣贾充幕府的潘安也凑热闹，一首《藉田赋》一下子声震朝野。可能是年轻气盛，加上好文采好身段，他被一些人所嫉妒，导致的结果就是他被排挤出朝廷，赋闲十年。即使你再有抱负，也让你无用武之地。

十多年后，潘安回到京城做官，已经三十有二。这中间"历尽坎坷路，少有顺畅时"，升升降降。他先是被提拔到京城做财政部官员，后来因为犯事被免职，不久又被太傅杨骏引入门下做了太傅主簿。后来杨骏出事，他又加入了贾谧的圈子。贾谧是著名的丑皇后贾南风的侄子。贾谧欣赏潘安的才华，上朝的文辞多出自潘安之手。没事他就与一些人坐坐，喝喝茶赋赋诗，陆机、陆云、左思、刘琨以及大名鼎鼎的富翁石崇都在这个以贾谧为首的二十四人"政治集团"的圈子中。

司马炎死后，傻儿子司马衷继位，丑皇后掌权，八个王爷对于皇位虎视眈眈。那个时候的社会背景很乱，搞不好就站错了队，或被人诟病。在政治上，潘安毕竟是个小人物，左右不了自己的命运，或者说也想有一个好命运。潘安的母亲经常劝他不要趋炎附势。他虽然口头受教，实际上却愈发不知足，始终改不掉攀附权贵的毛病。估计潘安跟其他名流很像，也是迷恋那种魏晋风度。并不是他们出了问题，是整个社会出了问题。

贾皇后想除去不是自己亲生的太子司马遹，于是叫潘安代写了一份谋逆的文书。她以晋惠帝生病为由，唤太子入朝，并设法将太子灌醉，哄他抄写这篇文书。太子醉得一塌糊涂，就照着乱抄一遍。结果，太子废为庶人，太子生母也被杀了。风水轮流转，不久司马伦发动兵变入宫，尽诛贾后党羽，贾后被以金屑酒赐死。作为贾皇后的党羽潘安势在难免。晋惠帝永康元年，潘安在洛阳被杀，并"夷三族"，时年五十三岁。槛车载送东市时，潘安眼见白发苍苍的老母也身披锁具，这个孝子不禁泪如雨下，哭拜在地喊着："是儿负了娘啊！"

那个时代就是一个扭曲的时代，光命丧权力争斗的就有万人之众，潘安只是其中一个小人物。看来，非是美女多薄命，美男也如此。

不过值得庆幸的是，要貌有貌、要情有情、要义有义的潘安，成了那个时代女人心中的绝世好男人，登上了第一美男子的宝座。相形之下，当今的一些大众情人，光有一副姣好的容貌和光鲜的外表，其实金玉其外，败絮其中。他们经常在一片吹捧和赞美中迷失了方向忘记了自己是谁，还时不时制造一些桃色新闻。至于这些明星对他们的老婆如何？只能用呵呵两字一笑了之。

上 篇

十八、西晋撰写天下第一励志诗的人

他叫张华，晋朝范阳方城人。

他真的不知道自己的做法是否正确，也无法左右后人对他或褒或贬的评价。他只知道忠于原则，忠于良心。

他是个官二代，父亲曾做过渔阳郡太守，但去世早，没留下什么财产和政治资源。他小时候家境十分贫寒，只得靠帮助别人牧羊维持生活。在这样艰苦的环境里，他懂得如何自我激励，激励最好的办法就是读书。他几乎无书不读，甚至连图卦谶纬方技之类的书也不放过。

同时他还十分注意儒家的修身养性，一举一动力求符合礼度。他看不惯魏晋风度的放纵怪诞，但是也不反对，因为每个人有每个人的生活方式。

可能是年轻气盛，那年他写了一篇《鹪鹩赋》：鹪鹩是一只小小鸟，怎么飞也飞不高，与大雁、苍鹰以及鹦鹉等相比，自愧不如。但那些鸟因为有价值，结果栖上枝头成了猎人的目标，反而失去自由或者性命。他觉得它们不如鹪鹩，逍遥于天地之间，生活怡然自得。大家表面上觉得他是以鹪鹩比作自己：家中穷困，不受赏识，但性情淡泊，耐得住寂寞。

但其中还隐含了另一层含义。鹪鹩长得像缩小版的雕。他自认为自己看似鹪鹩，其实是雕。他将来必定化为大雕，展翅万里，搏击风云。名士阮籍在看到这篇赋后，对他赞赏不已：这个人是王佐之才啊！那时候还没有科举考试，如果有了大名士的点评和推荐，你就等于拿到了仕途的准入证。

当然张华更出名的是他撰写了被后人誉为天下第一励志诗的文章，题目就叫《励志诗》。和顺而华丽的辞藻背后是他的青春梦想和远大抱负。"大仪斡运，天回地游。四气鳞次，寒暑环周。""日与月与，荏苒代谢。逝者如斯，曾无日夜。""若金受砺，若泥在钧。进德修业，辉光日新。"意思是，施行仁德并不困难，而在于其志向有否；通过耕耘和培育，一定会有丰硕的成果；人好比制作梓木器具，既已勤劳地剥皮砍削，就应当考虑完成彩饰的工作；年轻人要提高道德修养，扩大功业建树。

或许是他的文采和志向被"星探"瞄上了，连骠骑将军、中书监刘放大人也听说了他的事。刘放不仅来找他，而且居然把女儿嫁给了他。当时张华就懵了，好事就这样悄无声息降临了。此时的他还是一个底层的农民。

有了岳父这层关系，张华很快就进入中央工作。晋武帝很欣赏他，封为黄门侍郎（皇帝的近臣，可传达诏令），封爵关内侯，后来把撰订晋史及修改礼仪规章的任务，都托付给他，连诏书诰文，也交由他起草。几年后，张华被任命为中书令（帮皇帝处理政务），后来又加官散骑常侍（皇帝侍从）。就这样，他一直在晋武帝身边工作。

张华有一个特长，就是博闻强记，记忆力非同一般。古往今来的事都装在脑里，要查什么内容，按一下"搜索键"就可以。毫不夸张地说，他跟现代人用的百度、搜狐差不多。

按理说，像张华这样很卖力地为朝廷做事，仕途应该很顺才对，但是谁也想不到，他的仕途居然坎坷万分。原因就是，他做了三件"不合时宜"的事情。

第一件事，他不主张让傻太子司马衷继位。

出于众所周知的原因，晋武帝的儿子司马衷确实不适合做皇帝。那天晋武帝问张华，国家大事以后可以寄托给谁？他回答，才德兼备而又与陛

上 篇

下是至亲的,不如齐王司马攸。意思是皇帝百年之后,应当让齐王司马攸继位。不料这大大触动了晋武帝的底线。龙颜大怒,把张华外放到幽州,都督幽州诸军事。从朝廷大臣一下子被贬到边远地区,张华的心拔凉拔凉的。但是他还是忠于职守,不怨不恨,干好本职工作。在他的治理下,边疆安宁,兵马强壮,粮食连年丰收。张华还招抚接纳新归附的人,实施感化政策,后来居然连远离幽州、历代都不曾归附的二十多个国家,都遣派使者进贡朝廷。

后来晋武帝又想召张华回京,任宰相之职。但皇帝宠臣冯紞对他有意见,对晋武帝进谗言诋毁张华。冯紞这个人手段极高,能杀人于无形。

冯紞和晋武帝聊天时,突然说:"当年钟会为什么谋反?责任在太祖司马昭身上。"

晋武帝吃了一惊,脸沉下来:"那你说说看。"

冯紞说:"钟会的才智很有限,但太祖太信任他了,授以大权,所以他骄横跋扈,目中无人;如果太祖能早点约束他,叛乱的事就不会发生。"

晋武帝沉默不语。冯紞居然把张华比作钟会。多年以后,晋武帝才征召他为太常(朝廷掌宗庙礼仪之官)。但张华运气很不好,因为太庙屋梁折断,又被免了官。唉,人生怎可如此郁郁不得志。

第二件事,他不赞成贾南风皇后的胡作非为。

晋惠帝继位后,大臣贾谧向贾南风推荐了张华,说:"这个人出身庶族,没有结党营私,儒雅又有谋略,既是众望所归,又不会威逼皇室,不如让他总摄朝政。"于是,他时来运转,出任太子少傅,此时他已经六十多岁了。说实话,贾南风对他还是不错的。她尽管性格凶残,对他却是信任和敬重。但他不会帮她为非作歹、胡乱施政,只是履行治理国家的职责,尽忠国事,辅佐朝政,弥补缺漏。

但后来贾南风的做法越来越过分,排斥异己、草菅人命,甚至连私生活也糜烂不堪，宫廷绯闻居然传到了坊间。张华怕贾南风亲族势力强盛酿成灾祸，也希望她能改邪归正，于是创作了《女史箴》来讽劝。

> 茫茫造化，二仪既分。散气流形，既陶既甄。在帝庖羲，肇经天人。爰始夫妇，以及君臣。
>
> ……
>
> 家道以正，王猷有伦。妇德尚柔，含章贞吉。婉嫕淑慎，正位居室。施衿结褵，虔恭中馈。肃慎尔仪，式瞻清懿。樊姬感庄，不食鲜禽。

张华的意思是，夫妻要和睦，相敬如宾；女子不能刻意争宠，专宠必生傲慢；后妃不妒忌则子孙繁多；女子若想尊贵，必须谨言慎行，尤其要慎独；宫廷女官劝导嫔妃们慎言善行，普天下女子也可以此为鉴。

正处辉煌鼎盛之际的贾南风自然没有听他劝诫，《女史箴》也被她扔到废纸堆里了。贾南风欲望膨胀到极致，无法自拔，结果身败名裂，惨死屠刀之下。而张华一点没有幸灾乐祸的感觉，只是痛心疾首。

第三件事，他不肯跟司马伦同流合污。

八王之乱之前，当初赵王司马伦任镇西将军时，他扰乱关中地区，使得氐羌反叛，晋惠帝让梁王司马肜代替他。有人劝晋惠帝，赵王贪婪昏庸，信用孙秀，到哪里哪就乱。而孙秀狡诈多端，是奸人之雄。现在可以让梁王杀掉孙秀，这样就削去了赵王的一半力量，以此来给关右的人一个交代，这样不是很好吗？张华赞同，司马肜也答应了。但后来孙秀侥幸得以免死。司马伦回京后谄媚贾南风，希望能录尚书事，后来又请求任尚书令。张华与另一大臣裴頠都坚持认为不可以这样做，因此司马伦、孙秀都怀恨于他。

公元300年4月，司马伦、孙秀准备废黜贾后。孙秀让司马雅连夜前往见张华，告诉他说，赵王想要与他共同匡扶朝廷，为天下除害，特来通知。这是谋逆大罪啊,张华当场拒绝。当天夜里便发生政变,司马伦诈称晋惠帝有诏召他入宫,张华于是与裴頠一起被捕。遇害前他痛心地说:"我是先帝老臣,赤心如丹。我不怕死,只怕王室将有大难,祸不可测啊!"那年张华六十九岁。

上面这些事情都被唐朝一位叫房玄龄的人记载进了《晋书》里。文章洋洋洒洒六千字,虽然有不少溢美之词,但总体还算客观。文字字数甚至超过个别皇帝,这是僭越,罪过啊罪过。

"这个带着国家披荆斩棘的领路人,让西晋这几年风调雨顺、国泰民安享太平。坚持原则让他丢掉了宠幸,丢掉了政治前途,甚至丢掉了性命。如果,有让他后悔的机会,我想他还会是这样坚持原则。"好在后人如此评价他。

十九、你可以指责任何人，唯独不能指责他

永宁元年（公元301年）的春节刚过，西晋散骑常侍张轨就被任命为河西一带的凉州刺史。如果没有朝廷炽热的你争我斗，没有匈奴等少数民族的入侵，那么这将是一道再平常不过的人事调令。新年的喜庆还没完全退去，来自安定乌氏（今甘肃平凉市西北）的张轨就从宫廷内闻到了浓浓的硝烟味，是该到告别京都的时候了。

此前，张轨为自己算了一命，结果发现河西一带是自己最理想的去处，"霸者兆也"。欣喜之下，他就请求朝廷要出任凉州刺史。经过努力，这次在朝中大臣的支持下，皇帝批准了他的请求。听到消息后，张轨激动不已，在山雨欲来风满楼的情境下，他毅然选择离开这个是非之地。

张轨不是一个简单的人，他文武全才，年少时就聪明机敏，很有名气，曾隐居于宜阳郡的女几山上。西晋建立后他入朝任官，因与中书监张华议论经籍意义和政事，而深得对方的器重。但他比张华更有智慧，张华后来卷进政治漩涡最后身死国难，而张轨则远离朝廷保全了一己之身。张轨从太子舍人做起，历任尚书郎、太子洗马、太子中庶子，做到了散骑常侍。散骑常侍这个官职主要是作为皇帝的侍从顾问，并无实权，但属于尊贵之官，经常作为将相大臣的加官。这本是个前途无限光明的位置，但张轨仿佛已经看穿了司马家族是一个成事不足败事有余的皇族，因此对这次的提拔并无任何欣喜之感。

此时的凉州，因为地处偏僻西北，并没有受到内迁各族的侵袭。但是已经陷入了各个部族的包围圈之中。那时，自称汉高祖刘邦后代的匈奴刘

渊，率先将整个中国北方的秩序彻底打乱。

张轨到任后，正逢鲜卑族在河西叛乱。河西一带寇盗纵横，他马上组织部队，与寇盗作战。尽管他从未上过战场，但由于指挥有方，一举击退贼兵，杀死了鲜卑首领若罗拔能，斩寇盗首级万余，俘获十余万口，一时威望大震。西晋王朝要是多几个张轨的话，也不至于被匈奴的刘渊、羯族的石勒之流肆虐凌辱了。

平定叛乱后，张轨狠抓经济生产和民生问题。与中原地区相比，河西地区虽然在经济社会方面稳步发展，但广大农民的贫困化仍是当地普遍的社会问题。这一个问题的根本原因是土地占有的不均，赋税、徭役和兵役的沉重。如果农民的土地问题解决不了，那么赋税、徭役和兵役的征收将十分困难。若采取强制征收税款，只能加大老百姓的贫困化程度，导致广大农民破产流亡，更会造成凉州社会经济难以启动和运行。鉴于此种形势，张轨从国计民生两个方面考虑，沿用晋朝确认的"以经济政策为治国之本"的策略，综合运用，把土地和赋税问题作为治国兴邦的根本问题加以解决。

自晋惠帝永宁元年中原陷入战乱起，到晋怀帝永嘉年间匈奴和羯人起兵，黄河中下游的广大老百姓横遭屠杀、蹂躏。于是大量百姓辗转流离来到了远离战乱的河西，这里便成了中原流民众多的地方之一。张轨审时度势上表西晋朝廷，建议在姑臧城西北面划出一大块土地，设置侨郡县，配土地给流民耕垦。这招一举两得，首先是解决了流民在土地占有和利用方面的冲突，其次还让这些流民逐渐过渡成凉州赋税和徭役的承担者。

在凉州立住脚后，张轨任用有才干的凉州大姓如宋配和阴充为股肱谋主，共同治理凉州，并大规模重修了凉州治下的武威城。同时，他认为清谈只能误国，不能兴邦，摒弃崇尚虚无的玄学，极力推崇儒学，建立学校、学馆，选择世家弟子五百人入学读书。他硬是在荒凉的西部进行道德教化，深得民心。后来，后秦的君主姚兴曾想吞并凉州，派尚书韦宗前去观察虚实。韦宗回来后说："凉州虽是残弊之余，但风化未颓，未可图也。"

更有意思的是，西晋的秘书监缪世征和少府挚虞两人夜观星象，聚在一起私下商议说："天下方乱，避难之地唯有凉州。"此话传出以后，各地的名臣、文士纷纷前往武威投奔张轨。元代史学家胡三省评价说："永嘉之乱，中州之人士避地河西，张氏礼而用之，子孙相承，衣冠不坠，故凉州号为多士。"

中原大乱后，唯有河西地区平安无事。张轨一方面抵住鲜卑族的侵袭，一方面却不参与中原众司马王爷的纷争，有时还可腾出余力支援西晋王室。朝廷有难，国家有难，张轨始终对西晋表示忠诚。

太安三年（公元304年），河间王司马颙和成都王司马颖到洛阳讨伐掌权的司马乂，张轨亦曾派三千兵支援朝廷。永嘉二年（公元308年），刘渊部将王弥进攻洛阳，张轨派北宫纯、张纂等领兵入卫洛阳，协助朝廷击退王弥。不久北宫纯又在河东击败刘渊儿子刘聪。西晋自八王之乱起，天下大乱，各州都不再向西晋朝廷赋贡，但只有张轨贡献不绝。

心忧朝廷心怀百姓的张轨也不是一帆风顺，他还是遭到了他人嫉妒。凉州大族有个叫张越的人，听预言说张氏会兴盛凉州，以为自己就是预言中的张氏，就想取张轨而代之。他辞掉了梁州（今陕西汉中）史的职务，向朝廷提出要出任凉州。他看重凉州这块肥肉，不仅因为凉州是他的家乡，更因为这里比他的所辖地梁州有更重要的地理位置和富庶肥沃的土地，而且还是山高皇帝远的地方。于是，在欲望的驱使下，张越自不量力，开始了他的行动。但是他很快被张轨手下的官员们打败了，凉州需要的是能凝聚人心保家卫国的张轨，而不是为一己之私蠢蠢欲动的张越。

在张轨领导下，官民齐心协力，凉州恢复了先前的安宁，但它所属的西晋王朝却始终无法恢复昔日的安宁。在内乱和外患的困扰下，西晋王朝

上　篇

终于走到了穷途末路，画下了一个小小的句号。之所以有这样的结局，一个很重要的原因是，西晋王朝的统治者没有一个人能像张轨这样具有领导者的治国之策与人格魅力。

公元314年5月，没看到西晋能恢复原有国土的张轨卧病不起，六十岁的他带着长长的遗憾走了。他临终前留下遗言，说道："我平生对他人无甚恩惠，今日疾病垂危，大概命将告终了。我死后，文武将佐都应尽忠尽义，务必安抚百姓，上报国家，下安家室。我死后以普通棺木从简安葬，墓中不藏金玉。好好辅助我儿张寔，听从朝廷旨意。"

从此直至晋朝灭亡，张轨的时代一去不复返。在西晋天下大乱的历史长河里，既躲过尔虞我诈的政治斗争，又建立起自己的一方事业；既忠于朝廷忠于国家，又善待百姓发展生产，只有张轨一人。

西晋灭亡，人们可以指责任何人，唯独不能指责张轨。稳定的凉州，在那个血腥的时代成为朝廷最后的阵地。中华文明在延续，儒家文化在延续，就连凉州与西域的关系，也仍在继续，使得古老的丝绸之路也避免了断绝的危险。当时坚守西北的张轨做到了一个统治者所能够做到的一切，而且还在晋室危亡之时倾力相助，可谓是一个真正的英雄。

二十、借酒装疯是真糊涂还是假糊涂

无酒不成魏晋风度。

西晋初期,因为社会黑暗,政治混乱,精神动力荡然无存,名士们或寄情于名山秀水,或偃仰啸歌,释放内心苦闷。但西晋中晚期到东晋这段时期,情形就不一样了。名士们借酒发挥个性,借酒不顾礼节,来表达自己的情感。都是喝酒,但表达的目的完全不一样。

"使我有身后名,不如现在一杯酒。"有人用酒表达了这样的自由和任性。晋朝文学家张翰,是吴郡吴县人,吴县就是现在的苏州。他出自江东大族,为人放旷不羁,纵情使性。他的父亲是三国孙吴的大鸿胪张俨。张俨死后不久,东吴就被西晋所灭。作为亡国之人的张翰深受亡国之痛,佯狂避世,不愿意受礼法约束,恃才放旷。张翰还特别能喝酒,很像放荡不羁的阮籍。因为阮籍曾经担任过步兵校尉,世称"阮步兵",所以当时人就称张翰为"江东步兵"。

既有此大名,有人便问:"张翰呀,你这样放旷,纵情使性,也许现在挺舒服的,但你就不想想死后的名声吗?"意思是说,你不应该每天喝酒,浑浑噩噩,而应该建功立业有一番作为。你应该跟你父亲一样,博取更好的名声。张翰回答:"使我有身后名,不如现在一杯酒。"身后的名声值什么钱,还不如眼前给我一杯酒呢。

当然,这是他借题发挥。爱酒的张翰指的并不仅仅是一杯酒的问题,而是彻底颠覆了儒家的价值观。讲求身后名,是儒家的重要内容。为了拥有身后名,儒家弟子都遵循人生在世,需"立言""立功""立德",即

"三不朽"原则。后世的刘基就是被人誉为"三不朽"圣人。然而,在魏晋时期,这样的价值观是被名士所不屑的。死后虚名和眼前的真实生活,哪一个更重要?一个人生活在世界上,是为了身后的名声而憋屈和压抑个性,还是活出真我,追求生命的自足与完美?魏晋名士选择了后者。实际上,这是从另一个角度强调了个人的价值和选择的自由。尤其是面对混乱的政局,让优秀之人无法施展才华,甚至时时面临成为政治无辜牺牲品的危险。在这种情形下,这些人借酒装疯完全可以理解。到了唐朝,愤懑的李白在《行路难》中这些写道:"君不见,吴中张翰称达生,秋风忽忆江东行。且乐生前一杯酒,何须身后千载名!"

因不愿卷入晋室八王之乱,爱酒的张翰没多久就辞官不做了。他彻底沉浸在他的酒文化和酒世界里,倒也快活。

不过,更多的晋朝人是以酒为幌子,真正驱动他们的是骚动狂放的心灵。此时,儒家的礼教已经被搁置一边,生与死的匆匆变换又如过眼烟云,什么是不可以做的?什么是被禁止的?这些名士物质上的满足可以轻易得到,心灵却又处于完全被释放自我的境地。于是,有人在灵魂深处为自己寻觅到家园,有人则完全迷失。

"拍浮酒船中,便足了一生矣。"这是晋朝名士毕卓的写照。跟很多名士一样,毕卓少年时豁达豪放,很有才华。因当时朝政腐败,权柄你争我夺,杀杀砍砍,国无宁日。毕卓为保身,装扮成一个不问政事、不爱权势、饮酒自乐的人。

估计起先毕卓是有意装糊涂,但后来装着装着他便成了习惯。公元321年,他被推荐为吏部郎,这是一个主管官吏任免、考课、升降、调动等职权的重要岗位,相当于现在中组部副部长。可是这位老兄依然不改本色,唯一的兴趣就是喝酒,由于喝酒而耽误公事那是"家常便饭"。一个邻居酿了酒,他居然晚上跑去偷喝。他喝得正高兴,让人家家丁抓了个现行，被人用一根绳子捆在柱子上。到了天亮，邻居一看居然是毕郎官，赶紧赔礼道歉，而他却大笑："让我闻一夜的酒香，多谢了。"毕卓让邻居打酒再饮，大醉而归。他公开宣布自己的人生理想是"右手持酒杯，左手持蟹螯，拍浮酒船中，便足了一生矣"。这样一个不分场合不分时间逢酒必喝的人怎能干好公务？但是他的仕途居然没有因此受到影响，在东晋接着当领导干部，还成为平南将军温峤的平南长史。

毕卓这种现象在晋朝比比皆是。对个人来说，也许不算件坏事，不受拘束，肆意作为。但对于国家来说，这种作法却是危害明显。在酒精的作用下，形成了这么一种潮流：士族以干实事为耻，以空谈为荣。中央官员以不问行政事务为荣，地方官员以不问人民疾苦为荣，法官以不过问诉讼为荣，将领以不过问军事为荣。

魏晋名士大多嗜酒的同时又爱好玄学。虽然一个呈现物质性，另一个倾向于精神性，但是在这个时代名士同时爱好此两物，其实正是这两物有契合一致的地方。酒境的梦幻与玄学的玄远、酒态的自由与玄学的畅想、酒醉的疯癫与玄学的玄妙，正是这种一致造就了魏晋名士荒诞的人生。

王忱，他是王坦之的第四个儿子，自视很高，目空一切，鄙视世俗，想怎么来就怎么来，完全借着酒来放纵自己。

一次他到舅舅范宁家里去玩，遇见大名士张玄，但王忱以前从来没有见过他。范宁说："这是大名人张玄啊，平时别人见他一面都难，今天你运气好，多和他聊聊，好好学习学习。"

王忱整整衣服，站到张玄面前，只是看着他，一句话不说。张玄也是不动声色，也这样看着他。两个人就这样如雕塑一样对望。过了很久，张玄见他总是不开口，转身离去。

范宁对王忱说："张玄是大人物，你怎么不和他说话呢？"王忱答："我凭什么跟他说话？他如果想结识我，可以自己先开口，或者到我家来找我啊。"

上 篇

范宁盯着他,缓缓地说:"你才智出众,确实是后起之秀。"王忱答:"没有你这个舅舅,哪有我这个外甥?"

范宁后来把这些话转告张玄。张玄一听,立即起身,亲自去拜访王忱。两个人相见甚欢,就像多年不见的老朋友,上次尴尬的事似乎根本没有发生过。

王忱特别喜欢喝酒,三天不喝酒,就觉得魂已经丢了。他喝了就醉,经常一个月不省人事。他醉了就发酒疯,一发疯就把衣服全部脱光,裸露身体到处闲逛。

一次,他岳父家死了个亲人。他刚刚喝得大醉,双眼朦胧时,坐车去吊唁。到了岳父家门口,和十多个宾客手拉着手,披头散发走进去。到了里面,他把衣服全脱了,后面的人跟着也全脱了。他们全部赤身裸体,歪歪倒倒,围绕尸体走了三圈。然后他们头也不回,扬长而去。王忱的个性张扬得毫无底线。

不过,他毕竟属于王家的人,又加上他的名望,晋孝武帝让他当荆州刺史,负责长江中游的安危。让这样的人当一方诸侯,他是放纵了,幸福了,社会却郁闷了,国家却忧虑了。

作为文人,我们曾向往柳永的《鹤冲天》"忍把浮名,换了浅斟低唱":世间的浮名虚誉,我宁愿不要,不去追逐——我宁愿消闲自在地一边斟着茶水、品着美酒,一边拍着节律低声歌唱。但是作为吃皇粮又为国谋事的人,我们更希望,该做的事你还得认真做,该不喝的酒你一点儿也不能碰。就像英国前首相丘吉尔一样自豪地说:"我从酒里获得的东西比酒从我这里拿走的要多得多!"

二十一、英雄的落寞：成也名士败也名士

如果没有经历那段动荡的岁月和饱受劫难的朝廷，您完全可以把日子过得很舒坦很潇洒。但是当您唱响"何意百炼钢，化为绕指柔"时，那是一种何等凄美落寞的生命结局！命运捉弄人，您怎么会想到，英雄一生曾如百炼钢铁的您，如今却如同指上缠绕的柔丝一般任人宰割。

今晚我静坐书房，用指尖轻轻地翻转有些泛黄的《晋书》。书外，远处塘河的水流带着月光的影子渐渐隐没；书里，历史一处一处的景致依旧继续变幻。今晚我不只做一个看客，想穿越千年，跟您做一番彻夜长谈。晋朝有您，是晋朝黎民的一大幸运；魏晋风度有您，那更是魏晋风度的精华体现。

您的名字叫刘琨，出生官宦世家，您的祖上一直都是朝廷重臣。跟其他美男一样，您长得很帅，二十岁时就因为文采出众扬名洛阳。您的哥哥叫刘舆，当时有句话评价您兄弟俩："洛中奕奕，庆孙越石。""奕奕"是美好的意思，"庆孙"和"越石"则分别是您俩的字。年少的时候，您也是风流放纵，生活奢华，好老庄之学。您和潘安都是贾谧"二十四友"俱乐部的成员，也曾参加过石崇的金谷聚会。以诗为友，以酒会友，琴棋书画您样样精通。

刘琨画像

上 篇

如果仅仅是这样，估计您不会被后人所纪念。您虽然和这些名流相处，但与众不同的是，您从不吃五石散。服用这种东西在当时上层社会非常流行，这是以钟乳石、紫石英等五种矿物炼制出来的药，吃了后短时间内神清气爽，浑身燥热，让人兴奋，能产生幻觉，似乎飘飘欲仙。实际上五石散是种慢性毒品，容易上瘾。也有人认为这是一种春药，有壮阳的功能。您为何不吃，史书中没有答案，估计您有更高的追求。

如果仅仅是这样，可能您也不会被后人所崇拜。不管如何诗情，也不管如何画意，您还是从风流倜傥的魏晋风度里走了出来，来实现您的远大抱负。后来，您跟那位以"闻鸡起舞"闻名的祖逖一起，担任司州主簿。可能是志趣相投，你俩感情深厚，常常纵论世事，有时夜深还不能入睡。你们拥被起坐，相互勉励道："如果天下大乱，豪杰并起，你我二人应在中原干出一番事业！"

贾南风被除掉后，司马氏与王家轮流坐庄。战争烽烟四起，中原大乱不堪。您看到满目疮痍、白骨横野的惨景，更加坚定了信念。您在给家人的一封信《给亲故书》里面有一句传诵千古的名言："吾枕戈待旦，志枭逆虏，常恐祖生先吾著鞭。"用现在的话来说就是：我经常枕着兵器睡觉等待天明，立志报国，誓讨匈奴，常常担心上马挥鞭落在祖逖后边啊。您"枕戈待旦"的精神，一点也不比祖逖的"闻鸡起舞"逊色啊。

公元306年，司马越为了扩大势力，想拉拢您。这个时候，您完全可以像其他贵族一样明哲保身，您却偏偏选择了时事最为艰难的并州，毅然出任并州刺史。并州虽说是个重镇，但这时候却是个烂摊子。前并州刺史司马腾被匈奴人打得落荒而逃。所以并州刺史这个职位看起来是个封疆大吏，实际上是烫手山芋。但您毫不畏惧，沿途招募新兵一千余人，大有"风萧萧兮易水寒，壮士一去兮不复返"的气势。

您在任上，做了两件足以名垂青史的事情。一件事是治理并州城。当您冲破匈奴的重重障碍,到达并州的政治中心晋阳时,晋阳几乎就是一座空城,而整个并州也已经剩下不到两万户。而更糟糕的是,晋阳的四个方向都是少数民族建立的政权。怎么保护城池,怎么保护百姓,成为摆在您面前的重重难题。但是,办法总比困难多,您带着招募过来的新兵,先干起生产来。您带看他们剪除杂草,收葬骸骨,先把城市打扫得干干净净;然后修筑军事工事,开垦荒田。周边州郡的流民听到消息,也闻讯赶了过来。因为他们知道,这里将成为他们最好的避难所。果然,一年不到,晋阳恢复了生气。几年后,西晋最后一任皇帝被俘虏。然而谁也想不到,您竟在国家失去江北土地之后,在并州打出了一片新的天地。

如果说这件事让您凝聚了人心,那么另一件事则直接让您名声远扬。一次,五万匈奴兵围困晋阳,而您兵力只有几千。晋阳城池沦陷似乎要成迟早的事,您一面严密防守,一面请求援军。但是过了七天,您仍看不到援军的影子,可城内粮草已经见底,士兵们由此惶惶不安。

那天,您登上城楼,突然想起"四面楚歌"的故事,想充分发挥您的特长。于是您下令让会吹胡笳的军士全部到帐下报到,组成了一只胡笳乐队。经过短时间的培训,他们学会了吹曲子《胡笳五弄》。傍晚时分,胡笳声起,随风飘向敌营方向,声声凄婉,哀伤的情绪在旷野中弥漫。到了半夜时分,这支乐曲再次响起。乐声徘徊低迷,凄凉幽怨,匈奴兵听了无不伤感,不由得想起家中的亲人。匈奴兵们情绪低落,很多人哭泣而回。由于军心已乱,匈奴再难组织有效的进攻,无奈只好撤退。一支乐队击退了八万的匈奴兵,堪与诸葛亮一首琴曲吓退魏兵相媲美,创造了战争史上的奇迹。宋朝的文天祥对您这一举措赞叹不已:"中原荡分崩,壮哉刘越石。连踪起幽并,只手扶晋室。"

成也风度,但是败也风度。您身上的名士气太重,骨子里的贵族派头常常流露出来,闲暇时还不忘吟风弄月。当时您属下有个叫徐润的,投您

上 篇

所好。他通悉音乐，与您对唱对饮。但这徐润却是个十足的小人，仗着您这个靠山飞扬跋扈、胡作非为。结果他的行为让您手下一位正直的大将令狐盛很不满，他劝您杀了他。结果令狐盛反被徐润诬告，遭到杀害。您真是糊涂啊！现在局势紧张，你居然杀掉上阵御敌的大将！

难道您忘了杀掉一员大将会寒了多少将士的心？难道您忘了大军还处于四面楚歌的重重包围之中？难道您忘了西晋的亡国之恨？果然，接下来的事情一发不可收拾。很多人听说您的英名纷纷来投奔，到了晋阳之后又失望而去。一天来了几千人，一天又有几千人离去。令狐盛的儿子令狐泥逃了出去，投奔了匈奴人。为了替父报仇，他担任了匈奴大军的向导，进攻晋阳。您亲自出城向少数民族求救，然而在晋阳的守将早就看不惯您，开城投降匈奴。您的父母都被杀，您回救晋阳也无力回天了。

公元316年，您无奈逃离并州，只身投奔在蓟城的幽州刺史段匹磾。段匹磾对您相当崇拜，与您歃血为盟，结为兄弟。这一年，西晋灭亡，您听说司马睿在建康已立稳脚跟，就派妻子的侄子温峤到南方去，向司马睿劝进。您对温峤说："我当立功河朔，使卿延誉江南。"这可以说是您一生的志向，也是发自内心的。在您的劝进表中，最有名的一句是："或多难以固邦国，或殷忧以启圣明。"国家这么多的危难，反倒可以激励我们团结起来，保家卫国；深深的忧虑，也可使皇上更加贤明。

时局变化纷繁。段匹磾有个堂弟段末波。他暗地勾结石勒，想通过您的儿子刘群来策反您。您知道情况后，当然不会答应，而且不可能会答应。但是，却引起了段匹磾手下部将的怀疑，他们私下商量：您名望太高，如果您有了异心，他们肯定被杀。段匹磾也是个耳朵根很软的家伙，经不住他们的劝说，把您软禁了起来。公元318年6月22日，段匹磾自称奉皇帝诏，将您缢杀，您的子侄四人同时遇害，那年您四十八岁，壮志未酬啊。您在被囚后，做了一首诗《重赠卢谌》，发出声声叹息，字字浸润着滴滴血泪。激励卢谌的同时，您也说出自己山穷水尽、英雄末路的无限苦痛。

有人说您是一个铁骨铮铮的才子，却不是一个优秀的统领四方将帅。这点我信。但我绝对不赞同明末清初的思想家王夫之对您的评价："琨乃以孤立之身，游于豺狼之窟，欲志之伸也，必不可得；即欲以颈血溅刘聪、石勒，报晋之宗社也，抑必不能；是以君子深惜其愚也。"我觉得最后一句应改为"是以君子深羡其执着也"才对。因为，在自由任性、崇尚名士的两晋南北朝，您历经磨难又风流倜傥的悲壮身影，成了那个时代的英雄代表，受到无数后人的敬仰和膜拜。

今晚读您的事迹，有一种撕心裂肺的痛。读完时，我抬起头向外一看，蓦然发现，窗外斑驳的路灯下，那落下的树叶虽已失去生命，却凝结了半世的沧桑和幽香。

上篇

二十二、当嵇绍的忠诚遇到晋惠帝的痴呆

嵇绍和晋惠帝司马衷的交集其实并不多,一则,晋惠帝由于自身原因,成了一个傀儡。嵇绍当侍中(相当于宰相)的时候,与其说是为晋惠帝服务,还不如说为摄政的王爷服务。二则,嵇绍是个才华横溢的才子,"鹤立鸡群"这个成语就是由他而来。而晋惠帝是个被深锁宫内的痴呆皇帝,"没有饭吃,为什么不吃肉粥"是他的名言。虽然两人走着完全不同的人生之路,却有着一个共同的时代背景,就是朝廷动荡、国家动乱。

嵇绍比晋惠帝大六岁,是大名鼎鼎的文学家兼音乐家嵇康的儿子。嵇康因拒绝与朝廷合作而被晋惠帝的父亲迫害,临死前将自己的儿子托孤给山涛。嵇绍很争气,自幼饱读诗书,擅长书画,深具非凡的艺术气质。他不仅遗传了他父亲"龙章凤姿"的外貌,也遗传了他父亲才思敏捷、言语犀利的风格。

嵇绍成年后选择了一条和他父亲背道而驰的人生道路,这主要是山涛起的作用。刚开始嵇绍也是"屏居私门,欲辞不就"的,山涛劝他:"为君思之久矣,天地四时,犹有消息,而况于人乎?"意思是说"我替你考虑很久了,天地间一年四季,也还有交替变化的时候,何况是人呢!"说得更明白些,就是识时务者为俊杰,今时不同往日,也不需要固执己见。

于是山涛向晋武帝推荐了嵇绍。没多久,嵇绍被任命为秘书丞。嵇绍刚到京都洛阳上任,有人告诉王戎说:"昨日在人群中才见到嵇绍,气宇轩昂恰如野鹤立在鸡群中。"言下之意,嵇绍很是惊艳。有了山涛的帮助,加上嵇绍自身的努力,他很快从秘书丞升迁为汝阴郡太守。

到晋惠帝做皇帝时，嵇绍担任给事黄门侍郎。嵇绍虽然人在官场，但是显得有些另类，最明显的就是不依权附势。此时，朝廷大权基本落在贾皇后的手里。当时侍中贾谧是贾皇后的亲外甥，自然大受宠幸。贾谧羡慕嵇绍的美名，恳请嵇绍与他交往，嵇绍却疏远他不应允。太尉、广陵公陈准死了，负责掌管宗庙礼仪的太常奏请加给谥号。本来这事跟嵇绍没什么关系，甚至还可以做个顺水人情，结果嵇绍出人意料地反驳道："谥号是用来使死者垂名不朽的，大德之人当接受大名，微德之人当接受微名。由于近来掌礼制之官附和情弊，谥法便不依据原则。我认为，加给陈准的谥号过誉了。"最后太常虽没听从嵇绍的意见，但是朝廷大臣都有点怕他。

赵王司马伦篡夺了帝位，嵇绍暂任侍中。晋惠帝恢复帝位后，仍居侍中之职。当时晋惠帝刚刚复位，嵇绍上疏说："臣听说能以前车为鉴的人车子不会倾覆，能改革以往弊政的人政治就不会败坏。国家的统一靠国君之力，百废之兴靠使用众多的人才。希望陛下不要忘了金墉（晋惠帝被幽禁的地方），大司马不要忘了颍上，大将军不要忘了黄桥，这样祸乱之源就无处萌生了。"痴呆的晋惠帝有没有表态，史书上没有后续的记载。

此时的大司马由齐王司马冏担任，主理朝政。司马冏大肆营造达官贵族宅第，放纵奢侈日甚一日。嵇绍实在看不下去，上书进谏说："现在国事刚刚安定，万民景仰，都期待施给恩惠，所以应减少大举营造的繁劳，深思"谦受益，满招损"之理。恢复君位的功绩不可忘却，但箭与垒石的危险也不可忘却。"司马冏虽然认为嵇绍提的建议很好，但终不能采纳。

一次，齐王司马冏与董艾等人在宫中闲聊。听到嵇绍求见，董艾就对齐王说："听说嵇绍擅长丝竹，可命他弹琴让大伙儿乐乐。"司马冏也正有此意，就命人抬琴进来请嵇绍演奏。身着朝服的嵇绍不愿意，司马冏就说："今天大家都挺高兴，你又何必如此扫兴呢？"嵇绍很严肃地回答："您是主持政事的王爷，更应讲究礼仪，端正秩序。我今天穿着整整齐齐的礼服前来见您,您怎能让我做些乐工的事呢?如果,我身着便服,参加私人宴会,那倒不敢推辞了。"看起来嵇绍很死板,其实这是个非常讲求恭敬、重视礼节、处世端严的人。

八王之乱期间,晋惠帝如同玩偶一般经常被几个王爷挟来挟去。永安元年(公元304年)七月,东海王司马越宣布讨伐成都王司马颖,挟晋惠帝一同北征,而嵇绍却忧心忡忡。他因天子蒙受风尘,接奉诏书驰往行驾驻处。嵇绍奉诏前往时,侍中秦准问他:"今日向敌出击,您有骏马吗?"嵇绍正颜厉色答道:"帝驾亲征,是以刚正征伐叛逆,理应不战而胜。如果皇帝有失,为臣子的当以死殉节,骏马有何用?"旁边的人听到这些话无不叹息。

司马越兵到荡阴(今河南汤阴)时,结果被成都王司马颖的心腹战将石超击败。战败后,君臣们眼看着石超军队快要接近銮驾,晋惠帝身边的百官及侍卫人员都纷纷溃逃,只有嵇绍依然端正冠带、挺身捍卫,决心用自己身单力薄的血肉之躯挡住了汹汹来势的军队。一时间,雨一般的流箭穿心而过,嵇绍便被射死在皇帝身旁。他鲜红的血液溅到在晋惠帝的御衣上,留下一片殷红的血迹。

等到战事结束,晋惠帝的左右侍从看到皇上的衣服,准备拿去洗,但是被晋惠帝拒绝了。这个很少开口说话的皇帝突然说了句:"这是嵇侍中的血,不要洗去。"说完,晋惠帝泣不成声,至为悲切。这是晋惠帝最有人情味的一幕。这个被人摆布一生,被后人耻笑不止的皇帝,能说出这样的话,实在出乎意料。也就是这句话,为痴呆的晋惠帝挽回了一些同情分。

值得一提的是,这一句话,还将两人的交情体现得淋漓尽致。他们彼此间很少交流,但彼此珍惜。套用一句老话:不管有无交流,感情都在那里。对晋惠帝来说,战场上的那一幕还恍若昨日,而节烈的忠臣,却永远不会再回来了。晋惠帝要永远保存这件血衣，这是对忠臣的尊重，对忠臣永志不忘的追思。对嵇绍而言，他用最壮烈的牺牲向世人证明了他对父亲精神人格的延续和继承，证明了他对国家忠孝之义的忠诚。宋朝的文天祥，在《正气歌》中就用"嵇侍中血"激励他在国家危难的时候挺身而出，保家卫国。

对嵇绍的表现，有个别人持不同的看法。如明末清初的顾炎武，他不觉得嵇绍这是忠孝事国、以身殉道，是对礼法制度的遵照，对儒家人伦道德的尊崇，反而认为这是违背父道、败义伤教的无耻行为。因为这样的皇帝不值得他去挡箭，这样的朝廷不值得他去效命。在我看来，作为一名臣子，忠诚度是他最起码的素养。所谓的德才兼备，忠诚度就包括在"德"里面。嵇绍的可贵一面是他的忠诚不是别有用心和待价而沽的，而是一种纯粹发自内心的情感。再痴呆的人也有朴质的真情，用现代人的目光看嵇绍也是一个痴人。真痴与假痴的两人，却奇妙的用血和死亡来演绎了一段乱世情殇。

其实对于嵇绍而言，出仕为官并非违背父道，他能做到识时务而且最后为国家忠孝道义而死，反而是承袭了他父亲的高贵品格风范。而且，嵇绍比他父亲更有意义，因为"穷则独善其身，达则兼济天下"。

何况，这里还有个误解，你想想，嵇康在临死前把自己的儿子不是托给自己的家人，也不是托给朋友，而是托给了担任朝中重要职务的山涛。而且嵇康还很放心地对儿子说："有山涛在，你就不孤了。"这是为什么？难道嵇康的潜意识里就没有让儿子报效朝廷、建功立业的意思？这么一理解，我们自然就豁然开朗了。

上 篇

二十三、荒诞之所以为荒诞，恰恰是因为它如此真实

读晋朝的历史，我对三个传言印象很深。

第一个是关于一种舞蹈的传言。太康年间（公元280年—289年），全国都流行跳名为"晋世宁"的舞蹈。这种舞有点类似今天的广场舞，但是难度比广场舞要大得多。跳舞的人，手向下拿着杯盘（饮酒用的器具）再把杯盘颠来倒去，有点像东北的二人转，只不过二人转演员手里拿的是手绢花。然后舞蹈者口中唱道："晋世宁舞，杯盘反复。"跳舞的动作有些危险，因为弄不好就会摔坏杯盘，从而伤到腿脚。

用杯盘跳舞，这本是一件很正常的事情。艺术来源于生活，人们在喝酒的时候拿着盘子唱歌，是自然而然的事。后来则慢慢地变成了一则流言，在民间广为传播。社会上把这种舞看作是恶之源，认为当时的人只图吃喝玩乐，而他们的智谋不可能考虑到远大的事情，不去考虑国计民生、安邦治国，就像酒器握在手中那样，把酒话人生。（《搜神记卷七》）

这种传言实在是牵强，甚至荒诞，毕竟这种舞蹈跟元朝末年的"天魔舞"有着极大的差异，而"天魔舞"才是真正的葬送王朝的舞。元顺帝懈怠朝廷政务，沉溺于吃喝玩乐，发明了那样淫乱不堪的艳舞。"晋世宁舞"的舞蹈形式看不出什么世风日下的问题，就连"杯盘反复"这样的歌词也是跟道具连在一起，也没什么可往不好的方面联想的。传言说跳舞唱歌是罪过，看来也是说不过去的事。

于是，有人认为，之所以有亡国和歌舞联系的这种推测，实际上是一

种禁欲主义思想在作祟。这种禁欲主义观认为禁止了欲望，就能够保全国家，就能够无往不胜；认为道德正确，就可以万事大吉；要是出了问题，就在自己的欲望身上找原因。但在我看来，任何的传言总有它的背景。

晋武帝司马炎是晋王朝的开国之君，立国之初他的表现还不错，看不出不久的将来国家会发生翻天覆地的变化。但在平定吴国后，他认为天下一统，基业已固，就开始贪图享受，穷奢极侈，无所不用其极。"后宫殆将万人"，"日食万钱"，他还说"无下箸处"。"上有所好，下必甚焉。"皇帝如此奢靡，世家大族争相效尤。晋武帝时的吏部尚书王戎，这样一个"国家栋梁"之臣，不思报国，却嗜财如命。他的家产不计其数，庄园遍布全国各地，钱多得连专用仓库都放不下，有不少已积久生锈。他还经常把自己锁在仓库里数钱数到手发软，什么国家大事，什么黎民疾苦，统统被他抛到九霄云外去了。

在西晋，像王戎这样贪婪、庸俗、腐化、奢靡的王公大臣比比皆是。他们贪暴恣肆，攀比炫耀，明争暗斗，已发展到不知廉耻、毫无顾忌的程度，在社会上造成极坏影响。大臣傅咸上书说"奢侈之费，甚于天灾"，请求皇帝制止这种不良之风，但晋武帝无动于衷。于是这股奢靡之风，愈演愈烈，导致了领导集团的极端腐败和社会的极度混乱。

有人看穿了这个王朝，大臣何曾经常陪着晋武帝赴宴，回来后告诉儿子说："陛下创建了基业，并要把基业传给后世子孙。然而我每次在宴会上，却从未听他说过治理国家和图谋久远的谋略，只是说些平生的常事。他的后代恐怕就很危险了吧？他的太平基业也仅就到他个人一身而已，他的子孙真够担忧的啊！"

第二则传言跟服饰有关。

也是太康年间，全国服饰流行一阵风，都用毛毡做头巾和腰带、裤脚口。于是老百姓都开玩笑说："中国一定会被胡人攻破。"毛毡，是北胡出产的东西,而全国拿它来做头巾、腰带、裤脚口,那么胡人已经从三个地方控制了中国,中国能不失败吗?后来还传言人们用胡人的器具,仿胡人的饮食,预示说"胡人侵中国之前兆也"。

其实,这是国民心态虚弱的表现。当初赵武灵王胡服骑射,我们认为他是伟大的改革。他采用胡人简单实用的服饰,符合生产战争,赵国的国力由此增强。那个时候,没有人会说北方蛮族会占领控制中国,那些游牧民族,顶多不过是一些不成气候的强盗而已。那个时候的国民,就有这样的自信。可是到了西晋,同样是北方游牧民族的服装流传到了中原,为什么国民的心态就完全变了呢?国民变得保守,变得胆怯,那种大气宽容的气度,荡然无存。

这种荒诞传言所体现出的是当时真实的社会风貌。西晋,无论在经济、军事,还是政治方面,无一值得国民骄傲。国民内心虚弱,这是非常自然的事。尤其让人堪忧的是,胡人已经严重渗透进西晋各郡县的核心区域。

"关中人口百余万,大约一半是戎狄。现在匈奴五部之众,户口达到数万,人口之盛,超过了西戎。他们天性骁勇,弓马娴熟,远远超过氐、羌各族。一旦叛乱,并州地区就危险了。"官员江统为此忧心忡忡。他深虑四夷乱华,应该防微杜渐,便作了《徙戎论》上奏皇帝。他提出将氐、羌等族迁出关中的主张,并认为并州的匈奴部落为晋朝的一大隐患,应发还其本域。但江统的这一奏章未被皇帝采用。

第三则故事跟发型有关。

西晋的时候,妇女发髻梳成后,又用丝绸紧扎发环,人们把它叫作撷子髻。这种发髻为晋惠帝宫中所创,先是出现在皇宫内,后来全国都仿效它。于是到了西晋末年,社会上流传起"晋怀帝、愍帝被杀"跟这撷子髻有关的传言。

我实在看不出妇女的发髻和两个皇帝被杀有什么直接或者间接的关系。要说关系，估计是社会上认为西晋末期两个皇帝被杀跟晋惠帝是有直接关系的。因为八王之乱之后，西晋政权已经腐败不堪。这个时候，北方的异族又崛起了，匈奴族的刘汉政权对西晋王朝威胁最大。内忧外患同时加在西晋王朝身上，国家想不亡都难。

这个荒诞的传言表达的是一种悲哀的情绪。西晋最后两任皇帝都死得比较凄惨，死前受尽各种凌辱。他们都被匈奴人以同样的手段毒杀，实在令人唏嘘。

公元311年6月，晋朝因军队力量不足，被匈奴刘聪的军队攻陷了首都洛阳。晋怀帝司马炽没有自杀的勇气，躲在皇家园林里以保住自己的性命，但最终还是被匈奴兵所俘虏。在成为俘虏期间，司马炽放下了帝王的身份，甘愿对刘聪俯首称臣。这样过了两年，最后司马炽在大臣的哭声中，被刘聪赐以毒酒，一命呜呼。

晋怀帝死后，晋愍帝即位。可是刘汉政权不依不饶，依旧派兵攻打晋朝。公元316年8月，刘曜发兵攻打长安，晋愍帝司马邺在食粮断绝的情况之下于12月11日投降汉赵。之后晋愍帝被送往平阳，受到了和他前任同等的待遇，承受着身为狩猎队伍的前导以及宴会洗杯子的杂役的屈辱。也是两年后，他被刘聪杀害，年仅十八岁。

读这三个传言，在深感荒诞之余，我们内心深处都会感受到一种悲哀，而这种悲哀就是来源于真实的历史背景。有人说，荒诞之所以为荒诞，恰恰是因为它如此真实。此言不假。

上 篇

二十四、他第一个向西晋王朝发出高危预警

公元296年8月,一个令人震惊的消息从大西北传入京师,氐人齐万年居然在秦雍地区称帝,公然反叛西晋。拥兵七万的齐万年以很快的速度包围了泾阳(今甘肃平凉西北),同时对关中形成巨大威慑。

接到消息后,朝廷立马派出安西将军夏侯骏、建威将军周处征讨,受梁王司马肜节制。齐万年屯兵梁山(今陕西乾县西北),周处率领五千兵进击。后周处被齐万年大军包围,在六陌(今陕西乾县东)战败阵亡。公元298年,大臣张华推荐左积弩将军孟观统所领宿卫兵与关中士卒出征。次年正月,齐万年军队被孟观败于中亭(今陕西武功西),齐万年被俘杀。自齐万年起兵到失败,共历时四年。

叛乱的少数民族被镇压了,朝廷高层都轻描淡写地认为这是一股流民在造反,不成气候,如同蝼蚁撼树,自不量力。于是他们继续沉浸在八王之乱内部权力争夺之中不可自拔。

此时,一个叫江统的县令却对此忧心忡忡,形势的严重性已经超出他的意料。他虽位卑,但未敢忘忧国之责。他分析齐万年起兵一事,深感四夷(夷、蛮、戎、狄)迟早会乱华。于是他奋笔疾书,向皇帝递交了奏疏《徙戎论》,第一个向西晋王朝发出高危预警。

这个江统是官三代,但是他身上没有当时魏晋风流的做派,吃喝玩乐跟他不沾边。江统的祖父,以仁义的好品行著称,担任过谯郡太守。父亲曾任是南安太守。由于良好的家教,江统性格冷静沉着,有报国为民的远大志向。时人评价他:"聪慧少言江应元(即江统)。"这个远大志向在他

刚世袭父亲爵位、出任山阴县令时就显现出来。西晋初年，大量关外的民族向关中关内迁移，"西北诸郡皆为戎居"，关中百万余口，"戎狄居半"。关中、陇西屡次被内迁的氐、羌族侵扰，民族矛盾日趋突出。

江统认为形势非常严峻！在汉民族的影响下，这些内迁的外族逐渐由游牧转向农业定居，胡汉文化相互影响渗透。但在交融的同时，胡汉亦存在一定的矛盾，例如并州的匈奴人成了汉人的奴婢，而不少汉人也相继沦为胡人奴婢。这些奴婢常常被迫服役，当军作战，更有甚者被地方官员押往他乡出卖，因而激起了境内各民族的反抗；而各族上层人物亦往往利用本族人民，实行割据。连续不断的胡族内迁引起胡汉双方的矛盾，严重动摇了西晋政权的统治根基，大规模的暴动大有一触即发之势。

江统提出采取措施刻不容缓！当今朝廷应该做的事便是，乘着兵威正盛，叛乱还未平息，迁徙冯翊、北地、新平、安定界内的诸羌到先零、罕并、析支之地；迁徙扶风、始平、京兆的氐族，到陇右、阴平、武都等地。朝廷应该供应他们在迁徙途中的粮食，使他们可以自足，跟随自己的民族返回故土，最终得到安顿。即使胡人以后想进犯中原，由于地处偏远、山河阻隔，即便作乱也为害不广。

江统还颇具长远眼光地指出，如果朝廷不愿意短期内稍微辛苦一点，一劳永逸地解决问题，就不能说是有远见卓识、为子孙后代着想了。国家的忧患不在贫困而在于贫富不均，不在人口稀少而在于人民不安定。以晋朝土地之广大，人民之富足，难道能容得异族居住在国内，过得舒舒服服吗？这些人都可以向他们颁发命令，让他们回到故土，使他们不再想念故乡，也使华夏少了一个祸患。

江统的核心就是一点：徙戎。他建议用武力将内迁的胡族强制徙迁回原住地，并以"内诸夏而外夷狄"的办法隔绝胡汉接触，来防止胡人的反抗。"此等皆可申谕发遣，还其本域，慰彼羁旅怀土之思，释我华夏纤介

上篇

之忧"。

但是很遗憾,这个预警没有被重视,这个建议没有被朝廷采纳。失败的两个原因:一是主政的贾南风正处于权力斗争中,哪有心思管这么多;二是这个计划很难实施。有人说这是根本无法实施的策略,也有人说这是治标不治本的方法。总之,这份奏疏并没有引起朝廷上下的重视。由于各族内迁及胡汉杂居是历史发展的结果,因而徙戎的主张无法真正实施。

对五胡和汉民族的关系,用现在的观点去看,历史总是进步的,这是民族大融合的表现。但是在那个特定的环境里,这种状态对西晋王朝的打击是毁灭性的;对汉文化的侵略,对黎民百姓的残害是致命性的。从事实来看,"五胡乱华"给汉族造成了惨重的灾难。若非汉族绝地反击,汉族可能现在已经不存在或者已经沦为像低种姓贱民一样的奴隶。国家民族之间的关系和个体与个体的关系是不一样的。国家利益、民族利益永远是最优先的,与普通人之间关系完全不同。

人类社会就是生存空间的竞争,自己失去控制能力,就不要幻想其他人不来争夺空间。控制能力分两部分,一是民族间和解共同发展的政策,一是强大到能抵抗争夺的军事实力。两者完美结合,能保自己的地盘不丢。由于两晋在内部战乱之中失去了自己的控制能力,结果不到十年即发生五胡乱华的社会动荡。

不论江统的这个想法是治标还是治本,也不管它有多少可操作性,总之,我深深敬佩江统这样的人。

他敢于发出不同声音。读《晋史》你会发现有这么三个人,一个是何曾,明知道会亡国但他不说;一个是王衍,临死前才知道亡国的原因;另一个就是江统,一开始就意识到国患重重。西晋大部分官员,让我们深深失望,他们是完全磨灭了理想、道德、思想和良知的人,是极端自私的人,是对国家命运与百姓困苦毫不关心的人。他们关心的不是国家、民族的前途和民众的疾苦和利益，而是怎么多捞钱，怎么做更大的官，怎么让生活更加奢侈。而像江统这样忧国忧民，敢于率先发声，为国为民的有责任感的雇员在当时是非常少见的。

他敢于超越职责建言。提出"徙戎"这个建议的时候，江统还在山阴县令的岗位上。一个小小的县长居然向国家建言，这不是他的职责范围内的事。职责，就是对本职工作及应该做、必须做的事所负有绝对性的责任。一个想要把工作做好做完美的人，绝不仅限于对职责之内的作为负责，而是在尽职尽责做好本职工作后，还积极主动地承担起职责之外的工作，践行"国家兴亡，匹夫有责"的神圣使命。在明哲保身、多一事不如少一事的那个年代，江统让人肃然起敬。

他敢于得罪权贵。这一点从后来的事迹可以看出。太子司马遹被废，迁徙到许昌，皇后贾南风告诫有司不准宫廷大臣送行。江统与宫中大臣犯禁到伊水，在道边与太子司马遹告别。他们十分悲伤，因此受到株连。江统等人全部收捕交付河南、洛阳监狱，后被释放。永康元年，太子司马遹去世，江统作词悼叙述悲哀，文辞悲切，催人泪下。

后来，江统在担任齐王司马冏的军事期间，见司马冏骄纵昏聩，将要失败，不畏权贵犯颜直谏。成都王司马颖请他当记室，他也同样出于公心，多次讽喻进谏。

这就是江统，第一个向西晋王朝发出高危预警的人。

上 篇

二十五、写《三国志》的陈寿是怎么摊上大事的

《世说新语》有一卷是"任诞"篇,专门记载魏晋那个时代荒诞不经的事情。一些现在看来很是伤风败俗的事,都能让时人羡慕不已,甚至奉为经典。因为,越任性说明个性越解放,越荒诞说明越超脱,越离谱说明越有创新意识,越能受到人们的膜拜。

但有一点是底线,是不能突破的,就是那个时期讲的道德底线:孝道。写《三国志》的陈寿是巴西郡安汉县(今四川南充)人。他才思敏捷、满腹经纶,但是历来名声不算很好。他在人品方面常被人诟病,就是栽在孝道上。两件看起来很小的事情,却让陈寿摊上了大事,承受了一生的污点。

《晋书》记载,"遭父丧,有疾,使婢丸药,客往见之,乡党以为贬议。"什么意思呢?陈寿的父亲亡故了,他又伤心又劳累,丧事一办完就病倒了。他躺在床上,动弹不得。陈寿喊了丫鬟,叫她端碗药来。不一会儿丫鬟端来了药,给陈寿喂药。这个事情恰好被来访的客人看见了,于是传了出去,乡族朋友都纷纷指责他亲近女色。读到这里,也许我们会很纳闷,这么点小事就遭受如此大的指责,古时人情世故实在不可思议。

陈寿生病了,让丫鬟端药给自己吃,应该属于很正常的事,估计这里有史书的隐晦之语。或者说陈寿根本没病,但被客人发现他俩在亲热,于是陈寿借口说自己病了,让丫鬟给自己喂药。怎么喂药呢?到底用调羹一口一口地喂,还是抱着陈寿的头让陈寿自己喝?史书里没有详细交代。

但这也不奇怪,男人贪图女色,在晋朝是很普遍的事情。大臣石崇的

家里美妾丫鬟多了去了，每天跟她们在一起花天酒地醉生梦死，也不见有人笑话甚至贬议他。至于男主人跟丫鬟发生关系，也是司空见惯的事情。男主人有钱贪色，奴婢们贪钱有色，两者不管主动被动一拍即合。外人自然也不会说什么。

但为什么陈寿会摊上大事，原因就是，按照当时礼制规定，父丧三年之内是不能近女色的，不与妻妾同房，否则就会被视为不孝。居丧又叫"守孝"，是对父母孝心的最好体现，也是对儿女是否孝顺的考验。陈寿家不可能没有书童男仆之类，即使陈寿真有病而需要别人帮助，也完全不必让侍婢来自己屋里调药。估计那时才二十多岁的陈寿，难免会有男女情欲的念头，在居丧期间忍不住做出亲近女色之举，而又偏偏被人看见。

那时陈寿在朝廷里当着官，出了这种事情。流言一传出去，不用说，他这官肯定是当不下去了。因为当时实行九品中正制，考察干部主要从三方面综合打分，一是品行，一是才学，一是家世。品行跟孝廉有关，孝廉是"孝顺亲长，廉能正直"的意思。陈寿出了这事情，品行分大幅度下降，品级就上不去，谁也保不住他，他也只得老实下台。

但陈寿毕竟有才，大臣张华对陈寿很欣赏，两人关系很铁。过了几年，陈寿与丫鬟的事情逐步淡出了大家的视野，陈寿便在张华帮助下悄悄复出了。

陈寿也真是背，复出没多久，又发生了另外一件事，这次是跟他母亲有关。史书记载"母遗言令葬洛阳，寿遵其志。又坐不以母归葬，竟被贬议"。陈寿母亲去世，根据母亲的遗言，他把母亲葬在洛阳。没想到陈寿不将母亲送归故土安葬这事被人给捅出来了。结果社会上舆论四起，说他这是极不孝的行为，最后连朝廷也顶不住压力，贬议指责他。明明陈寿是遵照母亲遗命的，还会被人贬议？按照生活常理，陈寿在洛阳当官，就近葬在这里，也好让母亲入土为安。若是千里迢迢，把他母亲归葬到老家安

上 篇

汉去，来回得一年半载，既耽误工作，又劳民伤财。

但是舆论不这么认为，陈寿三十多岁离开家乡到洛阳，那么他母亲就应该是50多岁才离开家乡的。对于生活了五十多年的故土，叶落归根的心情人皆有之，希望和葬在安汉的陈寿父亲葬在一起，更是人之常情。在人们看来，所谓"遗言令葬洛阳"是不合常理、不合孝道的。当时的舆论认为孝敬父母要真心实意，只是单纯在物质上满足父母，尚不足以为孝，更重要的是要"敬"，使父母得到人格的尊重和精神的慰藉。但是为什么陈母会留遗言给儿子葬在洛阳呢？史书没说。据我猜测，是陈母比较疼爱儿子，从洛阳扶棺回安汉将是一件历时数月花费巨大的头疼事。

面对汹汹舆论，陈寿只得出来向公众道歉，向朝廷递辞呈，一卷铺盖，回家去了。西晋的九品中正制，让官员上台的制度很严苛，没有好背景好家世，你根本就当不了官；但让官员下台，却还是比较民主的：除了领导的因素外，社会舆论发挥了很大的作用。如果官员行为不检，品行不端，被公众给捅了出来，那就请你"回家去休息"。

当初，陈寿的好友谯周曾对他说："你必定会凭才学扬名天下，但常会遭到诋毁伤害，这未必是不幸。要谨慎从事。"陈寿至此，再次招致贬废的羞辱，正应了谯周之言。

本来这两件都是小事、家事，跟别人毫不不相干。但是为什么陈寿会摊上大事？我觉得这不是偶然，而是必然的，因为他的人品是有一点问题的。当初，陈寿和寿良、李宓等都是蜀国年轻人才中的拔尖人物，他们同时入洛，开始时关系很亲密，但渐渐地开始互相排挤、攻讦。本来朋友之间反目成仇也没啥大惊小怪的，但陈寿和多位朋友都是如此，自然会让人怀疑是不是他为人处世的确有问题。而且据《华阳国志》记载，寿良"贯通五经，澡身贞素"，意思就是寿良品行端正，旁人很难有所非议，不像陈寿那样经常遭人贬议。因为常璩和陈寿、寿良诸人并无任何利害关系，他的《华阳国志》应该是比较客观中立的记载。

因为孝道，陈寿被贬议回家，但因祸得福，命运最终成全了他。毕竟他还是有些本领的人，他回家一不种田二不做买卖，而是立志著书。后来他写了一部很著名的书叫《三国志》。他作为私人修史，实属不易。如果当时不被社会舆论赶下台，他说不定还在小官的岗位上"晃荡晃荡"，想成为名垂青史的大学者，是不太可能的事。当然这是后话。

再回到孝道这个话题上来。司马炎作为开国皇帝，在治国管理、贪图享受、纵容腐败等方面给后人有很多的诟病，但是在以孝治国方面却有不少的成绩。司马炎树立了一个典型——王祥。王祥侍奉后母极其孝顺，为二十四孝之一"卧冰求鲤"的主人公。同时，司马炎对孝子们十分关心。官员王戎与和峤俱以孝称，那一年两人同时遭遇大丧。司马炎知道了这件事之后，就派刘仲雄前往慰问，生怕和峤非常伤心悲哀但不失礼数，会严重影响身体。

上 篇

二十六、名士挽歌：四句雷人的话让他身败名裂

（一）

这是西晋王朝最悲催的一幕。

永嘉五年（公元311年）四月的一天，在东海王司马越病故后，太尉王衍决定秘不发丧，以襄阳王司马范为大将军统令其部，回到东海国安葬。途径苦县宁平城（今河南郸城），他们被率军追来的匈奴石勒大军围追堵截，西晋将士溃不成军。石勒以骑兵围着溃败的十万士众，用弓箭射杀。刹那间，十余万王公、士兵"相践如山"，血流成河，全被歼灭，王衍等人也成了俘虏。至此，八王之乱宣告结束，但同时，这一重要历史事件也敲响了西晋王朝亡国的丧钟。

作为这一幕的主人公，王衍这才领悟到导致人生最大悲剧的根源在哪里。这个一向以男神自居的人物，确实是西晋挺有魅力的男人。论相貌，看到他的第一眼就能吸引你。他端庄清秀，有着一双纤纤玉手，拿着乳白塵尾时人们都分辨不清哪是玉手哪是玉柄了。论口才，他一张嘴就能让你有听下去的欲望。善于清谈的他，经常口若悬河，而且可谓能言善辩，精彩纷呈。论学识，更让你崇拜得不得了。他对老庄思想研究之深之透，为天下士林所瞩目，堪称魏晋风度代表人物。

这样有才、有品位、有格调的人怎么会成为悲催的人？只因为他说过这么四段雷人的话。通过这些话，你就明白他悲剧的命运是怎么炼成的了。

（二）

雷人话语一："你们两个镇守外地，而我留在京师，就可以称得上三窟了。"

王衍出生琅琊王家，字夷甫，是"竹林七贤"之一王戎的堂弟。他靠家族的声望起家，依仗自己所谓的才华，走上仕途，并且一帆风顺，先后担任过中书令、尚书令、司徒、司空与太尉等显赫要职。尽管担负国家重任，但王衍却不认真进行国家治理的工作，只想方设法保全自己。他考虑的只是在纷繁变乱的局势中，如何能够使自己及家族长久生存下去，因此他为自己精心营造了一个退路。当时的青州和荆州都是军事要地，物产也很丰饶。因此，王衍对摄政的东海王司马越说："中原现在已经大乱，应该依靠各地的负责大臣，因此应该选择文武兼备的人才出任地方长官。"于是，他就让自己的弟弟王澄为荆州刺史，族弟王敦为青州刺史，并很得意地对王澄、王敦说："荆州有长江、汉水的坚固，青州有背靠大海的险要。你们两个镇守外地，而我留在京师，就可以称得上三窟了。"

这几个兄弟都是何许人也？王澄骄奢无能，是个成事不足败事有余的主；而王敦就是那个后来起兵叛乱甚至搅乱整个国家与社会安定的人。王衍将自己的两个弟弟如此安排，其目的就是形成"狡兔三窟"，能随时随地脱身避灾。难怪当时有见识的人都很鄙夷王衍，说他是典型的趋利避祸的现实主义者。

（三）

雷人话语二："今天的大事，怎能让我这样一个没有才能的人来担任统帅呢？"

他说这话，正值司马越亡故，众人想共同推举王衍为元帅之时。王衍认为这时战争频繁，因而惧怕不敢担当，就推辞说："我年少时就没有做官的愿望，然而积年累月，升迁到现在的地位。今天的大事，怎能让我这样一个没有才能的人来担任统帅呢？"

国难当头，如果王衍只是一个文人，或者只是一个普通的谋士，讲这句话还情有可原，甚至有人会说他低调谦虚。但他的职务是太尉兼任太傅军司，太尉是中央掌军事的最高官员，太傅军司就是太傅军师，晋朝避司马师讳而改"军师"为"军司"。王衍身负这样两重身份，这个头不是他牵，还能有谁？身为司马越身边的重要人物，他既没有把十万军队交给晋怀帝统一指挥捍卫京师，也没有组织起来奔赴前线与匈奴兵抗衡保家卫国，此时临阵退缩，理由却是这么蹩脚。

其实这个情形在他早年时出现过。由于他当时好谈国事，说得头头是道，晋武帝以为他有治国之才，让他做辽东太守，去守卫边疆。当时正值辽东战事，他吓得赶紧推掉，并发誓从此缄口不论世事，只谈虚说玄，不着边际。在那个年代，口谈虚无，做官则照例署名，又不担任何责任成了士风官风。他们以埋头做事为耻，以不务正业为荣，最终一个个视国家命运于不顾，视百姓生命为草芥，贪鄙成性、争利斗富无所不用其极，演出了中国历史上最为腐朽混乱的一幕活剧。国家大乱已是无可避免，只是苦了天下万千百姓。

（四）

雷人话语三："国家大政方针不是我所能决定的，自己从小就没有从政当官的愿望。"

王衍是一副卑躬屈膝的样子说这话的，希望俘虏他的石勒能高抬贵手，放他一马。此前石勒让被擒获的西晋王公大臣前来与他相见，他以西晋的旧事询问王衍。王衍向他陈说了西晋败亡的原因，并说责任不在自己身上，理由是，国家大政方针不是他所能决定的，自己从小就没有从政当官的愿望。他之所以这么说，无非是想求自身避免祸患。

没想到石勒很生气，说自己没当官的愿望？谁信啊。因为他俩有过交集，二十多年前，十四岁的石勒到洛阳行贩，"倚啸上东门"。王衍"见而异之，谓将为天下患"，认为石勒与众不同将会祸乱天下，马上派人去缉拿他，无奈迟了一步，让石勒逃脱了。

尽管石勒欣赏王衍的风采，却对他清谈误国的行径深恶痛绝。当王衍劝石勒称帝时，石勒一想到王衍鄙陋的为人，心中便怒火中烧，忍无可忍，大骂道："你名声传遍天下，身居显要职位，年轻时即被朝廷重用，一直到头生白发，怎么能说不参与朝廷政事呢？破坏天下，正是你的罪过。"于是，他让手下把王衍押了出去。石勒对他的参谋说："我行走天下多年了，从来没有见过这样的人，还应该让他活下去吗？"参谋说："他是西晋朝廷的三公，一定不会为我们尽力，有什么值得可惜的呢？"石勒说："总之不可用刀刃加害于他。"于是，石勒命令士兵在半夜里推倒墙壁把他压死了。

（五）

雷人话语四："我虽不如古人，但是如果不是追求浮虚，努力为天下做事，绝不会弄到今天这个地步。"

临死前，王衍发出了这番感慨。这段话本身不雷人，而是这个时间由这个人说出来就很雷人了。我都怀疑这是他本人说的，还是后人附会的，这个对清谈如痴如醉的人还会想到这一点？

当初，由于对老庄有很深的研究，王衍谈吐比他人都要深远，更加虚无缥缈，成为名士领袖。王衍得意忘形之余，不小心说错了话，但他能毫无愧意，顺口改过来，当时人称赞他能"口中雌黄"。"口中雌黄""信口雌黄"作为成语一直流传到今天。在他的推动之下，崇尚虚无的清谈之风更盛。

在政治上，王衍依靠家世名气，很年轻就坐到高位。他的避实就虚、清谈玄理，使他在激烈的政治斗争中游刃有余。他先后担任朝廷要职，在他的影响下，这种只清谈玄虚、自命清高、讲究风度、耻于实干成为西晋的政风、官风，朝野翕然。后进之士，莫不景慕于此。清谈成为时尚，国势却每况愈下。"清谈误国"，这个成语说的就是以王衍为代表的西晋名士崇尚虚无、空谈名理、无心国事、终至亡国的故事。

（六）

其实，在王衍担任朝廷要职前，就有两位著名的大臣对他这种清谈的表现很是反感。一个是羊祜，他还是王衍的从舅，王衍母亲的堂兄。晋武帝泰始八年（公元272年），王衍才十七岁，有次他要到羊祜那儿去陈述一些情况。他"词甚清辩"，但羊祜当时就没给他好脸色，王衍也不高兴地拂衣而去。羊祜对在场的嘉宾们说："王夷甫方当以盛名处大位，然败俗伤化，必此人也。"还有一个就是山涛。山涛见到他后，感慨良久说道："何物老妪，生宁馨儿！然误天下苍生者，未必非此人也！"

清谈本身不可怕，可怕之处在于，人们容易利用其高雅的一面，而加以模仿。特别是发现其可以掩盖自身做事不敢负责任的时候，更有意无意地加以利用，最终害己害人。明白人都知道，只有勇于面对，敢于承担，踏实做事，才能真正解决问题，利己利国。

一切历史都是当代史。将西晋亡国之咎归于清谈，既是当时士人痛定思痛的自责和反省，也是后人评说这段历史的共识。鉴于此，了解王衍的历史，并吸取教训，更有利于振兴民族、富强国家。

二十七、活在自己的世界里是这样子的

如果你穿越来到晋朝,肯定会被这一幕所惊倒:一群穿着宽大衣裳男人"神神叨叨"的,几个裸体上街的人被人们用羡慕的眼神所凝望,男人们喷着香水拿着麈尾招摇过市,女人们则大胆尖叫疯狂追逐美男满大街跑。不用惊讶,这就是晋朝。

魏晋人的行为实在太另类,太奇葩了。他们不受规矩的约束,不受世俗的羁绊,想怎么着就怎么着,想怎么舒服就怎么舒服。怎么会这样?这一切都有原因的。

这个原因来自魏晋人对死亡的恐怖和对生命的顿悟。魏晋是中国历史上少有的全社会都充满着死亡恐怖的年代,这种恐怖是全方位的、集体性的。东汉后期以来的自然灾害泛滥,山崩、地震、水旱、蝗虫、瘟疫,此起彼伏,大规模地无情地吞噬着黎民百姓。战争冲突等人祸也在大规模地制造死亡,南北分裂,生灵涂炭。生死瞬间,人生无常。魏晋之前全国人口有五千六百万,等到晋武帝灭吴统一三国之后,全国人口普查仅一千六百多万人,死亡四千万人!

如此庞大恐怖的死亡,必然带来人对于个体生命的思考,因为生命是唯一不可替代的。如何把握有限的人生?他们得出答案:人生苦短,应及时享乐!

据记载,西晋的羊祜镇守襄阳时,喜欢游山玩水,常与友人到岘山饮酒赋诗,终日不倦。他曾经慨然叹息,对友人说:"自有宇宙,便有此山。由来贤达胜士,登此远望,如我与卿者多矣,皆湮灭无闻,使人悲伤。如

上篇

百岁有知,魂魄尤应登此也。"羊祜将人的生命置于亘古永存的山水之间,自然难免生命不永、须臾即逝的无奈与惆怅,言语中有江山依旧、人生短暂的感伤。这样一种看似极不明智的旷世之悲,却是时人的普遍情绪。

于是世人对人生观有了重新认识,归纳起来就是一句话:就是人的自我意识的觉醒。在这种认识驱动下,人显得很自我,很任性,甚至很荒诞,很反常。

这种反常体现在集体上,比如晋朝那时全国上下流行学驴叫,不仅有名,而且蔚然成风。它的起源居然是在文学家王粲的葬礼上,这件事被记载在《世说新语·伤逝》里。王粲去世后,魏文帝曹丕对一同来送葬的人说:"王粲生前喜欢学驴叫,大家都各自学一声驴叫送送他。"于是整个墓地都响起一片奇怪的驴叫声,此起彼伏,好不热闹!在中国传统社会中,为死人送葬是极其庄严肃穆的,儒家对丧葬有一大套繁文缛礼、烦琐规定。但魏晋文人,由皇帝带头,以模仿驴叫的反常方式来为死者送行,寄托对死者的哀思。晋朝社会反常反到丧葬上,可谓到了极限。

这种反常体现在个体上,阮籍就是个典型。魏晋以前,男女授受不亲被认为是理所当然的事,可是阮籍全不放在眼里。一次,他嫂子要回娘家,阮籍不仅为嫂子饯行,好话说了一大堆,还特地送她上路。面对旁人的闲话、非议,阮籍说:"礼法难道是为我辈设的吗?"阮籍喜欢喝酒,他家旁边就是酒店,女主人是个年轻漂亮的小媳妇。阮籍常和王戎去吃酒,醉了就若无其事地躺在人家旁边睡着了,根本不避嫌。那家的丈夫也不认为他有什么不轨的行为。

还有王羲之的儿子王徽之(字子猷)雪夜访戴的故事。《世说新语》记载:

王子猷居山阴,夜大雪,眠觉,开室命酌酒,四望皎然;因起彷徨,咏左思《招隐诗》，忽忆戴安道。时戴在剡，即便乘小船就之，经宿方至，造门不前而返。人问其故，王曰："吾本乘兴而行，兴尽而返，何必见戴！"

位于江南的山阴之地很少下雪，雪夜皎美的景色使富于生活情趣的王徽之油然兴感，想起左思的《招隐诗》，不由得想去剡溪造访一位叫戴逵的高士。估计他这种兴致在于本身的偶发性，并不以功利目的，即不以见不见戴逵为目标。所以他到了那里，居然不进门又折返回去，这在现在人看来无疑就是神经病。南宋义人曾几在《书徐明叔访戴图》中说："不因兴尽回船去，那得山阴一段奇。"对这种反常行为，现代美学家宗白华先生则是赞不绝口，他认为这则故事中蕴含晋朝人唯美生活的意义，也是魏晋风度的表现。

在魏晋人看来，活在世上就要活在自己的乐趣里。他们认为那些儒家理教都是假正经。假正经的人戴着面具，说着言不由衷的话，做着有违人性的事。做人还是本色一点好，随意一点好。思虑重重，瞻前顾后，这样的人活得肯定很累。莎士比亚说过：一个人思虑太多，就失去了做人的乐趣。做人都没有乐趣了，做其他事会有乐趣吗？

当我们读《世说新语》时，收入这部笔记中的大多是汉末以来名士冲决礼法、率真自得、狂诞任放的故事。他们的行动有着明确的追求，这就是抛弃了传统儒家哲学中过于拘执的一些道德说教，而以自己的生命意志来支配行为。

有趣的是，一千年后的西方人也有类似的自我觉醒。但跟晋朝人的觉醒不同，西方人在觉醒之后开始了工业革命。他们的个体意识觉醒，更多考虑人的权利、义务、责任、人之所以为人等问题，形成了西方的人文精神。魏晋人在个体的思考上远逊于文艺复兴的人，因为生产方式没有改变，中国仍是一个农耕大国。当个体无力改变现实的时候，那就及时行

上篇

乐，过好当下，所以形成了魏晋风度。

更有趣的是，晋朝的人个性是觉醒了，人性是解放了，日子看起来是舒服了，生活看起来是幸福了，但是国家却衰亡了。其实，人该做什么，不该做什么，都应该有个底线。不管生命是短暂还是漫长，生命本身并不值得过分忧虑，最值得忧虑的则是我们对于精神追求的缺失。如果甘于自我快乐、自我堕落，而没有家国观念、全局意识的追求，那么后果是不堪设想的。

西晋建兴四年（公元316年）十一月十一日，迎来了这个国家的末日。在经历了三个月的既无粮草又乏兵将的极其艰难的困守之后，西晋末代皇帝司马邺在饥寒交迫、外无援兵的情况下，派侍中宋敞向刘曜送上降书。他自己乘坐羊车，脱去上衣，口衔玉璧，让侍从在后面抬着棺材，率手下仅有的几个大臣面黄肌瘦、摇摇欲倒地从长安城东门出来，向围攻长安的刘曜投降。至此，西晋宣告亡国。

西晋亡国十年后的公元325年，晋朝名将陶侃在治理荆州时对生命有了另一番诠释。他以身作则，为政勤勉，并劝告部下，大禹是圣人，尚且爱惜光阴；我们是普通人，也该爱惜光阴，岂可无所事事游手好闲，活着无益于社会，死后无闻于后代？

一百八十年后的南朝，虽然弥漫着旷世的悲情，充斥着"行散"的名士贵族，但也不乏理智而清醒的人生智者。在政治上很有作为的齐武帝萧颐跟君臣的一次普通对话值得深思，或许，它背后的生命意识已经超越于六朝之外。大臣萧嶷对齐武帝说："自来称颂皇帝寿比南山，万岁万岁万万岁，只是拍马溜须一类的恭维话，而我由衷地祝愿您长命百岁就够了。"齐武帝答说："长命百岁又谈何容易呢？只愿活到将近百岁，人生就算美满了。"在他的意识里，深知应利用有限的生命做一番轰轰烈烈的大事。

二十八、人性之恶：眼睁睁看着西晋灭亡

日薄西山，残阳如血，洛阳城尸骨遍地，一片凄凉。西晋在经历八王之乱和五胡乱华的折腾后，已经摇摇欲坠了。这是嘉平二年（公元312年）时的事。而一年前，也就是永嘉五年（公元311年）的六月，刘聪攻破西晋都城洛阳，俘虏了晋怀帝司马炽。

虽然从表面上来看，是这一场叫"永嘉之乱"的动乱使西晋走到了穷途末路，再也没有转圜的余地。但实际上，在更早的时候，朝臣王浚等人就已经放弃了这个以清谈风流闻名的政权，并且眼睁睁看着它的灭亡。

永康二年（公元301年），正值八王之乱期间，齐王司马冏等人讨伐赵王司马伦时，曾发檄书以召天下豪杰，共同起兵对抗司马伦。然而檄书到王浚势力范围的幽州时，王浚将檄书统统没收，"使其境内士庶不得赴义"，拒绝配合三王的行动。这引起了成都王司马颖的不满，本来想起兵征伐王浚，但因为战事紧张，无暇顾及而作罢。直到永安元年（公元304年），长沙王司马乂被杀，执政的司马颖密令右司马和演杀掉王浚，想吞并他的势力。王浚于是联合鲜卑军伍起兵反抗。

平心而论，担任宁朔将军、持节都督幽州诸军事的王浚拥兵幽州，之前结姻鲜卑外族、拒绝配合三王讨伐赵王司马伦，都是为了自保，并没有什么反抗朝廷的举动。然而在司马颖威胁到他的性命时，王浚却走了一步最狠毒的棋，令天下苍生为司马颖的作为付出相当惨烈的代价。他把鲜卑、乌桓等异族当成他的"左右"伙伴来攻打自己国家的军队，并纵容外族烧杀抢掠，奸淫妇女。他还下令说，有胆敢将妇女藏起来的人统统斩

首,"于是沉于易水者八千人,黔庶荼毒,自此始也"。

王浚引胡人入晋,大肆劫掠烧杀,加上他为政暴虐苛刻,"将吏又贪残,并广占山泽,引水灌田,溃陷冢墓,调发殷烦",很多人不堪忍受,逃入了鲜卑。面对这样的情形,王浚不但不加以警醒,还把劝谏自己的从事韩咸杀了。

自王浚开始,这样的现象贯穿整个东晋南北朝,延续了数百年。戎狄之乱虽然早已有之,汉代霍去病、卫青等人便多次远击匈奴,但后来东晋乃至南北朝三百余年的"五胡乱华",使得天下苍生涂炭,王浚难辞其咎。

看着匈奴的刘渊以及其他异族军队一天天成长壮大,并有虎吞晋朝趋势,这时作为帝国最大的军事力量之一的王浚,却远离京师政治旋涡中心。他为了"自安之计",干脆束手旁观。除了偶尔象征性与入侵的石勒打几次仗外,王浚没别的动作。

与对外敌的不断强大漠然视之相反,他积极地与同僚刘琨争夺冀州地盘。当时刘琨族人刘希奉刘琨命在中山聚集兵众,代郡、上谷郡和广甯郡都投向刘琨。王浚认为刘琨是侵入他的领地,为了夺回不惜撤回原本正在进讨石勒的军队,命他们对抗刘琨,又派联姻的少数民族军队合力攻破并杀害刘希,驱散原本聚集的部众。刘琨见此亦无力与他争夺,只有长叹不已,姑且忍让。

嘉平二年(公元312年),刘琨败于刘聪。很多人为了避乱,又逃到了幽州。王浚便认为自己日益强盛,露出了人性最丑恶的一面,居然生出了谋逆之心。他以父亲王沈表字为"处道",认为是应了"当涂高"的预言。于是乘机承制假立太子,备置百官,列署征镇。他自己自领尚书令,后又安插自己手下亲信出任各个职位。其他人劝谏不是被外调就是被诛杀;同时又继续滥杀无辜,如借别的事诛杀素来对其不满的长史王悌,以及不答应他称帝的北方名贤霍原。他以上种种行为,都令士人愤怒。而同时,因王浚为政苛暴,将吏又贪污残忍,地方工事连连,人民苦不堪言,被逼逃到鲜卑,连一直投靠他的段疾陆眷也背叛了他。加上有旱灾和蝗祸,于是内外离心,士卒疲弱。

夺天下不以民意,但凭强权,焉能长久?正在崛起的石勒想袭击王浚,但不知他的虚实。谋士张宾说,王浚名义上是晋朝的大臣,实际上想废掉晋朝自立为帝,只是怕四海的英雄无人相从罢了。他想得到将军您,就像项羽想得到韩信一样。将军威震天下,现在用谦恭的言辞丰厚的礼物,降低身份去对待他,还怕他不信?一旦诱骗成功,王浚便可被我们手到擒来。

石勒听从建议后,派遣使者带上很多珍宝,给王浚奉表说:"我本来是小小的胡人,遭到饥饿变乱的时局,四处流浪屯守在困厄之地,流窜到冀州,想互相聚集保卫来挽救自己的性命。现在晋朝皇室沦灭,中原无主,殿下是州乡尊贵的名门望族,四海都尊崇。做帝王的人,不是您还有谁?我所以冒死起兵,诛讨凶暴作乱的人,正是为殿下驱除这些强寇妄贼罢了。希望殿下能够应天顺从民意,尽快登上皇位。石勒我尊奉拥戴殿下就像尊奉天地父母一样,殿下体察我的心意,也应该把我当作儿子一样看待呀!"

这一番话像迷魂汤一样把王浚灌得心花怒放。王浚因为段疾陆眷刚刚叛离,士人、百姓又大多离开了自己,听到石勒想来归附自己,大喜过望,对使者说:"石公是当世豪杰,占据有赵、魏地区,却想做我的藩属,这能是真的吗?"使者说:"石将军才能力量都很强盛,确实如您所说。只是因为殿下是中州的尊贵的名门望族,威势达于夷人、华人地区,自古以来有胡人作为辅佐君主的名臣的情况,而没有做帝王的人。石将军不是厌恶帝王的地位而辞让给殿下,只是顾虑因为帝王自有天道气数,不是仅靠才智力量所能取得的,即使强行取得帝位,也一定不被上天与人们所承认的缘故。石将军与殿下相比，就像月亮之于太阳，所以鉴于历史情况，才投身于殿下，这是石将军远见卓识所以远远超过他人的地方，殿下有什么可奇怪的呢？"王浚听后非常高兴，重金酬谢使者。

没多久，石勒的军队到达易水。王浚的督护孙纬急速派人告诉王浚，将要指挥军队阻击石勒。王浚发怒说："石公来，正是要尊奉拥戴我。有敢说攻打的人，杀！"结果王浚中计被石勒所俘虏。

临刑前，石勒挖苦说："你王浚地位高于所有大臣，掌握着强大的军队，却眼睁睁看着朝廷倾覆，竟不去救援，还想尊自己为天子，难道不是凶恶叛逆吗？你又任用奸诈贪婪的小人，残酷虐待百姓，杀死迫害忠良，祸害遍及整个燕土，这是谁的罪呀！"石勒派人在襄国的街市上把王浚杀了。这个有实力而不去救国家于猖獗铁骑之下，救百姓于水深火热之中，欲望膨胀企图狠捞一把的大臣，成为西晋的罪人，被历史所不齿。

下篇

鲁迅先生说，"到东晋，风气变了。由于总体平静，社会思想平静得多，各处都夹入了佛教的思想。再至晋末，乱也看惯了，篡也看惯了，文章便更和平"。(《魏晋风度及文章与药及酒之关系》)

确实，偏安一隅的东晋，一边是英雄枭雄们跃跃欲试的北伐之梦，一边是士族们继续活在自己的清谈世界里，将魏晋风度发挥得淋漓尽致，一切照旧。在他们眼里，有诗歌可下酒，有梦可实现，这才是让他们人生更为充实的方式，而这些远比物质本身来得重要。

名士归名士，治国归治国，但是东晋喜欢把这两者结合在一起。当时流传这么一句话，"殷浩若出，则晋兴；殷浩不出，则晋室危矣"。名望最高的名士殷浩终于出仕了，天下士人泪流满面，奔走相告，国家有救了。朝廷任命殷浩为中军将军、都督五州诸军事。其实等于把北伐的重任交给他。这位清谈水平极高的名士对作战一窍不通，北伐途中，屡屡失误，大败而归。于是殷浩连北伐的正主儿都没遇到，就戏剧性地不了了之。东晋丧失了收复中原的最好良机。日后历次南朝北伐，再也没有这样的机会了。这结局让东晋人情何以堪。

当然，也有正面例子。王导在公务之暇，常与身边的士人清谈玄理，清谈场中的激烈交锋，将南渡士人趋于消极、颓丧的精神振奋起来，逐渐摆脱了国破家亡的悲怆情绪，在新的土地上迅速适应下来。满肚子淝水战略的谢安是一贯抵制"清谈误国"的说法的，那些真正的清谈名士本质上是更为务实的。魏晋风度表现的极致，是陶渊明提出桃花源的设想。知识分子是社会上信仰最为虔诚的一群人，即使政治逼迫他们放浪形骸，他们骨子里也不敢忘掉忧国忧民，陶渊明"归去来兮"最后还是充满政治热情地留下了桃源情结。

难怪有人说，流行性正是纯品格的终结。千秋而下，高谈阔论不绝，觥筹交错不止，风度却只能是魏晋的风度了。

东晋，就让我们从一位名震天下的帅哥说起吧。

二十九、男色崇拜下的全民荒唐和疯狂

永嘉六年（公元312年），西晋发生一起重大事件，一位让世人瞩目的娱乐巨星陨落了。人们差点只叫：苍天啊，大地啊，这样的偶像走了我们怎么活啊。

那个年头，当朝皇帝司马炽被匈奴俘虏，人们可以接受；西晋濒临绝境不逢生的地步，人们可以接受；甚至老百姓纷纷南渡流离失所，人们也可以接受。唯独这位叫卫玠的巨星之死，人们难以接受。

两年前的一幕人们还记忆犹新。永嘉四年（公元310年）的一天，建邺城内（今江苏南京），一条消息在大街小巷疯传。"卫玠要来啦。""我的偶像要来建邺啦。"全城躁动，人们激动不已。尽管这一年，离这千里之外他们的首都洛阳却遭遇了最困难的一年，皇帝和大臣们被匈奴兵围困得严严实实的，城中无米，差点到人吃人的地步。但仿佛这一切跟建邺城里的人毫不相干，该吃吃，该睡睡，该干吗还干吗。此时，他们完全沉浸在卫玠给他们带来的浓浓期盼的氛围里。

卫玠是什么人？卫玠是西晋的男神，是名臣卫瓘的孙子。卫玠从小就出落得一表人才。他五岁的时候就已经皮肤洁白如玉，晶莹剔透，吹弹可破，犹如粉雕玉砌一样，特别惹人喜爱，谁看了丢都忍不住要去捏一把。他每次坐着羊拉的车走在街上，人们就里三层外三层地围着看，交口称赞："这是谁家的玉石雕成的娃娃。"他的祖父卫瓘说："这个孩子和常人不一样，可惜我已经老了，看不到他长大以后的事了。"

成年后的卫玠美貌更是达到了无与伦比的地步。不要说女人，就连

下 篇

男人都要羡慕不已。卫玠的舅舅王济也是个美男子,他对自己的容貌很自信。可是他一看见卫玠后,就觉得自己完全被比下去了。他和卫玠相比,就像石头落在了珍珠里,完全显不出来。王济常说:"珍珠和美玉一样的人在我旁边,我不得不感到自惭形秽。"

西晋永嘉年间,当时中原战乱渐起。卫玠因天下大乱,同母亲南下避难,经过一番辗转,来到了建邺城。消息一传出,建邺可轰动了。人们都报名要围观卫玠,一睹为快。在当时人们的眼里,白富美的男人比女人更吃香。

但是,卫玠这个人虽然有貌有才,可是从小身体就特别弱。他的母亲不让他多说话,怕话说多了伤气。遇到好日子,母亲才让他说几句。卫玠每次都能侃侃而谈,人们对他很佩服。到了南京,王导亲自接见了卫玠,就说:"你虽然细心保养却还是一身病态,竟然连绸缎衣服都撑不起来,连话也不能多说。"

果然,建邺城的粉丝集体出动,看卫玠的人挤成人墙,把他围了个水泄不通。卫玠就在那里不断地向大家挥挥手,讲两句,场景酷似现在的演唱会。一场演唱会下来,偶像的体力消耗很大,所以在举办演唱会之前,往往要提前好几周做体能训练,怕到时候吃不消。卫玠这个男版林黛玉平日就病怏怏的,连谈天都得限制,又如何架得住这众多粉丝的围堵追捧?当即一病不起,一年后他撒手人寰。真是"红颜薄命",当时人都说卫玠是被粉丝们活活看死的,年龄只有二十七岁。

听到噩耗,他的粉丝们无不失声痛哭,纷纷以各种形式纪念他。他死了以后葬在南昌,哭的最伤心的就是长史谢鲲。他说:"国家栋梁死了,我实在是很悲痛。"居然说卫玠是国家栋梁,而且说这话的是朝廷命官。咸和年间,卫玠改葬于江宁。为什么要改葬?理由是南昌离建邺太远,不便人们去凭吊他。拿王导的话来说:"卫玠确实该改葬。此人是风流名士,海内仰望,可以准备薄祭,来勉励旧日好友。"可见王导对卫玠评价之高。卫玠为何会受到如此好评?除了长得美,还有他的清谈。琅琊人王澄有名望,很少推崇别人,每当听到卫玠的言论,就为之叹息倾倒。为此当时的人说:"卫玠谈道,平子绝倒。"王澄与王玄、王济都有盛名,都在卫玠之下,世人说:"王家三子,不如卫家一儿"。卫玠的岳父乐广全国闻名,评论的人认为"岳父像冰一般清明,女婿像玉一样光润"。

在南渡到建邺前,卫玠先到了豫章。当时大司马王敦镇守豫章,王敦见了卫玠之后,对手下说:"这个人讲话犹如金声玉振,没想到在永嘉之年,还能重新听到正始之音。何晏如果听到了,一定会叫绝。"正始年间正是清谈开始兴起的时候,何晏是清谈的创始人之一。他的风度和口才,学识让人佩服。今天王敦说何晏会为卫玠绝倒,确实是个很高的评价。

东晋时,后来又出了一个美男,名叫杜乂,曾经受到王羲之的盛赞。于是,就有好事者问:杜乂是否比得上卫玠?此言一出,就恼怒了很多人,其中一位是谢鲲的儿子谢尚:"说什么呢?他怎么能够跟我们卫玠相提并论呢?两个人之间的距离,还能放不少人哪!"另一名士刘惔也以为,两人的差距不仅仅在相貌上,更重要的是在风神上。

卫玠之洒脱、飘逸和骄傲,是别人模仿不来的。卫玠太美丽了,以致都有点女相了,也可以说他是当时流行的中性审美的渊源和典范。在当时,从洛阳到建康,他的粉丝众多。他的一举一动,都能引起人们的尖叫。在他身上集中了晋代美男偶像的一切重要特征:美貌、白皙、优雅的谈吐以及淡淡的冷漠与哀伤。那个时候帅哥云集,而且那个时候由于社会的混乱,朝不保夕,人们就追求现世的感官美。人们对男性美的看法和其他朝代有很大的不同,男性美是往女性化的方向发展。人们认为身材修长、皮肤白皙、温文尔雅就是男性美的标志,那个时候出了好多这样的美男子。

下 篇

但说到底，卫玠在魏晋时代受到人们青睐，还是与那个时代的个性觉醒有着重要的关系。人们开始了对精神自由的向往，对美好的仪态与气质的追求。所以，这个在政治、文艺、科技、军事等各个领域没有任何作为可言的卫玠，竟然在《晋书》上留有如此浓墨重彩的印迹！这全依赖于他的美貌和清谈。可见美男崇拜已经成为当时的一种文化现象，一个时代的标志。

如果说这是一个朝代的一种特殊局面或者个体现象，则无可厚非。但是一旦成为全民行为，全民追捧，全民疯狂，那则是一个很可怕的问题。所以，在我看来，晋朝，这完全是一个全民娱乐的时代，更像是一个全民沉沦的时代。晋朝的不振，从世风民风就可以看出一个大概。当时的有识之士从东晋的司马睿一复国，就开始担忧，这是不是一个值得托付的王朝。其实，它的人文关怀，它的价值取向，都难以承担起延续国祚、振兴民族的大任。

如果说，对个人的英雄崇拜，是危险的，不可持续的，那么，对个人美色的崇拜，则是低级的，充满疯狂和荒唐的。

三十、名士恩怨：王导是如何误会周伯仁的

这本是一对非常要好的朋友，因为误会，却积怨不浅，以致成了生死冤家。读东晋这段历史，实在让人叹息不已。

王导、周伯仁都是东晋一流的真名士，不管个人风度，还是政治作为，他们二人都是无可挑剔的。王导自不必说，他是东晋开国第一功臣，为江左的安定立下汗马功劳。周伯仁是个很清高的人，从与他有关的一则故事就可以看出

周伯仁画像

这点。一次，庾亮去拜访周伯仁。周伯仁说："您有什么高兴的事呢，怎么忽然胖了起来？"庾亮说："您又有什么忧伤的事呢，怎么忽然瘦了下去？"周伯仁说："我没有什么可忧伤的，只是清净澹泊之志日渐增加，污浊丑秽的思虑日渐去掉而已。"

周伯仁还是个正直的人。一次晋元帝司马睿大宴群臣。正值酒酣歌热之际，晋元帝高兴地说："众位爱卿，今日名臣共聚一堂，纵使是尧舜之时也不过如此吧？"忽有一人在堂下朗声答道："如今的世道怎么能跟尧舜盛世相比呢？"不用说，此人正是周伯仁。晋元帝大怒，做臣僚的岂能如此不懂政治规矩，岂可如此扫皇帝的脸面？于是晋元帝很快下诏

下 篇

书将周伯仁下狱,将择日处死。若干天后,晋元帝愤怒平息,才将周伯仁放出来。大家都前去探望,周伯仁却说:"呵呵,我就知道我死不了,毕竟没犯死罪。"

周伯仁更是个明事理的人。东晋建立后,先是被任命为吏部尚书。后来晋元帝想在尚书的基础上拜他为太子少傅,就是兼任太子的老师。这是何等荣耀的事情,可见晋元帝对他相当信任和器重。但是,周伯仁却上疏推辞。他推辞的理由有三,一是学问有限。他自己认为学问不通一经之术,智能不胜任一官之职。人知足而止很难做到,他未能谨守本分,于是担负了重任,名位超过了实际才干。二是能力有限。这两个职位要求他内管对官员的评定鉴选,又要承担教育训导太子的重任。他说自己如蝉翼一般轻微,而负担千钧的重任,不能胜任之事,是不须识别就明白的。三是恐怕愧对将来。如果他将来受到失职的追究,必会使圣朝蒙受用人不当的耻辱。他既担心又惭愧,不知该怎样办才好。

这样一位名臣跟王导可谓珠联璧合。在《世说新语》上还记载了王导、周伯仁两人亲密无间甚至有些肉麻的故事。

那天,王导枕着周伯仁的大腿,用手指着他的肚子说:"你这里有什么东西?"周伯仁回答说:"这里空空洞洞,没有东西,可是能容纳下几百个像你这样的人。"两个大男人,密切到枕着对方大腿,摸着对方肥大的肚皮聊天的程度,可见已经达到了无话不说,甚至肆意狎昵的地步,可见两人的友情非同一般。

王导对周伯仁的"空洞洞"一直"耿耿于怀"。一次王导和朝廷的其他官员一道饮酒,他举起琉璃碗对周伯仁说:"这个碗腹内空空,还称它是宝器,为什么呢?"周伯仁回答得很巧妙:"这个碗亮晶晶的,确实晶莹澄澈,这就是成为宝器的原因啊。"他俩是对互损却一点不伤感情的朋友。

这么好的朋友后来怎么会成为冤家呢？起因在于王导的堂弟王敦身上。东晋建立不久，晋元帝怕以王导、王敦为代表的琅琊王氏士族势力过于强大，慢慢地重用刘隗等心腹，同时疏远一开始扶持他的王导和在外地专权而手握强兵的王敦。王敦很恼火，就上疏为王导打抱不平。晋元帝没理睬，反而听信小人的谗言，想限制王敦的权力，结果导致王敦起兵叛乱。

"城门失火，殃及池鱼。"一边是他日夜相处的好友兼主子，一边是他的骨肉相连的堂弟，不管王导是如何的忠心，如何想避开矛头，但堂弟的叛乱跟他总有说不清道不明的关系在里头。晋元帝身边的红人兼小人刘隗也想趁机一举除掉政敌王导，于是一个劲儿劝晋元帝将王氏一族满门抄斩。

王导听到这个消息后，那天一大早，便带着王氏子弟跪在宫殿门前请罪，等候皇上发落。

这时恰好遇见周伯仁进宫，王导希望他能替自己说些好话，便叫住说："伯仁，我全家一百多口性命，就全靠你了。"谁知周伯仁连看都没看他一下，径自去了。周伯仁入宫后向晋元帝进言，极力劝晋元帝相信王导的忠君爱国，决不可错杀忠良。王导的忠心和王敦的叛乱完全是两回事，不可混为一谈。晋元帝采纳了他的建议。喜欢喝酒的周伯仁一高兴，又喝多了酒才出来。

此时王导还跪在宫门口谢罪，看见周伯仁出来，又喊他的名字。周伯仁依旧不搭理他，只对左右说："如今杀了这帮贼子，便可换个大官做做。"出宫之后，周伯仁又上书朝廷，坚持说王导不可杀。而王导却不知情，反而非常恨他。

救人者不表功，是周伯仁的做法。而且在这种形势下，周的这种做法是最理智的方法，因为只有这样才能救王导一家。第一他打消了晋元

下 篇

帝的疑虑,他周伯仁完全是出于公心,而不是出于私交而袒护;第二不会授人以柄,尤其是刘隗之流,说他跟王导结党营私,在大是大非面前没了立场。

后来王敦兵入建康,琅琊王氏一族重新又得志。在人事处理上,王敦问王导:"周伯仁、戴若思是人望所在,应当位列三司,这是毫无疑问的了。"王导没吱声。王敦又说:"就算不列三司,也得作个尚书仆射吧?"王导依旧不答。王敦说:"如果不能用他们,就只能杀了他们了。"王导还是不说话。

在好友面临杀剐存留的重要节点时,王导的三缄其口没有表态其实就是最明显的态度。王敦明白了,这个周伯仁让王导彻底失望了。于是王敦下令将周伯仁逮捕下狱,同时遭难的还有一个高官戴若思。

但周伯仁让王敦有两个想不到。

周伯仁临难前的大义凛然让他想不到。被逮捕的周伯仁路过太庙,大声说道:"天地先帝之灵,贼臣王敦倾覆社稷,枉杀忠臣,陵虐天下,神祇有灵,当速杀敦,无令纵毒,以倾王室。"话音未落,左右差役便用戟戳其口,血流满地而周伯仁面不改色,神情自若。周伯仁就这样被杀,时年五十四岁。

朝廷高官居然这么穷让他想不到。周伯仁死后,王敦派部下抄没周伯仁的家,结果只收得空簏子几只,里面装着旧棉絮、酒五瓮、米数石,包括王敦在内的朝臣都叹服周伯仁的清正廉洁。这个官至尚书左仆射,管理权限仅次于帝王的高级领导,家财就这么一点。

当然,最让人心酸的是,周伯仁的死让王导想不到。后来王导在整理中书省文件时,才看到周伯仁极力为他辩白、营救他的奏章,其中言辞恳切,殷勤备至。周伯仁一直在维护他,只是不在他面前表示出来而已。想到自己不负责的沉默,一股强烈的负罪感涌上王导心头。他回家后对家人痛哭说："我虽然没有直接杀死伯仁，可伯仁却是因我而死。幽冥之中，我对不起这个良友呀！"

真正名士的风范就是这样，不由得让我们敬佩和折服！

有人说，读了这段历史，看来做了好事要及时说出来。其实不必，因为历史自有公论，良心自在人间。

下 篇

三十一、你说我糊涂，但后人会怀念我这种糊涂的

那个寒冷的冬天，西晋灭亡了。逃到南方的一些士族对永嘉之乱的惨痛教训进行反思，将亡国之罪归因于在西晋时期极为盛行的玄学，在它的影响下的"清谈误国"。东晋将领应詹指责："元康以来，贱经尚道，以玄虚宏放为夷达，以儒术清俭为鄙俗。望白署空，显以台衡之望；寻文谨案，目以兰薰之器。永嘉之弊，未必不由此也。"另一名臣卞壸也痛斥尚清谈慕通达的贵族子弟，称其"悖礼伤教，罪莫斯甚"，指出"中朝（西晋）倾覆，实由于此"。

教训是惨痛的，本应有如此教训，天下士人应猛然警醒。然而，奇怪的是，身为东晋王朝首辅的王导不仅不制止，反而还积极推行清谈，没有人比他更懂得清谈的内涵外延，没有人比他更热衷于清谈之风，这是为什么呢？

难道王导也糊涂了？渡江之初，士气低落。过江人士，每每休息时间经常到新亭饮宴。在一次聚会时，名士周顗叹气说："风景跟往昔一样，江山却换了主人。"在座的名士听了都不禁伤心落泪。王导当场拉下脸说："应当共同合力效忠朝廷，最终光复祖国，怎么可以相对哭泣如同亡国奴一样！"众人于是停止哭泣，表示认错。

其实，对于司马皇族如何在江东站住脚跟，如何将晋朝国祚予以延续，王导比谁都着急。不过，此时的他面临三大难题：南人的排斥，士族的悲观，人们对朝廷的普遍不信任。

难题归难题，王导还是经常跟名士们清谈至深夜甚至通宵达旦。《世

说新语·文学》记载："殷中军为庾公长史，下都，王丞相为之集，桓公、王长史、王蓝田、谢镇西并在。丞相自起解帐带麈尾，语殷曰：'身今日与君共谈析理。'既共清言，遂达三更。"《世说新语·赏誉》云："王丞相招祖约夜语，至晓不眠。"

以王导的特殊身份和顶尖水平，他无疑是建康清谈界的核心人物。在他推动下，清谈蔚然成风。这固然是因为他对老庄玄学有浓厚兴趣，其实他还有自己的打算，就是为了稳固江东政局并以清谈的方式向士人宣传其政治观点。

凝聚南渡士族的心。《晋书·王导传》载，桓彝与王导"极谈世事"之后，原本因"朝廷微弱"而忧惧失望的心情为之一变。他对人说："向见管夷吾，无复忧矣。"《世说新语·言语》记载：温峤见王导，"既出，欢然叹曰：'江左自有管夷吾，此复何忧？'"为了让南渡士族在最短的时间内从国破家亡的伤感情绪中解脱出来，进而振奋精神，鼎力支持新政权，王导一方面保障他们在政权中的核心地位，另一方面，就是为南渡士族创造一个熟悉的文化氛围，让其精神有所寄托。南渡士族多来自京洛地区，最熟悉的莫过于玄学清谈。所以，王导在公务之暇，常与身边的士人清谈玄理。通过清谈场中的激烈交锋，南渡士人趋于消极、颓丧的精神逐渐振奋起来，逐渐摆脱了国破家亡的悲怆情绪，他们在新的土地上迅速适应下来。

笼络南方士族的心。由于南北文化的差异，王导以中原士族领袖和东晋首辅的身份，竭力将玄学介绍给南方士族，希望以此沟通南北文化，消除南北士族之间的心理隔阂。以王导为代表的北方士族在江东政权中占有绝对优势，既有引领文化潮流的可能，更兼北方士族本身具有的名士风度，使他们在文化方面有巨大的感染力。经过王导等人的努力，南方士族熟悉了玄学清谈，理解了玄学中蕴含的清静无为的理论，进而意识到这是

下 篇

一种有利于门阀士族统治的政治理论。正是在此基础上，南北大族的思想得到了统一。《晋书·王导传》载：苏峻之乱后，"帑藏空竭，库中惟有练数千端，鬻之不售，而国用不给。导患之，乃与朝贤俱制练布单衣，于是士人翕然竞服之，练遂踊贵"。王导等人的服饰用具、音容笑貌都为南人刻意效仿，他们擅长的玄学清谈亦逐渐为南方士族接受，甚至风靡江东。最后，不善清谈者，纵得高官，亦不为世人所重。

通过清谈遏制腐败。在江东，王导大力宣导《养生论》，正是利用其"清虚静态，少私寡欲"的思想，指导当时士人的生活。西晋士人奢侈无度，奢靡之风愈演愈烈。为了支持豪奢的生活，他们多不择手段聚敛财富。奢侈浪费的庞大生活开支，越来越沉重地压在人民身上，激化了国内的阶级矛盾，流民起义遍及全国。官场的腐化，导致国家机器运转不灵，无力应付"八王之乱"和晋末流民起义带来的政治危机和社会混乱，不仅削弱了西晋王朝的统治力量，还给少数民族入主中原提供了可乘之机。在内外交困中，西晋政权结束了自己的统治。

南渡后，王导以政治家的敏感深深意识到"公卿世族，豪侈相高"，"群公卿士，皆厌于安息"是"政教陵迟"。中原大乱的重要原因，倘旧习不改，江南亦难免沦丧。何况，渡江之初，财政困难，"公私匮竭，仓庾未充"。于是，他广泛宣传"清虚静态，少私寡欲"。在他的影响下，士人不再追求穷奢极欲的生活。他们但求"足"而不求"富"，崇尚清高淡雅。

更有意思的是，王导通过清谈来推行他的无为之治，经常围绕《声无哀乐论》来展开清谈，即利用此文崇尚自然的哲学思想，推行清静无为的政治方针。他对百姓行惠益之政，宽众息役，保证农业生产的正常进行。王导之所以能立国历五朝之久，内安外攘者，就是这个原因。王导之后的执政者，奉行清静无为方针的，多能保持政局稳定。而东晋的几次政局动荡，也正是执政者改变此方针的结果。经过几次反复，王导制定的清静无为的治国方针，成为举国上下共同遵循的基本国策，"荆扬晏安，户口殷实"，使东晋最终能够立足江南并持续百余年统治。

同时期以益州为根据地的成汉政权开国皇帝李雄，也推行清静无为的政策，不去扰民，与民便利。西晋末期造成的天怨人怒，主要原因是官府统治残暴，苛捐杂税太多。李雄认为只要反其行之就能安定，富国强民。结果他在蜀地稳定地治理了30年。

清谈还能发挥这么大的作用，听起来好像是笑话，但王导做到了。尽管当时的人以及后来的人有不理解他的，但是在王导的愦愦之政的指引下，东晋王朝就这样安而复危、危而复安地持续着。王夫之谓王导"内戢强臣，外御狄患，暇则从容谈说，自托风流"，对其一生作了相当高的评价。

据《世说新语》记载：他晚年，继续热衷他的清谈，完全不理政务，文件也不看，就直接签字了事。他自己感叹道："人们说我糊涂，但后人会怀念我这种糊涂的。"是啊，谁知道谁又能理解他的苦衷，这是执行其安抚士族、缓和与长江上下游势力矛盾的举措。

这时，我想起俄国作家车尔尼雪夫斯基的一句话，"要是一个人的全部人格、全部生活都奉献给一种道德追求，要是他拥有这样的力量，一切其他的人在这方面和这个人相比起来都显得渺小的时候，那我们在这个人的身上就看到崇高的善。"——王导大概就属于这样的人。

下 篇

三十二、越是让他做官,他越是极力推辞

最近偶读《诗刊》副主编李少君的《隐居》,对隐居生活有了一番新认识,很受启发。

"晨起三件事/推窗纳鸟鸣,浇花闻芳香/庭前洒水扫落叶/然后,穿越青草地去买菜/归来小亭读闲书/间以,洗衣以作休闲/打坐以作调息/旁看娇妻小烹调/夜晚,井边沐浴以净身/园中小立仰看月。"

"小隐隐于野,中隐隐于市,大隐隐于朝。"李主编隐于都市的水泥钢筋丛林之中,隐于现代文明的大背景之下。"隐士"情怀,就在于他安于自然、崇尚"静"的生活状态和"淡"的生存态度之中。其实,这种隐居生活隐士文化在魏晋时候就非常流行,唯一有区别的是,李主编隐居在都市,魏晋人隐居在山林。

晋朝的隐士,其实都有自己的追求和志趣。不过,有的人确实是厌恶官场生活,隐居后,或消极无所求,或致力于文化研究。有的人隐居后,仍然关心国家大事,人在野心在朝。如陶弘景隐居山中,从事道、儒、佛的研究,但仍为朝廷谋划大事,被称为"山中宰相"。但更多的人是以隐求仕的假隐居,隐居为出仕做准备,如孔子所说的"隐居以求志",而非消极无所求。

于是,当时的人时常在纠结这样一个问题:我是去做官呢,还是去做隐士呢?一个奇怪的现象也油然而生,朝廷越想让某人做官,他越会推辞,说他很看淡功名利禄,一心只想做隐士。结果导致不推辞数次都体现不出他的价值来。

来自陈郡长平的殷浩，清谈水平很高，见识度量清明高远，年少负有美名，尤其精通玄理，与他的叔父殷融都酷爱《老子》《易经》。殷融舌战辩论斗不过殷浩，殷浩因此被那些风流辩士们所推崇。太尉、司徒、司空三府征召殷浩为官，他都推辞不就任。

但后来殷浩还是出来做官了，像他这种高水平的人在官场上如鱼得水，很快就做到司徒长史，相当于现在国务院的秘书长。然而此时他却突然辞官不做，一时舆论哗然。无数名流纷纷劝他重新出来做官，他都一一予以拒绝，而且一隐就是十年。"于时拟之管、葛。"当时把他评价为管仲、诸葛亮，殷浩不出天下苍生怎么办。他是东晋第一个得到这个评价的，可见他的地位之高。

十年间，他的名声达到了顶点，他愈不出，就愈显高洁，而声望愈隆，朝廷为了让他出仕开出的价码愈高。最终，殷浩出仕了。永和二年，在褚裒的保荐，会稽王司马昱的劝说下，他出任建武将军兼扬州刺史。天下士人泪流满面，奔走相告，国家有救了。

谢安也是先隐再出仕。他从四岁起到弱冠之年，就从当时几位地位显赫的士族那里得到极高评价。但谢安并没有急不可待地出来做官，他采取了欲仕故隐、待价而沽的办法。他拒绝了无数次征辟，甚至因历年征召不应，结果惹怒了朝中大臣，被建议为禁锢终身。但这些并没有吓住谢安，反而继续他的隐居、吟唱、诗酒、清谈生活。他或者躲在石洞中美滋滋地慨叹："此去伯夷何远？"或者与王羲之、孙绰等人游弋山水。一时间，他几乎成了高洁隐士的象征。但是，他仍然逃不过明眼人的眼睛。谢安早年在东山隐居养伎。司马昱说："谢安一定会出山。他既然能与人同乐，也不能不与人同忧。"司马昱已经看出谢安出山的必然性，只是时机未到而已。

其实，连谢安自己也在平时中透露出将来未必不出仕的意思。当初

下 篇

谢安在东山隐居的时候，自家的兄弟有的已经富贵起来，经常是高朋满座，权贵接踵。妻子和谢安开玩笑说："大丈夫难道不应当如此吗？"谢安捏着鼻子笑着说："恐怕我也免不了这样吧！"这里的"免不了"，除了自己未必不出的意思外，可能还有惮于时势、不得不出的意思。果然，在一代枭雄桓温的压力下，他出任桓温手下司马。据《世说新语》记载，谢安当初在东山隐居时，朝廷屡次要他出仕，都被他拒绝。后来出任桓温手下的司马，上任前要从新亭出发，朝中的官员都来为他送行。当时担任御史中丞的高灵，也来为他送行。高灵先前喝了点酒，仗着酒意，对谢安开玩笑说："你屡次违抗朝廷命令，高卧东山。大家都经常议论说谢安不肯出来做官，将如何面对百姓？如今百姓又该怎么面对你呢？"谢安笑着不回答，估计他在想，你小子懂个屁。

可见在晋朝，有隐逸情怀的士人不少，但真正的隐士却不多。隐逸情怀是人生的一种调剂，而真正的隐士却要耐得住寂寞。多数的人出仕入仕，所以政局的变化也就与他们息息相关。家国情怀似乎是中国士人的一种根性，于是他们制造了一种淡泊名利的假象。其实他们还是"风声雨声读书声，声声入耳；家事国事天下事，事事关心"。

当时也有人对这种假隐居以获仕途的做法持否定态度，就是东晋的名臣卞壶。他认为不管是真隐还是假隐，都是隐士们在逃避现实，他们应负国家衰亡之责；隐逸不宜提倡，年轻人隐逸不仅不宜提倡，还应加以反对。

朝征要征召南阳人乐谟和颍川人庾怡分别担任郡中正和廷尉评，这可是好事。但不知道是嫌弃职位低，还是直接答应怕掉身价，这两人死活不肯去上任，理由也不直接说自己想隐居，均称父亲不同意。他们找了个孝道的借口，不去就任。卞壶就上奏皇帝说："人都是父母生的，职位都是因事情需要而设置的。作为父母，必然会对子女们有所要求。而职位呢，也必然有喜欢和不喜欢的。如果每一个父母都不允许他们的儿子担任他们不喜欢的职位，那么，国家这些急需用人的职位不就废弃了吗？这样下去，古先圣贤的训导不就成了一纸空文了吗？君臣之间的上下级关系不就散乱了吗？人臣不应以私废公！"大家都觉得卞壶说得在理。最后乐谟和庾怡二人只得上任了。

魏晋以隐求仕的这般做法被唐代的卢藏用运用得淋漓尽致。刘肃《大唐新语·隐逸》记，卢藏用考中进士，先去长安南的终南山隐居，等待朝廷征召。后来他果然以高士被聘，被朝廷授官左拾遗。后来，另一隐士司马承祯亦被征召而坚持不仕，欲归山。卢藏用送之，指着终南山云："此中大有嘉处。"这就是"终南捷径"。用这种隐居手段以求高官者，实非真正的隐士。

对隐居和做官，南开大学文学院教授、博导宁稼雨一语中：皇权一方既要用隐士来装潢门面，又要避免隐逸之风可能产生的不安定因素；隐士一方既要追求独立意识，又不得不承认为人君之臣民的现实，即尽管"道"优于"势"，可又不得不服从"势"的绝对统治。于是，双方如同一对命里注定的冤家，彼此互相排斥，而又互相吸引。

文末，我突然想起另外一层意思，如果一个人既有隐者心态，又有仕者干劲，那是不是国家有幸，黎民有福了。隐士的心态，就意味着对物的超脱，对权的淡泊；仕者的干劲，就意味着对国家的忠心，对责任的担当。两者相融，那就是最完美的结合了。

下 篇

三十三、新亭：它不是景点，却一亭勾起了千年历史

东晋跟南京有关。都说南京是个让人心酸的城市，秦淮河畔的烟雨总是很多，惆怅到让人心酸无奈。魏晋南北朝的历史给这座城市增添了一种忧郁的情怀。

南京跟新亭有关。新亭这个以文人雅集著称的地方，见证了东晋的荣华兴衰，从而成为了一个朝代标志。今天我们已经找不到吴宫花草和东晋殿堂，雕栏玉砌也被现代文明的水泥钢筋压碎了，但新亭的历史厚重感依然存在。

读魏晋南北朝的历史，有三处跟新亭有关。

西晋末年，中原经过八王之乱和永嘉之祸后，北方大片土地落入胡人之手。北方士族豪门纷纷举家南迁，渡江南下的占十之六七，史称"衣冠南渡"。每逢天气晴和的日子，大家常常相约到南京城的西南郊新亭宴饮。朝中重臣、大名士周顗大发悲叹："这里风景还不错，却不再是中原的大好河山！"在座的人听了这句话，遥想当年盛况，不由纷纷悲由心生，泪目相对，唏嘘一片。这时东晋建政伊始，南渡的北方士族刚刚在南京站稳脚，绝不能让这股消极的情绪蔓延开去。只见在场的丞相王导正色道："大家正应当同心戮力，报效朝廷，收复中原，怎能一味相对悲泣，不图振作呢？"众人听王导这么说，十分惭愧，立即振作起来。

新亭雅聚延续了老传统。当年在洛水边，名士高门定期聚众举办酒会，清谈阔论，极兴而归，形成了一个极其风雅的传统。此时在长江边，

晋风——魏晋风度现象的另类解读

王导及时打消了北方士人们的消极情绪,这便是史上非常著名的新亭会。王导也说到做到,一生辅佐了东晋三代皇帝,维护了江南的安定与发展。新亭,从此成为文人笔下"不畏挫折、刚毅奋发"的精神符号。后世咏叹国破家亡的诗词歌赋里常常见到的"风景殊异""新亭会""江河"等词语,就是来自此次新亭会。

四百年后,安史之乱的时候,李白也遭遇类似情况。由于安禄山的叛军逼近,使唐朝皇帝离开长安向西逃窜。当时李白很希望唐军能从南边开辟第二战线,那样就可以迅速消灭安禄山的叛军。李白在《金陵新亭》发出感叹:"金陵风景好,豪士集新亭。举目山河异,偏伤周顗情。四坐楚囚悲,不忧社稷倾。王公何慷慨,千载仰雄名。"只可惜后来的皇室内部的权利之争害了李白,也害了中原人民,以至安史之乱的余波竟然持续十几年,唐朝也因此走上衰败的道路。

根据各种文献记载,新亭不仅是一处文人墨客聚会、迎送亲朋好友之处,也是魏晋南北朝时期长江边的重要军事营垒。

最早在新亭驻军的是东晋的征西大将军桓温。东晋简文帝司马昱死后,桓温入赴金陵,"止新亭,大陈兵卫",威胁朝廷,向辅政的谢安和王坦之"讨个说法"。当时王坦之非常害怕,问谢安怎么办,谢安说:"晋祚存亡,在此一行。"王、谢二人都是朝廷重臣,谢安又是风流名士的代表,且是桓温的旧部。因此桓温虽然暗藏杀机,表面上还是以邀二人到新亭宴集、叙旧为名,地点就选在这座亭子里。这里地势高峻,且山顶开阔,可容数千人,是中军大帐的所在地,而且在亭子四周埋伏一些刀斧手是很容易的事。对王、谢来说,这其实是一场新亭"鸿门宴"。二人如约来到新亭,见了桓温。王坦之汗流沾衣,连奏事的朝笏都拿倒了。而谢安从容镇静地入席而坐,问候完毕对桓温说:"我听说古时候有道的诸侯、大臣,他们的边境在很远的地方,明公今天怎么在墙后布置起兵来了?"桓温不好意思，传令撤去伏兵。谢安临危不惧，谈笑间为东晋朝廷避免了一场颠覆政权的战争。新亭，见证了一位真正名士的风流魅力。

新亭紧靠长江边，还是南朝时代建康的西南要塞和门户所在。

南朝宋元嘉三十年（公元453年）正月，二十四岁的刘骏曾在新亭修建营垒，击溃弑父篡位的元凶刘劭。后来，他即帝位于建康，史称孝武帝。刘骏改新亭为中兴亭，亦称"旷野寺"，使之成为一代帝王登基的见证。不过让人遗憾的是，刘骏夺取帝位后，刘宋王朝从此走向衰落。一方面，刘骏在位期间，担心各兄弟藩王会对自己不利，便不惜骨肉相残，刘氏宗室惨遭此大劫，势力开始削弱。另一方面，这个南朝宋诸帝中很有才华的诗人皇帝，在位期间贪图享乐，荒淫腐败，不理朝事，致使朝纲混乱，官风日败。

当历史照进现实，人们都很想知道新亭到底在南京什么地方？我百度了下，不论官方、学术界，还是民间的，都对新亭的具体位置产生极大兴趣。甚至在一次重要的研讨会上，研究者们把"新亭的位置"作为重大课题来研究。

南京历代地方志书、文人笔记中对"新亭"屡有提及，只是记载得较为简略。六朝之后的唐、宋，都有人考证，大致认为其位置在南京的西南郊、菊花台公园以南的一个小山冈上。但更准确的位置信息，就没人知道了。

宋《太平寰宇记》中说："临沧观在劳山，山上有亭七间，名曰新亭。吴所筑，宋改为新亭。"这段记载指出了新亭位于劳山，始建于东吴；《方舆览胜》中说："新亭，在建康府城南十五里。"这则记载指出了新亭的位置，即宋代建康府府治南面十五里；《江南通志》说："新亭，在江宁府十五里，俯近江渚，一名中兴亭"……各种各样的记载都指出了新亭，在南京的城南或者西南方向，大致在今天的雨花台区境内。

清代诗人余怀曾经写过一首《新亭》。在这首诗前面的小序里,余怀如此描述新亭:"宋孝武入讨元凶劭,柳元景垒筑新亭。今石子冈即其处。"这段文字指出,南朝宋的时候,新亭可能经过一次重建。而更重要的是,新亭的位置变得明确起来,它位于石子冈(石子岗)上面。

因此,有专家指出,新亭的历史坐标位置,其实就是在如今的安德门菊花台一带。20世纪90年代,新亭曾经复建于水西门广场,那是找错了地方。有人说,如果能够在石子冈一带重建新亭,再现这一历史建筑的面貌,那会是一件很有意义的事件。

我对南京的印象仍然停留在数年前。那年我到南京旅游,去感受了下南京作为六朝古都的魅力。驱车行驶在江桥之上,停歇于广厦之间,石头虎踞的辉煌,诱发寻古的幽思;雕栏玉砌的烟硝,萌生秋月的唱晚。或许,正是这里的山,这里的水,流连着辉煌与败落、文明与野蛮、不屈与偏安,溅染成这块土地的主色调。

六朝古都留下的山、流淌的水还在。往事悠悠君莫问,回头,槛外长江空自流。悠悠秦淮水,流淌着多少故事。但古都的荡气回肠早已成为历史的记忆。魏晋风度已离我们远去了,而现代文明的风情,迎合了色彩斑斓的时尚男女的兴致。毕竟,一朝倾逝,物竞天择。往事已经渺若鸿影,而新的文明正在向我们迎面走来……

下 篇

三十四、看看这位官场术士的规矩：
凡做事先摸自己的良心

晋朝最权威的占卜大师郭璞到建康之后，王导对他很赏识，招为幕僚。后来他又被司马睿看中，任为著作佐郎。因为母亲去世，郭璞辞官守孝。他期满归来后，王敦听说他的才华，引为记室参军，相当于秘书之一。

王敦是个很有野心的人，一直有意篡逆自立。在他将要起兵叛乱时，大臣庾亮受朝廷委派到王敦的部队驻地于湖慰问王敦，

郭璞塑像

随后密会王敦麾下左司马温峤。两人又偷偷找到郭璞，恳请郭大师稍开金口，预测一下王敦的生死。郭璞沉默不语。温、庾二人头脑转得快，赶紧绕道迂回，问："请大师算算我们的吉凶吧。"郭璞回答很干脆："大吉。"温、庾出门后大喜，彼此心照不宣：这是暗示王师必胜，王敦必败啊。其实，郭璞换个方式回答前一个占卜结果，间接劝朝廷讨伐逆臣。

王敦尽管有强烈的篡位欲望，但他对起事的信心又没底，所以一直拖到病重快死时，才匆忙发兵攻打京城。发兵前，他把郭璞喊了过来，要他算算自己的吉凶。郭璞占卜之后，直截了当地说："不会成功。"出师前岂

可如此泼冷水？王敦强忍着怒火，冷冷地说："那你再为我占一卦，看我寿命长短。"郭璞回答："根据刚才的卦，你若是起兵，不久就有大祸；若是退兵回武昌，寿长不可限量。"为了使国家不受折腾百姓不受涂炭，郭璞力劝王敦悬崖勒马。

但王敦已失去了理智，大怒道："你的寿命你知道吗？"郭璞说："我会死在今天中午。"王敦下令把他抓起来，命人押到南冈。郭璞果然在中午时分被处死，终年四十九岁。

郭璞为坚持政治底线和个人良知付出了生命代价。本来，郭璞完全可以这么做：念念有词，胡诌一通，然后在王敦身上洒几滴所谓的神水，说您王大将军红光满面这一战肯定能水到渠成，前途无量。你说对了，人家认为你很神；如果你说错了，人家也不会追责你。因为占卜本来就是猜测的，本来就是不靠谱，本来就是玄幻的，这样一说，说不定郭璞还会飞黄腾达呢？

但是郭璞没有那样做，他的政治修养估计跟他的父亲有关。他的父亲郭瑗，曾担任过尚书都令史。当时尚书杜预对朝廷制度进行了一些增减调整，郭瑗常常予以辩驳纠正，因此以公正端方著称。后来，郭璞死在建平太守任上。郭璞在父亲的影响下，坚持原则，爱憎分明。他喜好经书学术，学问渊博而有大才，他的辞赋自东晋中兴以来首屈一指。

此前的晋惠帝、晋怀帝之际，河东之地首先出现了骚乱。郭璞卜了一卦，丢下书策长叹一声说："哎呀，老百姓将要陷于异族统治之下了，故乡之地将要受到匈奴的蹂躏啊。"于是他联络了亲戚朋友数十家，迁移到东南去避难。由于郭璞的占卦水平确实很高，晋元帝司马睿非常器重他。

郭璞经常利用一些占卜的机会给皇帝上奏疏提建议。那年阴阳错乱，从秋天开始阴雨连绵不断。各地郡县都有暴雨，洪水泛滥，收成管不到年底，而且阴雨一直延续到第二年。当时又恰逢朝廷大兴诉讼刑狱之事，于

下篇

是郭璞把两者结合了起来，向皇帝上疏建议说：

我认为虽然我朝逢火之祥，下这么长久的雨，还是因为刑狱繁多，怨愤之气所致。皇上您要重视这件事啊，不然，恐怕将来一定会有不止的天灾、山崩地震日食之变、暴恶奸狠的妖孽，更会增加陛下的劳苦和忧虑。根据卦爻辞上的话："君子应赦免过失宽恕罪恶。""知道有祸患而预防它。"我认为应该发布哀怜百姓的诏书，公布自己的过失责任，清理排除弊端，光明正大广布恩惠，使那些幽禁将死的人和苍生百姓一样得以快活地生存，让淤积的阴邪之气随着春风而吹散。这也是随时而改变方法，启开壅塞而委曲以求成。

郭璞还指出，对老百姓扶持爱护的恩情还未广布，而严施刑法的风气已很浓厚了；治理国家的方略还未齐备，可约束民众的法规却经常变迁。法令不统一会使民众困惑不知所从，职务升迁频繁必定会滋长一些人的野心，官方不明察就会产生弊政，奖惩不明则会使善恶混淆，这都是管理国家的人要慎重对待的。

接到此疏奏，晋元帝司马睿很是赞赏，下诏给予了答复，并表示要根据郭璞的建议去做。

在参与朝政时，郭璞总会摸着自己的良心说话办事。没过多久，太阳上出现了黑气，这其实是我们现在所说的太阳黑子，是正常现象，是太阳表面一种炽热气体的巨大漩涡，温度大约为4500摄氏度。因为比太阳的光球层表面温度要低1000到2000摄氏度，所以看上去像一些深暗色的斑点。但在古代，属于异常天象。史书曾有这样记载："公元前28年，三月乙未，日出黄，有黑气大如钱，居日中央。"于是，有强烈忧国忧民意识的郭璞又借题发挥了，上疏说：

上天与人虽相隔很远却息息相关，如形与影一样相互呼应。出现黑气说明阳气还不旺盛，阴气淤积还很浓厚。皇上若施以德政，就会呈现祥瑞，若怠惰荒戏，就会出现灾变。我听说君主有过多的快乐，国家就会陷入不幸之中。当今圣朝英明深谋远虑，应开启四门以纳入光辉，收集舆论以观民心，何况臣置身于朝班之中，能不竭尽忠诚以进谏吗！

他的数次上书，所言便公益民，对朝政多有匡益。不久，由于郭璞出色的表现，升迁为尚书郎。永昌元年（公元322年），皇孙诞生，郭璞上疏，再次恳请皇帝要居安思危、广布恩泽。他说："现今皇孙诞生，上天使帝业有了继承者，天下百姓恭敬顺从，希望沾沐雨露之恩。可今年岁逢壬午，我朝运属金而以午为忌。应该乘此时广布恩泽，则会消除火气不会再生灾变。然后申明法典，整顿吏治，平息上天的怨心，宽慰安定人心，百姓有福，祯祥必定会出现。"

在郭璞看来，有道的圣明之君没有谁不认为居于危难之中，而昏乱的君王都觉得自己一切都平平安安。虽存而不忘亡的危险，所以夏商周三代得以兴隆；快要灭亡了还觉得自己地位很牢固，这三代之末所以都灭亡了。正是这种理念支撑了郭璞，他觉得，历代的明主都会接受忠诚的谏规，以纠正缺失，批评得严厉直切，正好用来改正错误。

不管是江湖术士，还是官场术士，浑水摸鱼、指鹿为马、颠倒黑白、大捞好处是常有的事情。但读《晋书·郭璞传》，这哪是一个口中念念有词手舞足蹈装疯弄傻的术士，分明是借天道、气象讽谏皇帝的有良知的官员，不会比魏徵差多少。

除此之外，顺便值得一提的是，郭璞对政治的发展趋势的判断很是精准。他预言，东晋之后中国还要分裂，江东还有"王气"，三百年后将会重新统一。据《资治通鉴·陈纪十》记载，公元581年，隋军进攻南陈。

下 篇

兵临江边，随晋王杨广南征的宰相高颎与内史侍郎薛道衡有过这样的对话。高颎问："今兹大举，江东必可克乎？"薛道衡答："克之，尝闻郭璞有言，江东分王三百年，复与中国合。"

从司马睿于公元314年据建康建立东晋起，经宋、齐、梁、陈四朝，到公元589年隋灭掉南陈，统一全国，期间经历二百七十五年。中国长期分裂状态未到三百年就统一了，比郭璞的预言还提前了二十五年。分久必合，合久必分。郭璞占卜的神奇之处就在于，他正确地估计了当时的形势，摸准了中国历史发展规律。

今天我们读千年前的人物郭璞，仍有不少借鉴意义。

孟子说，做人行事，要仰无愧于天，俯不怍于地。其实质就是要无愧于良心。然而当今正处于社会转型期，一些人道德观念出现了迷失，甚至连做人的最基本的良知都出现溃守。良心是为官之本，能不违民心、不愧良心，说真话、干实事，忠于职守、自律自重。如此凡事先摸自己的良心，凭着良心做事，我们的社会必定要清净纯洁许多。

使人做自己举止行为最严厉的评判者的力量是什么？是良心，它成为行为和理智的捍卫者。很多时候，良心是一种神奇的力量，你学会感知它，抚摸它，它就可能把你从危险的边缘拉回正道。相反，漠视良心的存在，人们的行为往往就会因失去良心的约束，而偏离了正确的轨道。

让老百姓在背后戳脊梁骨说自己昧良心，对于一个领导干部来说，没有比这更让人难堪、让人警醒的评论。这个方面，我们确实要好好学学郭璞。

三十五、人这辈子只需做对一件事就可以了

公元362年5月，东晋发生一件大事，权倾朝廷炙手可热的桓温向皇帝建议，从建康迁都到洛阳。桓温北伐数年，已经逐渐收复黄河以南的大片失地。他在给朝廷的奏疏中要求："自永嘉之乱播流江表者，请一切北徙，以实河南，资其旧业，反其土宇。"意思在迁都的同时，把所有当时南渡的人一律迁往北方老家，在北方发展生产，巩固河洛一带。

迁都在古代是件非常重大而敏感的事情，明朝崇祯皇帝到死也不愿迁都就很能说明问题，因为它直接关系到国计民生、政权稳定，哪个皇帝都不会轻言迁都。何况在当时看来，迁都洛阳的现实条件根本不具备。

明眼人都知道，桓温主张迁都表面是为了有利北伐的进展，其实是捞取政治资本，为了更好地驾驭朝廷。此奏疏一上，皇帝犹豫不决，朝廷大臣更是噤若寒蝉。此时让人意外的是，散骑常侍领著作郎的孙绰挺身而出表示反对。这个担任类似于现在重要领导机关的秘书或者顾问的官员一向沉迷玄学，不怎么关心政治，怎么在此时敢于发表意见呢？

孙绰反对的理由有三：第一，江东政权为什么能持续至今，主要原因就是划江而治；第二，江东的流民后代虽然偶尔会思念北方的故乡，但和眼前的父辈感情更深。如果让他们抛弃现在的家业到荒芜危险的地方去，不是仁爱的领导应当做的，还可能引起社会动荡；第三，如果迁都，晋元帝以来的皇帝陵墓都被抛在江南。

否定了桓温的建议后，孙绰又提出了建设性的意见：现在的洛阳很不安定，朝廷应当派有能力、有名望的将领去镇守，等到黄河以南地区完全

下 篇

平定，运河粮道完全打通，豫州的粮食充足了，敌人远远逃窜，再商量迁都的事不迟。

桓温很生气，居然有人敢跟我唱对台戏，就让人带话给孙绰：你怎么不去好好研读你的《遂初赋》，来管国家大事做什么？意思是你赶紧退休隐居山林吧，这里轮不到你说话。最后，不管桓温是否生气。桓温的迁都建议还是被朝廷否决了。

在东晋，孙绰不是让大家觉得很舒服的那种人。但在万马齐喑的政治高压下，在大是大非上，他不畏强权，敢于抗争。阻止权势正焰的桓温迁都洛阳的请疏，这也许是孙绰这辈子做对的唯一一件事。

跟东晋很多隐士一样，孙绰先前也是通过隐居来引起朝廷对他的关注。孙绰写了一篇著名的《遂初赋》，要遂了最初的心愿，大有"不忘初心，方得始终"的感觉。他为了明确自己意欲隐居山林的心志，在畎川修筑了房子，说自己明白了"知止知足"是做人之本分的道理。他在房子前栽种了一棵松树，经常亲自为它培土、修整。当时，另一位名士高世远也住在附近，对孙绰说："小松树的确长得美好可爱，但永远也不能作栋梁之材用啊！"孙绰回答说："枫树柳树虽然能长到合抱之粗，又能派上什么用处呢？"

可是，在东晋，你越是隐居，名望就越大，朝廷就越不会放过你。孙绰最终没成为成功的隐士，初愿并未彻底遂了。孙绰开始被庾亮请为参军，补章安令，征拜太学博士，迁尚书郎。后被扬州刺史殷浩请为建威长史，会稽内史王羲之引为右军长史，转永嘉太守，迁散骑常侍，领著作郎。

孙绰是个文人，在那个以玄学压倒一切意识形态的年头，擅长写玄言诗的孙绰自然而然成为文坛骨灰级人物。玄言诗这种诗歌，用通俗的说法就是把道士玄幻的占卜、巫婆神神道道的念词以及哲学家深奥冷僻的话语,用诗歌的方式写出来。越让你看得云里雾里的诗歌,越能体现诗歌的魅力。它所缺少的,恰恰是传统诗歌那种优美的意境和华丽的辞藻。所以后人对这种诗评价不高,因为它根本没办法流传。不妨摘录一首看看:"仰观大造,俯览时物。机过患生,吉凶相拂。智以利昏,识由情屈。野有寒枯,朝有炎郁。失则震惊,何必充诎。"这种大杂烩的诗歌,确实很能挑战人们的阅读能力。

孙绰以头脑转得快著称,所以经常跟人开带着挖苦味道的玩笑。他与东晋历史学家习凿齿的交流便是如此。一次他们相聚,习凿齿听过他的名字,但从来没有见过面。两个人坐下来,做过简单的介绍后,孙绰开口就是一句:"蠢尔蛮荆,大邦为雠?"这是《诗经·小雅·采芑》中的句子,什么意思呢?古代的政治中心在黄河流域,瞧不起四周的少数民族,都给了鄙夷的称呼,分别称为"东夷""西戎""南蛮""北狄"。荆州处在南方,所以称"蛮荆",其中"雠"也就是"仇"。这一句话是周天子警告荆州人,说:"你们这些愚蠢的蛮族,难道要和中原大国作对吗?"因为习凿齿是襄阳人,在古代襄阳属于"蛮荆"之地。孙绰跟他开了一个带嘲讽意味的玩笑。

习凿齿都不停顿,回了一句:"薄伐猃狁,至于大原。"薄伐就是征伐,猃狁是周代北方的少数民族,大原就是后来的"太原"。这句话意思是:"猃狁"这个小民族,曾经被周天子下令讨伐,驱赶到山西太原。因为孙绰的原籍在山西太原,习凿齿嘲笑他也是个土得掉渣的"小民族"出身。

有一天,两个人边走边聊。孙绰走在前面,突然回过头对习凿齿说:"沙之汰之,瓦石在后。"意思是说:工人们在淘沙石的时候,沙子都从缝隙中漏下去了,剩下的都是些石头瓦块。他把走在后面的习凿齿比喻成石头瓦块。

习凿齿也不甘示弱,说:"簸之扬之,糠秕在前。"糠秕是打谷的时候,

下　篇

从种子上分离出来的皮或壳，后来都比喻成没有用的东西。老百姓在簸粮食的时候，最先飞扬出去的就是皮壳，他把走在前面的孙绰比喻成这些没用的糠秕。

在东晋，让后人记住孙绰的还有一点，就是他把儒释道完全溶合在一起。本是三个截然不同意识形态的理论，硬是掺杂在一起，于是就产生了很多怪论，很有些强词夺理的味道。

比如关于周孔之教与佛教的关系，他提出了"周孔即佛，佛即周孔"的观点，在中国佛教史上第一次用如此明快的语言表达了儒佛一致论。有人就问他："周孔之教跟佛教一样的话，那为何不废止杀戮？"孙绰回答说："这是误解了圣人。难道圣人有杀心吗？圣人并无杀心，杀心实是下民的野心。圣人有见于人们相互争斗，甚于豺虎，才转而求其次（'不废止杀戮'），为的是'去一以存十'，知其轻重，则知圣人之用心也。"他认为佛教着重于内心教化（"明其本"），周孔主要是社会治理（"救极弊"），两家的出发点和目的都是一致的。

孙绰认为出家才是更好的孝顺，佛教徒出家修行正是走"立身行道，永光厥亲"的道路，这正是最大的孝行。这真是匪夷所思。按此逻辑，你不出家做和尚似乎就是不太孝顺。晋武帝以来实行的以孝治国，最好的结果难道是每个人都剃度出家？

孙绰常自称出身寒微，以与士大夫结交为荣幸，以此提高自己的声望和地位。在当时门阀世族观念十分流行的情况下，孙绰还是受到一些高门著姓的鄙薄。据《世说新语》记载，孙绰的上司庚亮死了以后，他曾经写过一篇祭文，其中多寄托哀思之情。后来他拿给庚亮的儿子去看，庚亮的儿子就很不客气地对他说："我父亲与你不见得有如此厚的交情。"并让他把这篇文章拿回去。言下之意，是说孙绰想借此抬高自己的地位。所以当时有人就说孙绰的人品不佳。

还有一件事也能说明孙绰的人品。孙绰有一个女儿，性格怪异，又不好看，一直待字闺中。他听说王坦之有个弟弟叫王处之，长得特别丑，脾气也怪，转眼成大龄青年了，也找不到老婆。他去找王坦之，闲聊了一通，然后说顺便想看看他的弟弟。见面后，孙绰假装说："这个孩子不错啊，不像别人传说的那样，怎么还没有成亲呢？"停顿了一会，他又说道："我有一个女儿，还不丑，只是我家贫寒，不知道行不行？"

王坦之很高兴，能娶到大才子的女儿，那真是喜事，立即转告父亲王述。王述也没有细想，同意了。结婚以后，王家发现，女方原来是个超级刁蛮的小姐，凶悍无理远超王处之之上，把家里整天搞得鸡飞狗跳。他们才知道上了孙绰的当。

人无全人，孙绰在生活中有不少随性，在交往中有不少放荡，但在大是大非前面却坚持原则。这点，比起那些在生活中很严谨，在工作中很严肃，但在权臣面前卑躬屈膝，在大是大非面前丧失原则的人，不知道要强多少倍。

人活在这世间，就必须要有一件自己可以放下一切而去为之奋斗的事，哪怕这件事情目前没有给你带来任何政治或者经济利益，只为自己内心最真实的想法。只有这样才能问心无愧地说句：这个世界我为自己活过一次。

下 篇

三十六、青年寒士王猛是如何完成三级跳的

永和年间的一个清晨，在人烟寂寥的柴桑乡间，一位奉命前来的官差叩响了王猛家的柴门。透过从房顶和四壁漏处照进来的晨曦，官差转达了上峰的意思：时任后赵侍中的徐统，想召请他为功曹。功曹就是担任郡守或县令的总务长官，分管人事并参与政务。被后赵的丞相看中并邀请，这可是天大的好事。可王猛只是淡淡一笑，谢绝了官差的好意。

在送走官差后，王猛心存感激。此前的他四处访求，却一无所遇，达官贵人们没有谁瞧得起他。王猛却仍然我行我素，时时准备着货与帝王家。他始终相信自己有辅佐帝王成就大业的才能，希望能遇到值得辅佐的命世真主。

王猛画像

王猛是青州北海郡剧县（今山东寿光）人。他出生时，西晋灭亡已有九个年头了，此前青州被羯人石勒建立的后赵政权攻破，东晋降卒三万人死于非命。没多久后赵已席卷中原，兵锋南向，与东晋夹淮水对峙。继石勒称帝的石虎，是个穷兵黩武、嗜杀成性的暴君，后赵国无宁日，民不聊生。年幼的王猛，随家人颠沛流离，辗转来到魏郡（今河南北部与河北南部）住下。

狼烟四起，战乱不断。王猛长大后，家里非常贫穷，只好靠卖簸箕

为生。有一天他到洛阳去卖簸箕，一个人要用高价购买，随后却说没有带钱，并说自己的家离这里不远，要求王猛到他家里去取钱。王猛不愿放弃这难得的买主，便跟着这人一起走。也没觉得走多远，却走进一座深山里。那人领他去见一个老人，老人须发皓然，正坐在一张胡床上，两旁有十几个侍者。王猛上前拜见，老人却说："王公怎能拜我？"给了他十倍的价钱，并派人送他出山。

逆境的日子是艰苦的，不过王猛没有被生活重担压垮，没有被烽火硝烟吞噬。据《晋书》记载："王猛瑰姿俊伟，博学好兵书，谨重严毅，气度雄远，细事不干其虑。自不参其神契，略不与交通，是以浮华之人咸轻而笑之，猛悠然自得，不以屑怀。"就是说王猛不仅身材高大、面目英俊，而且博学多才，喜欢读兵书。性格谨慎稳重，而志向远大。生活中细微小事从不放在心上，凡是不能和他心灵有所沟通的人，他理都不理。他成天一副傲世绝俗的形象，因而经常遭到那些浅薄浮华子弟的白眼和耻笑。

徐统的邀请以及给他的职位，王猛觉得并非他的理想，拒绝后索性隐居于西岳华山，期待明主的出现，静候风云之变而后动。但是，这是何等不易，东晋时期，士族阶层垄断军政大权，体系外的人根本没机会进入核心权力层，森严的壁垒直到组建北府兵的时候才开始松动。换言之，要想往上爬，只能依附在王、谢、桓这样的士族周围。

政局依然在动荡，王猛依然在等待。中原地区被几个少数民族建立的政权激烈争夺着，时局瞬息万变。氐族首领苻洪之子苻健在混战中脱颖而出，于晋穆帝永和七年（公元351年）占领关中，建都长安，国号秦，史称前秦。永和十年（公元354年），东晋荆州刺史桓温北伐，击败苻健，驻军灞上，关中父老争以牛酒迎劳。

这是个好机会，王猛得知这个消息后，就身穿粗布短衣，来到桓温大营求见。桓温请王猛谈谈对时局的看法，王猛在大庭广众之中，一面捉身

下 篇

上的虱子，一面纵谈天下大事，滔滔不绝，旁若无人。魏晋时期，贵族大多服食"五服散"。其配料在当时很贵，只有贵族子弟才服用得起。可是服下"五服散"后，血液循环加速，皮肤干燥，不能勤换衣服，否则容易磨损皮肤。衣服总穿不换，身上就难免生虱子，在大庭广众之下捉虱子自然很不雅观，但那是贵族时尚行为，表示他也是服"五服散"之人。

桓温很欣赏他这种魏晋风度，脱口问道："我奉天子之命，统率十万精兵仗义讨伐逆贼，为百姓除害，而关中豪杰却无人到我这里来效劳，这是什么缘故呢？"王猛直言不讳，"您不远千里深入寇境，长安城近在咫尺，而您却不渡过灞水去把它拿下，大家摸不透您的心思，所以不来。"桓温一下子被王猛说到症结的本质上了。他一直在盘算的是：自己收复关中，只能得个虚名，而地盘却要落于朝廷之手；与其消耗实力，失去与朝廷较量的优势，为他人作嫁衣裳，不如留敌自重。桓温默然久之，无言以对，同时越发认识到面前这位扪虱寒士非同凡响。过了好半天，桓温才抬起头来慢慢地说道："江东没有一个人能比得上您的才干！"

经过一番交谈，桓温对眼前这位年轻人爱惜得不得了，就赐给他华丽的马车，授他都护之职，也就是掌管边地军政的职位，并邀请他一起回到东晋朝廷里。那年王猛刚满三十岁。

但是王猛却有另外的考虑，桓温的权势和野心已经很明显了。如果追随他则等于助其篡晋，势必玷污清名；再者，即使不依附他，自己在士族盘踞的东晋朝廷也将很难有所作为。

那么，王猛的心思到底在哪里？他想在前秦的乱局中寻找明主。王猛是不世出的人才，只有掌握大权才能一展抱负。但是这是一步险招，毕竟他是汉人，投靠异族政权，人家将会如何评价？

没多久，前秦的尚书吕婆楼向苻坚推荐了王猛。那时候苻坚还没当上前秦的国王。苻坚是氐族贵族，与别的氐族贵族排斥汉人大不一样的是，苻坚熟读汉文典籍，喜欢汉族文化，愿意结交汉人。苻坚与王猛两人晤谈之后，苻坚深知眼前这位比他年长几岁的人有着经天纬地之才，是他这个梦想一统天下的人所依赖的干才。他大喜过望，自称是刘备遇上了诸葛孔明。

此后，苻坚对王猛信任日深，委任日重。苻坚当上前秦国王后，王猛的官职更是如雨后春笋一般。三十六岁的他连升五级：先从中书侍郎，并掌机密，升到尚书左丞，处理军国文案；又从侍中、中书令，领京兆尹，升到吏部尚书、太子詹事；再从辅国将军、司隶校尉，升到司徒、录尚书、平阳郡侯；最后从车骑大将军，升到丞相，外加都督中外诸军事。也就是说，到了最后，苻坚除了国君的位置外，其余所有能授的高官职都给了王猛。一切军国大事悉听王猛裁定，他自己则只是当一个端手拱坐的国君而已。前秦在王猛的治理下，政治清明，社会有序。面对豪强奸吏或不法权贵，王猛敢于铁腕惩处，不姑不怠，以铲除邪恶，收集民心，树立王权的威严。《资治通鉴》记载："田畴修辟，仓库充实，盗贼屏息"，"国富兵强，战无不克"。前秦曾经被困于长安，穷困不堪。王猛花十几年的时间，就把危机四伏、濒临倒闭的这个小朝廷打造成资金雄厚、规模巨大的统一北方的大国家。

居官从政者，自然都有一定才干。能出将入相的人，智慧一定超于常人。王猛敏锐地感觉到，国家需要人才，人才也需要一个平台。应该有更多的像他一样的人才为朝廷所用，于是他创造了考试制度。

在魏晋南北朝时期，实行的是"九品中正制"，就是一个"主考官"叫"中正"，把管辖区域的"学子们"分成九品。"学子们"品级越高，官做得越大。官职升迁全凭"中正"的个人眼光，没有客观的标准。这种制度最后造成的结果是：大家忙着走后门，基本靠"拼爹"。

王猛打破了这个规矩，在我国古代率先建立了考试制度，规定了进入

下 篇

公务员队伍的程序：地方官长分科荐举名为孝悌、廉直、文学、政事的人才，上报中央；朝廷对被荐者一一加以考核，合格者分授官职；凡所荐人才名实相符者，则荐举人受赏，否则受罚；凡年禄百石谷米以上的各级官吏，必须"学通一经，才成一艺"，不通一经一艺者统统罢官为民。王猛设立的这个制度意思就是三点：1. 主考官推荐；2. 被推荐的人必须参加笔试、面试，如果合格才会被录用，如果不合格，主考官就要受罚；3. 各级官员要精通一门技术。

主考官害怕被"打板子"，于是不得不到民间去寻找有真才实学的人。王猛本人出身寒门，他靠个人的力量扭转了几百年来的传统。当时的前秦，随便到大街小巷转转，都会看到在捧着书勤奋苦读的人。社会风气和社会治安也为之一变，贿赂请托、恣意妄举的腐败现象逐渐消失，而养廉知耻、劝业竞学之风日盛。

凡事有因必有其果，有其果亦有其因。王猛之所以能实现人生三级跳，实在是非常时期表现出的非常之才的结果。王猛深深懂得，生命是客观存在的，而真正属于自己的归宿，只有个人寻求它时，它才存在。年轻人总是担心做错事，而年长的人则会为没有做过的事不开心——他们通常会后悔年轻时错失体验的经历或者遗憾放弃追求的机会。

在南北对峙的时代背景和等级森严的门阀制度下，青年寒士王猛就是这样规划好自己人生之路的。今天读《晋书》《资治通鉴》有关史料，尽管已远离我们一千年，但仍使我们对于那个辉煌时代那个不凡的人物怦然心动。

三十七、任凭花开花落，我都荣辱不惊

年轻的谢鲲是个洒脱不羁的风流才子。他邻家高氏有一女儿，长得楚楚动人。谢鲲心生爱慕，就想方设法找机会去套近乎。哪知此女性情刚烈，痛恨窃玉偷香之类的行为。她正在机杼前织布，面对帅哥谢鲲的挑逗，奋起手中的梭子用力猛掷过去。谢鲲闪避不及，被击中面门，满嘴鲜血，断了门齿！人们因此幸灾乐祸地叫道："豪放浪荡的谢幼舆（谢鲲字幼舆）泡妞泡'折齿'！"（原文："任达不已，幼舆折齿"）谢鲲听了，也毫不介意，仍高傲地大叫："折齿又何妨，丝毫不影响我啸歌。"

谢鲲是儒学大师谢衡的儿子。谢衡担任晋朝培训官员最高学校的校长，却是一个不大受欢迎的人。当时的国子监，继承汉朝传统，教的是孔孟儒家思想。但是社会上，特别是上层社会流行的却是跟儒教格格不入的老庄玄学。那个时期，士人清谈成风，标榜玄虚。谁要不谈玄言谁就被边缘化，被士人群体所排斥。因此，精通儒学的谢衡就没法很好地融入上层社会，在官场里成了异类，大家对他敬而远之。

谢鲲虽是在儒家经典里成长的，但看到他父亲的遭遇，就改弦易辙，转攻玄学。于是将玄学那一套理论、做派，那一种放荡不羁、忘情物外，甚至清谈、弹琴、啸歌，无不学得有模有样。谢安曾评价谢鲲道："他如果遇到竹林七贤，一定会互挽手臂，一同走入山林。"

在谢鲲看来，玄学跟儒学完全是两个领域的学问，玄学侧重个人的精神追求，儒学侧重国家精神。在"诚意、正心、修身"这三个境界，玄学比儒学所追求的还要彻底还要高明。经过玄学锻炼的谢鲲修成正果，其中

下 篇

最明显的特点是对名利的荣辱不惊。

太安元年（公元302年），长沙王司马乂辅政掌权。有人在司马乂跟前恶意中伤谢鲲，司马乂听信了谗言，命人将谢鲲抓来，准备拎鞭子就抽。谢鲲表现得极其淡漠，也不申辩，解衣就罚，别人爱抽就抽，仿佛那身体只是一副与自己毫不相关的皮囊，没有半点忤逆的神色。司马乂犯嘀咕：怎么会这样？不会是我冤枉了他吧？这样想着，司马乂丢掉了鞭子，把他放了。既已得释放，谢鲲也不道谢，脸上也没有庆幸和高兴的表情。他从容起身，穿好衣服，飘然而去。

谢鲲这种潇洒飘逸、放任旷达的作风传到东海王司马越的耳里，令司马越大为激赏。他认为谢鲲是个高人，邀请他担任王府里的官员。谢鲲任性放纵，不拘礼法，不久便因家僮犯事而被免职。谢鲲被免职后，名士王玄、阮修认为他初登宰府便遭黜辱，叹息不已。谢鲲却跟没事人一样，坐在家门口，鼓琴清歌，洋洋自得，压根就不把丢官弃职之事放在心上。由此，谢鲲的名声也就更高了，远近名士莫不膺服其高远豁达的态度。

谢鲲对名利可以荣辱不惊，但他对人生和家庭责任则时刻保持清醒细致的认识。清谈之余，谢鲲意识到国家将大乱，北方终将沦陷。所以当东海王司马越再次征辟他出任参军一职时，谢鲲托病辞职，举家迁往南方。

他最先来到豫章。豫章在晋朝历史上是很有帝王之气的地方。谢鲲曾夜宿一空弃的路亭中，而当时经常有人在这亭中被妖怪所杀。快要天亮时，有个黄衣人叫着谢鲲表字，让他开门。谢鲲毫无惧色，直接从窗中伸手抓住黄衣人。在拉扯之间，谢鲲将对方的胳膊弄断，发现竟是一只鹿腿。他走出空亭，沿着血迹寻找，终于找到那只鹿。此后这空亭再没发生过妖怪杀人之事。

在南迁过程中，谢鲲一搬再搬，最后选定建康城里秦淮河畔朱雀桥边的乌衣巷安家，成为乌衣巷里谢家的第一代主人。

王敦对谢鲲很欣赏，聘他担任长史。王敦的族弟、大名士王澄和他交谈，竟有棋逢对手、将遇良才的感觉。王澄看都不看王敦一眼，只顾着与谢鲲热聊，聊了大半日而不知疲倦。

后来王澄逢人就感慨地说："这个世间，可以跟我畅谈的，也就只有谢长史一人而已。"

司马绍还是太子时，也十分敬重谢鲲，有事没事喜欢找他聊天。某天，司马绍突然问："人们老是拿你和庾亮相比，你自己有什么看法？"庾亮与王导、郗鉴同列为东晋"三良"，是东晋政府最重要的三个领导人，他位高权重、炙手可热。面对晋明帝的提问，谢鲲从容回答："为朝廷立法，为百官作表率，鲲不如亮；一丘一壑，寄情山水，鲲则远胜于亮。"

谢鲲改儒学玄后，虽然也学人家放荡不羁，忘情物外，但始终抱着"入世"的心。

永昌元年（公元322年），王敦起兵反叛，对谢鲲道："刘隗奸邪，将要危害社稷，我起兵清君侧，如何？"谢鲲表示反对，称刘隗只是"城狐社鼠"。王敦大怒，认为谢鲲庸才不识大体，任命他为豫章太守，却又不让他到豫章赴任。谢鲲只得留在王敦军中，随其攻打建康（今江苏南京）。而王敦其实只是在借助谢鲲的声望。

王敦占据石头城后，叹道："我不会再做辅佐君主这样的事情了。"谢鲲劝谏道："您为什么要这样呢？只要从今以后，逐渐忘却君臣之间的嫌隙就可以了。"不久，谢鲲又建议王敦任用素有名望的周顗、戴渊，以安众心。而周、戴二人此时已被王敦收捕杀害。王敦对谢鲲道："他二人不合适，我已将其收捕。"谢鲲与周顗素来交好，对此丝毫不知，闻王敦之言惊愕不已。王敦虽夺取朝权，但却不肯朝见晋元帝。谢鲲劝道："近来您的举动虽然是想拯救国家，但天下人还是不能理解您的行为。您若能朝见天子，使君臣消除隔阂，天下便会信服。依凭众望顺应民情，尽力谦让侍奉主上，如此则勋业可与匡辅天下者相比，也能名垂千古。"王敦道："你能保证在我入朝时不会发生变故吗？"谢鲲道："我近日入觐，主上忧惧不安，久未见您，宫禁肃穆，必定没有忧虑。您若入朝，我愿为侍从。"王敦不听，径自返回武昌（今湖北鄂州），遥控朝政。

王敦之乱期间，朝中有威望的大臣大多被害，时人都为谢鲲担忧。但谢鲲却安于常道，仍时常进言直谏王敦。王敦既不采纳，心中也有不悦。返回武昌后，他便让谢鲲到豫章上任。在豫章太守的任上，谢鲲为政清正严明，深受治下百姓爱戴。所以谢鲲担任的最高官职虽然只是豫章太守，但他在社会上属于超人气明星，被誉为"朝廷之望"。

王敦之乱被镇压后，按理谢鲲及其家族要受株连，满门抄斩。但是因之前他劝过王敦不要造反，并且平时也经常与王敦抬杠，妨碍他造反大计。皇帝查证后，谢家不仅因此逃过一劫，而且还被朝廷更加信任。

既有玄学的荣辱不惊，又有儒学的积极入世，尽管谢鲲在历史上的知名度一般，但是他开启了一个家族的辉煌史，他的行为深深影响了他的侄儿谢安。谢安综合了谢鲲清谈阔论淡定自如的特点和爷爷谢衡的儒家治国平天下的意向，修炼玄学，谢安把自己的内心修炼得无比强大；修炼儒学，谢安是为了提高治国、平天下的技巧。

王夫之在《读通鉴论·明帝》中说："晋之败，败于上下纵弛，名黄、老而宾惟贪冒淫逸之是崇。王衍、谢鲲固无辞其责矣。"道理是这个道理，但我觉得对谢鲲来说，有点不公太公平。毕竟玄学让他在官场上，没有老谋深算，没有钩心斗角，却一直保持着本真，保持着率直。

三十八、葛洪为什么要多次辞官

领导干部的辞职，往往会引来一些猜想，坊间认为无非出于三种情况：个别领导干部他们贪污受贿够了，再不收敛就暴露了，所以辞官；有人是觉得上升空间"已封顶"，升迁的希望不大，所以索性走人经商创业去；还有就是人际关系特别差在单位混不下去了，辞官卷铺盖。其实，这些都不是辞官真正的原因，或者说没有真正了解官场。

谁会辞官？我觉得通常会有三类人。一是不喜欢老被框框"束缚"的人；二是有专业技能的人；三是自信心十分强的人。没有被条条框框"束缚"过的人，他是不知道什么叫放松和安宁的。拥有技术的人，他知道官场不大讲技术涵养，只靠人际关系和官场规矩。自信心强的人就不必说了，没有胆量会放着养尊处优的日子不过？晋朝的葛洪就是这样。

葛洪是那个时代著名的道教领袖，他不仅对道教理论的发展卓有建树，而且研精道儒，学贯百家，思想渊深，著作弘富，在医学、治术、音乐、文学等方面也很有成就。他为后人留下了《抱朴子》等主要著作。但他同时还是一个地地道道的官场人物。

葛洪有着显赫的家庭背景，出身江南士族。祖父在三国吴时，历任御史中丞、吏部尚书等要职，封寿县侯。父亲葛悌在吴国灭亡后担任了晋朝的邵陵太守。但不幸的是，葛洪十三岁那年，清廉的父亲去世了。父亲没有给孩子们留下过多的家财，从此家道中落，家境渐贫。葛洪性格清淡寡欲，不好功名利禄，时常闭门不出，也很少有交游。他没有游戏玩耍之类的爱好，不知道棋盘上有多少条线，也不知流行的赌具叫什么名称，只

下 篇

知道博览群书,涉猎甚广。他以砍柴所得,换回纸笔,在劳作之余抄书学习,常至深夜。史载:(葛洪)"伐薪卖之,以给纸笔,就营田园处,以柴火写书。"乡人邻居因而称其为抱朴之士,他也以"抱朴子"为号。

葛洪十六岁时拜炼丹家郑隐为师,因潜心向学,深得郑隐器重。郑隐的神仙和遁世思想对葛洪一生影响很大,从那以后,他有意归隐山林炼丹修道、著书立说。

永兴元年(公元304年),二十岁的葛洪走上了仕途,在吴兴太守顾秘的军队里,任将兵都尉。那是一个六品的下级军官。后来他在与石冰的农民起义军的作战中有功,被封为"伏波将军"。伏波将军不是职务,只是对个人能力褒扬的荣誉称号。第二年石冰事件平息,把功名看得很淡的葛洪不愿争功邀赏。他第一次辞官,径直去了京都洛阳,广泛搜求异书秘籍以充实自己的学问。

但不凑巧,正遇上八王之乱,他往北走的路不通。又因陈敏盘踞江东作乱,想回来的路被断绝,葛洪去留两难,万分尴尬。天无绝人之路,这时候,正好碰上他的好友嵇含封为广州刺史。嵇含上表朝廷请他为参军,并担任先遣。葛洪以为可借此避开战争,以有时间阅读更多的书籍,于是欣然前往。在广州没多久,不料嵇含又被其仇人郭励所杀。这件事对他触动很大,更加觉得功名利禄是不可靠的东西,会随时被吹走。

几年后,他第二次辞官返回家乡,隐居深山从事《抱朴子》的创作。

建兴四年(公元316年),东晋开国。司马睿要拉拢江东士族,加上葛洪曾经的功劳,司马睿便赐予葛洪关内侯的爵位,"食句容二百邑"。十年后,司徒王导召他为主簿。后来他又做了司徒掾和咨议参军。那个写《搜神记》的干宝和葛洪的关系非常好。他极力推荐葛洪,认为他的才能可以担当修撰国史的重任。于是葛洪被任命为散骑常侍,领衔修撰国史,但葛洪坚决推辞不接受。因为他的名望和学问,做官对他来说空间很大。但他看到的是国家的动乱、政局的不稳、人心的叵测，唯独看不到自己的未来。

咸和二年（公元327年），葛洪听说交趾出产丹砂，自行请求出任勾漏（今广西北流市）县令。皇帝起初还不答应，葛洪说："我并非要求荣耀，只因为那里有丹。"皇帝这才同意。葛洪于是带着儿子侄儿一起上了路。他途经广州时，会晤刺史邓岳。葛洪在官场实在太抢手，到哪里都有人要聘请他，到哪里都不怕没饭吃。邓岳苦苦挽留不放他走，于是他只好辞去县令一职，放弃去勾漏，留在广州的罗浮山炼丹。邓岳过意不去，上表朝廷要任命葛洪为东莞太守，但被他拒绝了。

彻底脱下官服后，葛洪感到从没有过的轻松，对于权贵之家，他可以虽近在咫尺也不去逢迎；对于深通道义之人，虽路途遥远艰险也一定去造访。他在《抱朴子》的序中也说："藜藿有八珍之甘，蓬荜有藻梲之乐也。"意思是说，藜藿这样的普通蔬菜，其实也像山珍海味一样好吃；住在茅棚里，也和住在高屋华厦中一般快乐。

葛洪离开官场，隐居山中，也给了他更多研究的活力。他潜心道教和医学的研究，著作不辍。他低调地说："我葛洪身无进取之才能，偶然对无为之道产生了喜好。能了解自己的人要审时度势，做不了的就不要去干，我怎能凭着苍蝇一般的能力却去羡慕别人的冲天之举？"

政界少了葛洪也许没什么损失，医学界多了葛洪却是拥有了主力军。

在世界医学历史上，葛洪第一次记载了两种传染病，一种是天花，一种叫恙虫病。葛洪在《肘后备急方》里写道：有一年发生了一种奇怪的流行病，病人浑身起一个个的疱疮。起初是些小红点，不久就变成白色的脓疱，很容易碰破。如果不好好治疗，疱疮一边长一边溃烂，人还要发高烧。十个病人中有九个治不好，就算侥幸治好了，皮肤上也会留下一个个的小瘢。葛洪描写的这种奇怪的流行病，正是后来所说的天花。西方的医学家认为最早记载天花的是阿拉伯的医生雷撒斯,但葛洪比雷撒斯要早500多年。

葛洪把恙虫病叫作"沙虱毒"。有一种小虫叫沙虱,螫人吸血的时候就把这种病原体注入人的身体内,使人得病发热。葛洪是通过艰苦的实践,才得到关于这种病的知识的。这归功于他在罗浮山的居住,这一带的深山草地里就有沙虱。沙虱比小米粒还小,不仔细观察根本发现不了。有关这种传染病的媒介记载,他比美国医生帕姆在1878年的记载,要早1500多年。

他还是第一个将狂犬的脑子敷在狂犬病人的伤口上来医治狂犬病的人。中国第一位获得诺贝尔医学奖的本土科学家屠呦呦称,她也是受到葛洪的启发而发现了青蒿素的。她在《肘后备急方》一书中看到"青蒿一握,以水二升渍,绞取汁,尽服之"的说法,才恍然大悟不能加热青蒿。

葛洪一直活到八十一岁,在当时是少见的高寿之人。《晋书》评价他说:"在德与真里游玩栖息,超然于世事之外。全生保命之道,还是他最优异啊!"

在魏晋风度里,有名士利用道教,大谈玄言,放纵自己;也有名士利用道教,追求无为,空谈误国;只有葛洪利用道教,弃官从医,造福后人。

"世界那么大,我想去看看。"葛洪辞官给了我们最大的启示:回归大地,万物滋润,适者生存,海阔天空。

三十九、喜欢摆谱的绝对是个不靠谱的人

你如果遇到很自私很自大的人,他喜欢摆谱,做事又很不靠谱,你会怎么办?我想,如果是一面之交的那种,完全可一笑了之,跟他保持距离就是了。但这个人如果是你的亲兄弟,你为他头疼的同时,肯定得拉他一把吧?三哥谢安就是这样为他四弟谢万操心的。

谢万爱摆谱的习惯在年纪轻轻的时候就养成了。据裴启《语林》记载:谢万年轻时,听说有人送给谢安一件皮裘,就惦记上了。他找了个特别寒冷的日子,故意穿着件薄衬衫去找谢安,说:"三哥,天气好冷哦!"谢安很了解兄弟的虚荣心,就说:"你瞎说,你那点小心思我还能不知道?你无非想穿我的皮裘出去显摆。"随后谢安又说,"你不是怕冷吗?那好办,棉最保暖了,我送你三十斤。喏,拿去做个棉坎肩吧!"谢万愣在当场,不想要又不敢发作,只好垂头丧气地走了。

谢安不愿意做官,已经出来做官的老四谢万有些看不起哥哥,经常在哥哥面前摆谱。有一次大家聚会,谢万突然站起来,走到谢安面前大声说:"你家夜壶在哪里,我现在要小便。"谢安倒没觉得什么,另一个名士阮裕看不下去,说:"新兴的高门大户,人是真诚,就是太没有礼貌。"("新出门户,笃而无礼"。)

不仅在自家人面前如此,谢安还在其他士族面前摆谱。那时在门阀制度森严的晋朝,不同声望的士族之间有一条不可逾越的鸿沟。由于谢家父祖名位不高,当时陈郡谢氏还没成为东晋的名门望族。一次,谢万和谢安路过吴郡,想拜访名士王恬。这王恬是东晋丞相王导次子,一等一的琅琊

下 篇

乌衣巷

王家之后。谢安劝道:"王恬不会理睬你的,还是不要去了。"言下之意,我们谢家跟他们王家根本不是一个档次。谢万不听,便独自前往。王恬起先陪他坐了片刻,便入内洗头。谢万却以为王恬是要厚待自己,显得非常高兴。过了很久,王恬散发而出,坐在院中胡床上晒头发,神情傲慢,一点也没有应酬谢万的意思。谢万返回后,向谢安诉说委屈,谢安道:"阿螭(王恬小名)不会做作啊。"当然这是谢安安慰谢万的话,其实在他眼里四弟分明是个愣头青。

谢万后来娶了名门望族太原王家的姑娘,结果摆谱摆在了他岳父面前。那天,谢万不知哪根神经被刺激到,乘坐一种叫平肩舆的轿子,径直到扬州府衙去见担任扬州刺史的岳父王述。他直言不讳地指责王述道:"人家都说你傻,你确实是傻。"王述淡淡地说:"外面不是没有这种说法,只是因为我大器晚成罢了。"

其实王述并不傻,只是性格急躁。他年轻时吃鸡蛋,用筷子刺,未刺中,便大怒将鸡蛋抛掷于地上。蛋滚动不停,他便下床用屐齿踩鸡蛋,又未踩住。王述极为恼怒，抓起鸡蛋就塞进嘴里，咬碎又吐出来。但是他做了显要官职后，脾气好多了，做事也显得性情温和。一次，谢万那性情粗暴的大哥谢奕，怨恨王述，用恶毒之言痛骂他。王述不予理睬，只面向墙壁站着。过了半日，谢奕离去了，他才回到座位上。人们都对王述刮目相看，纷纷称赞他的涵养。

谢万当着岳父的面羞辱了一番，很是洋洋得意。读到这段历史，我不禁迷惑了，这说明了什么，说明魏晋风度的随性和自由、不拘细节？说明玄学的超越名教、不做流俗之事？还是说明谢万为人的率直任意、洒脱不拘？我想都不是，这分明是个喜欢摆谱摆得没底线的人。

但谢万有个特长，就是喜欢夸夸其谈和高谈阔论，这点很符合那个年代的潮流。连辅政大臣司马昱也喜欢他，都想见见这个"奇人"。谢万进宫时，头戴白色头巾，身穿鸟羽做成的宽大外套，脚蹬高高木屐，像个艺术家一样。司马昱喜欢清谈，和他谈了很长时间，觉得碰到知己，不久任命他为吴兴郡太守。本来谢万在地市级做个领导，吹吹牛混混日子也就可以了，但后来的形势发展出乎谢家人的意料。

豫州（今安徽、河南等一带）刺史一直由谢家的人担任着，谢安的堂兄谢尚死后，由谢安的哥哥谢奕继任。但一年多后，谢奕又死了。司马昱生怕权力过大的桓温再看上这块肥肉，于是调任好友谢万出任豫州刺史。从一个市长到一个省长，而且是边疆的省长，不是一般人能胜任的。

谢万上任的时候，王羲之写信给桓温，说："谢万这个人适合发发议论，如果留在朝堂之上，可能成为后起之秀。让他统兵打仗是用错了人，绝对不靠谱，会耽误你北伐的事啊。"桓温没有采纳。

王羲之又给谢万写信，说："你不屑于俗务，现在让你去处理这些事，的确很难，但愿你能和底层士兵同甘共苦，就很好了。"谢万嗤之以鼻，把信扔到一边。上任后的谢万依旧吟啸、诵诗，东游西逛。

下　篇

没多久，朝廷派谢万率军北伐前燕。谢安不放心，便一路随行。可是谢万完全不是统帅的料，只顾着吟诗咏叹、风流自赏，从不跟将士交流感情，更从不体恤全体将士。谢安一再劝告他："你是三军统帅，要经常请部将吃饭收买人心，否则是不行的。"

谢万听从他的建议，于是就召集将领们聚会。他什么也不说，只是用手指着大家说："你们都是勇猛的兵卒。"那口气一如老师在跟小学生说话。兵卒指的是小兵，东晋等级观念森严，做了将领后，如果再用"兵卒"称呼他们，对他们而言就是侮辱，比骂脏话都难听。众将听了非常气愤。

谢安非常担心，跑到营中，从高级将领到中小队长，一个个地打招呼，希望大家担待一点。他忙完了一切，回头对谢万说："你和将领们说话的时候，不要再清高了，要让大家心悦诚服，哪有傲慢怪诞能成大事的呢？"

公元359年，谢万与北中郎将郗昙兵分两路，北伐前燕。郗昙的军队与前燕交手，稍稍失利。当时郗昙正好生病，就让部队暂时南撤，退回到彭城。毫无作战经验的谢万一听到消息，以为大败，吓得命令晋军全线撤退。由于命令仓促，又没有统一指挥，大军还以为后面有追兵，大溃而散。士兵们互相践踏，死伤无数。

谢万在慌乱逃命的时候，还非要找到玉做的马镫才上马。谢安急得大叫，"都到这个时候，还顾着摆谱，不要命了吗！"把谢安这样能忍让、能受憋屈的人都逼急了，只能说明谢万的做法有多么不靠谱。

将领们聚在一起讨论，打算趁乱杀了谢万。谢安在混乱之中，急忙走过去安慰众将，说："这种人还是应当让他去做隐士啊。"大家看在谢安的面子上没有动手。谢万一个人骑着马狼狈逃回，没有人愿意跟随他。

更可笑的是，谢万打了大败仗，还文绉绉地死要面子，给王羲之写信说自己"惭负宿顾"，意思是说"辜负了你一直以来对我的照顾，感到很惭愧"，但是这句话引自《左传》，本来是古代帝王责备自己的话。因此，王羲之在看到这句话后，不屑地把信推开，回信说："这是禹、汤自罪一类的做法。"（"此禹、汤之戒"。）在王羲之看来，谢万其实并不认错，还往自己脸上贴金，只是为了挽救名声而已。

有意思的是，对谢万的评价，谢安、谢玄叔侄完全不同，据《世说新语》记载：谢安说谢万是千年一遇的人才。谢玄则很不以为然，说："中郎（谢万曾任西中郎将）衿抱未虚，复哪得独有！"意思是说，谢万胸怀不够开阔，怎么能算是独一无二的人物呢？面对谢玄的直爽和可爱，谢安倒显得有些虚伪和做作了。

和谢万的高调摆谱形成鲜明对比的是，谢万的堂兄谢尚，做人是可以这么低调的。谢尚从小就有才气。有一次和父亲一起招待客人，有客人感叹道："这个少年就是颜回再世啊！"谢尚却说："坐无尼父，焉别颜回。"意思是说在座的没有孔子，怎么能识别颜回呢？

也许谢万根本不知道这样一个道理：做人要低调，一个喜欢摆谱的人注定是不靠谱的。因为过分张扬自己，就会经受更多的风吹雨打，暴露在外的椽子自然要先腐烂。一个人在社会上，如果不合时宜地过分张扬、卖弄，难免会遭到人家的打击和攻击。何况你自身优秀不优秀还两说呢！

谢万摆谱的最后结局是，几乎让全军覆没。一回来他就被废为庶人，一切的功名利禄化为乌有，从此身败名裂。不过也好，没有他的最后结局，谢安也许还会在东山继续他的鼓琴清歌。

下 篇

四十、一旦风气变坏了，什么都将跟着坏

南京市秦淮区有一处旅游胜地叫朝天宫，这是明太祖朱元璋下诏御赐，取"朝见天子"之意。在明朝，这里是朝廷举行盛典前练习礼仪的场所。话说有一天，朱元璋觉得朝天宫旁边有卞壶墓和卞公祠，很不吉利，想把它当成违章建筑给全部迁走。结果当晚他做了个梦，梦见一位白衣女人指着他骂：难道你就容不了忠孝之人的七尺坟墓？次日，朱元璋就把大臣给找来，听了关于卞壶故事的汇报后就决定不再迁移。据说这梦里的女人就是卞壶的夫人。

卞壶不管在晋朝的社会上，还是在官场上，绝对算是一个异类，为什么？理由很简单，他跟潮流不合拍，甚至逆行。

卞壶出身官宦之家，祖父卞统曾任琅琊内史。父亲卞粹兄弟六人，很有才能，口碑很好，世称"卞氏六龙"。卞壶继承了他父亲正直、刚强的性格，少年时代就胸有大志，博览群书，对儒家的一整套仁义礼法制度深谙通悉。那时候，士族或高官的子弟大都放浪形骸，卞壶却跟他们相反，恪守儒家的礼法治国的思想，并时刻检点自己的行为。

西晋末期，他随其他士族南渡到建康。晋元帝司马睿十分欣赏他的才学，公元318年召卞壶入朝，任命他为从事中郎，负责官员的选拔提升。后来又被选为皇太子司马绍的老师，受到帝室的尊重。大胆任用不讲玄学的官员，可见晋元帝的高明。后来太子司马绍继承皇位，这就是晋明帝，升卞壶为吏部尚书。公元324年，晋明帝乘王敦病重，发兵讨伐王敦，加封卞壶为中军将军，率军征战，将王敦击败。卞壶因战功被封为建兴县

晋风——魏晋风度现象的另类解读

朝天宫

公。不久，又被提升为领军将军，拜丞相。公元325年，晋明帝去世。卞壶与王导、庚亮一起为顾命大臣，辅助幼主晋成帝执掌朝政，封为右将军加给事中尚书令，当时的人称他为卞令。

此刻已是三朝元老的他深知身上担子的分量，国家大的内乱暂时平息，但成长起来的新军阀势力，比如苏峻，又出现了不听中央政权号令的倾向。更让他忧虑的是，在如此严峻的形势下，朝廷和官员中普遍存在一种不务实事、轻浮松懈的思想作风，而这种作风跟当时的社会风气有关。

好色居然成了一种社会时尚。土豪石崇曾经把沉香屑撒在床上，让一个个小妾、歌女在床上走，足迹比较轻的，赏赐珍珠；足迹重的，就命令她们少吃，强迫减肥。凡是达到他要求的人，才带出来给客人们表演。

偷窥也成了人们的乐趣。狂放之士到朋友家里不打招呼，直接闯到老婆、小妾闺房里，和她们紧挨着，评点女人们的身材和脸蛋，或者坐在一起喝酒。有时，害羞的女人不好意思，吓得到处躲。男人们像玩捉迷藏一样，把家里都找个遍，然后拖出来，几个男人围着观看。更令人不可思议的是，上层士族们各自带着小妾舞女参加聚会，喝花酒听淫曲。喝多了他们都脱光衣服，当众交欢，互相欣赏。

这就是当时个性自由和名士风度的一个缩影，风流洒脱、任性放达，还引得很多士族争相效仿。熟读儒家经典、笃信礼法治国的卞壶对这种社会不良风气深恶痛绝，他在朝廷上公开批评："自古以来的悖理伤教之事，没有比这种事更厉害的了。西晋的灭亡，就是这种世风造成的恶果。"

自然，卞壶对魏晋风度的强硬态度引起了很多人的不满。他们在背后议论他，贬损他，认为他天性不弘达，心胸狭窄，才能有限，尽管他忠心，实际是不值得大家推崇的。他的好友听到这些议论后，就劝他："你整日为国焦虑、操劳，在你脸上很少看到闲适的表情，只看到像瓦片、石头一样刻板的面容。你这样难道不觉得辛苦吗？"

卞壶反驳说："现在社会上有很多人追慕风流舒朗的个性，主张宽松恢宏的道德标准，这样做固然闲适、舒服，但这样做能使国家长治久安吗？我再不去倡导礼仪法度，谁还会去呢？"他说的礼仪法度就是要遵守规则。

于是他主张刹一刹这种社会风气，但王导和庚亮都予以拒绝。对这个"不懂风流为何物"的人，上层社会都敬而远之，当他是个怪物。确实，在风流盛行的晋朝，他特别不合群：名士谈老庄，崇虚无，狂放不羁，生活奢华；他尊儒家，办实事，为官廉洁，一生简朴。卞壶知道，社会风气坏了，官员应该负首责。"官风不正，民风必歪"。官员们头脑中自由松懈思想是国家的潜在威胁，若想清除这种思想，就必须严格国家的各项制度，对违反者毫不宽容。

连王导这样的重臣违背国家的制度，他也不姑息迁就。晋明帝即位那刻，王导因病而不参加登位进玺的仪式。卞壶严肃地说："您还怎是国家重臣？皇帝正在举殡，新君又未立，难道是人臣以病推托的时间？"他的意思是要王导遵守朝廷法度和规则，王导听后二话没说便抱病赶去。

卞壶为官清廉，虽然做了朝廷重臣，仍然过着俭朴的生活。他住着旧房，食粗茶淡饭，跟普通百姓别无二致。皇帝也知道卞壶廉洁，没有积蓄，在他儿子结婚时，下诏特意赐50万钱，但卞壶坚决不受。

公元327年，历阳（今安徽和县）镇将苏峻以诛讨庾亮为名起兵进攻京城建康。大难临头之际，那帮平日里喜欢清谈的众大臣无不抱头鼠窜。卞壶也知道无法抵挡叛军，但他一面给平南将军温峤写信，要他火速来救援京师，一面作好死战的准备，率兵保卫京城。后来，卞壶总督兵马在东陵口与苏峻展开大战，被苏峻战败。他且战且退，一直退到皇宫。卞壶虽知大势已去，仍奋力死战。他身上已多处受伤，仍拒不逃避，直至战死。这时他年仅四十八岁。他的两个儿子也随父亲对叛军作战，他们见父亲战死，忍着悲痛，拼死痛杀叛军，相继战死。事后，卞壶的夫人裴氏抱着父子三人的尸体失声痛哭，说："父亲是忠臣，儿子是孝子，我还有什么可抱怨的呢？"后来，平南将军温峤和陶侃起兵救援，击破苏峻大军，消灭了叛军。遗憾的是，像卞壶这样的人，试图监督世间，将世道导入正轨，努力倡导规矩的人，却在当时社会上没受到好评。不过，他的特立独行还是赢得了东晋三任皇帝的尊敬，他成了忠贞的代名词。

在他看来，那时的国家已经进入泛娱乐化时代，无道德标准、无行为准则、无是非观念、无理想追求、无务实精神。人们天上地下满嘴跑舌头，鼓琴清歌，放荡不羁，随性随意，物欲横流，人文生态恶化，自然环境高危。虚无空幻成了社会和国家的主旋律，不改变的话，国家就危险了。

直到一百年后，随着东晋末期的另一位重要人物建功立业，扭转乾坤，这种社会风气才稍有改观。

下 篇

四十一、扑朔迷离的谢王离婚事件

一向潇洒古澹的东晋大臣王珣一连数日卧病在床。事业一帆风顺的他突然遭受打击，抑郁成病。他百思不得其解，仅仅是跟错人站错队吗？那我也已经接受了啊，职务已被掌握大权的谢家调整，但为什么还要让我离婚呢？婚姻是我自己的事情，你谢家总不能一手遮天吧？

更让王珣迷惑不解的是，谢安不仅让弟弟谢万的女儿跟王珣离婚，也让自己的女儿跟王珣弟弟王珉离婚。看来谢安是要断绝谢王两家关系了。

这个王珣是谁？他是东晋开国元勋王导王丞相的孙子，青年才俊。他弱冠时入桓温幕府，能力极强，有两个方面可以证明。一方面他深得桓温倚重，当时桓温正进行北伐，军中机要事务都交由王珣处理，军中文武数万人都认识他，很了不得的一个人物；另一方面，他不曾从祖辈父辈继承任何爵位，东亭侯的爵位是其随桓温讨伐袁真时战功所得，这不仅是个提笔行文的文臣，更是个上阵作战的武将。有了这么强的能力，所以王珣在官场从未受过什么打击。

但是，桓温一死，欣赏他的人没了。谢安执政后，把王珣调任到中军将军桓冲那里，做长史、给事黄门侍郎。这级别跟在桓温那里也差不多，但这是暂时的，后来的职务调整让王珣很不爽。

谢王两家的离婚事件很快就在朝廷以及坊间传开了。这桩看似无厘头的离婚事件引起了无数猜测。是因为王珣的反复无常？多数人觉得是因为王珣先投靠于桓温，依附桓氏以求仕进；桓温死了，就离开桓氏，归附朝廷。谢安不喜王珣反复无常的性格，但这点很快就被人否决了，因为谢安是个很顾全大局的人。再说政治的抉择也不能影响个人的婚姻啊。

是因为王珣的无才？王珣在桓温幕府时，桓温曾让人偷了王珣的文书，王珣当时就在公府另写了一份，没有一个字与先前文书相同。一份文书，用两篇完全不同的文字表达一个意思，足见王珣才华之高。谢安在尚书省约见王珣，回家后对妻子刘夫人说："刚才见到阿瓜（王珣），确实不多见，虽然跟他没有什么交往，但他还是令我钦佩，不能自已。"可见谢安也是真心欣赏王珣才华的。

还是因为王珣的无德？谢安还有一个女婿王国宝无才无德，人面狗心，一味谄媚，甚至谗言离间孝武帝和谢安，逼得谢安出镇避祸，谢安都不曾与其绝婚。显然和王珣离婚也不是因为王珣人品问题。

那到底是什么原因呢？

其实是桓温的死把所有的矛盾迅速激化，王、桓、谢等高族一着不慎，就足以动摇整个朝纲。谢安就是在这关键时刻主持朝政，他采取了一个重要手段，也是东晋政治惯用手段，平衡士族，并在此基础上归位皇权，但是朝廷政治形势依然严峻。桓温死后把自己所有大权交给了弟弟桓冲，桓冲凭借桓氏外朝方镇势力，依然能权倾朝野。

谢安采取了第一招，扶持了太原王氏王蕴的势力。他并没考虑与他并肩作战却英年早逝的王坦之家族。谢安与桓冲商量为皇帝立后，都同意从太原王氏选人。可桓冲言"盛德之胄"，表明其意在王坦之后人，而谢安却意在太原王氏另一支王蕴之女王法慧。王蕴父王濛与谢安是好友，王蕴此人又对权利无渴望，谢安就是看上了他这一点。且王蕴子王恭，风流特出，深得谢安之心，这不失为提拔王恭的好时机。

紧接着采取第二招，提拔了琅琊王氏另一支王献之，以此来平衡太原王氏的势力。同样身为琅琊王氏的王珣，却不在其列。正是他过强的能力，不得不让谢安忌惮和担忧。东晋自建国便是士族专政，从琅琊王氏到

下 篇

颖川庾氏，再到谯国桓氏，士族把持朝政，皇位形同虚设。到了桓氏更加厉害，桓温凭一言废海西公，改立简文帝，皇帝沦为桓氏傀儡。简文帝临终连太子都不敢立，无怪人言政由桓氏，祭则寡人。

谢安就是看透了这种病态政治，所以不愿将有能力、有野心的王珣置之高位。可是平白无故贬抑王珣，难免遭人话柄，所以，谢安在没有任何理由的情况下和王氏兄弟绝婚，又借王氏兄弟婚变之由贬王珣为黄门侍郎，外迁其为豫章太守。王珣当然不肯，拒绝出任，理由是身体欠佳。后又被任命为散骑常侍，王珣也未接受任命，最后被安排在秘书监才勉强接受。接连遭受这么多打击，就算是当年在桓温幕府精力充沛到文人武士万人悉识其面的王珣，也撑不住了。

谢安打击了王珣，又顶着非议提拔了自己的侄子谢玄，引起一片哗然。谢安太清楚京口兵力的重要性了，这个兵权交到任何一个家族都没有握在自家手里放心。谢安在朝野一片争议下，任谢玄为兖州刺史，镇守广陵。谢玄在京口重组北府兵，淝水之战终于使北府兵名震天下。

为了避免士族内斗，谢安在淝水之战临胜前夕，任命皇帝年仅二十岁的弟弟会稽王司马道子录尚书六条事，位同丞相。谢安没有和任何一个家族分享权利，而是归政皇权。淝水之战结束不到两年，谢安离开京师外驻广陵，让出了中枢相权；刚过三年，谢玄又退居会稽，让出了北府兵权，结束了门阀对皇权的威胁。王珣直到谢安死时，才明白他的一片苦心。他专程跑去找王献之让他带自己去吊唁谢安，想消除以前对谢家的成见，尽量弥补王谢关系裂痕。

在东晋，门阀制度导致婚姻政治化。离婚是为了政治，结婚更是为了政治。

当年谢安的父亲谢裒追随司马睿到建康，担任吏部尚书的他替儿子向东晋重臣诸葛恢的小女儿诸葛文熊求婚，结果遭到一口拒绝。诸葛恢很不客气地告诉谢家："我的大女儿诸葛文彪嫁给了太尉庾亮的儿子庾会,次女嫁给了徐州刺史羊忱的儿子羊楷。庾会被苏峻杀害后,诸葛文彪改嫁江彪,我的儿子诸葛衡娶邓攸的女儿。羊氏、邓氏与诸葛氏世代通婚,江家得到我的照顾,庾家照顾我,不能再另外与谢家通婚。"理由一大堆,归根结底只有一个,嫌谢家父祖名位不高,身世不显赫。直到东晋朝中后期谢家才慢慢崛起,诸葛恢死后,诸葛文熊才嫁给了谢家的谢石。

东晋的政治婚姻一直在延续,令人不可思议的是,一旦政治婚姻不能满足政治需要,则会掀起巨大的政治风波。

公元547年,东魏叛将侯景率部投降南朝时期的梁朝。侯景原来的老婆孩子都被东魏高澄杀得干净,投梁不久侯景便向梁武帝求婚于琅琊王氏和陈郡谢氏两家。这两家均是江南的豪族,显赫无比。梁武帝听了侯景的这个要求,大不以为然。他虽然利用侯景,但也对侯景这种北方来的文盲大老粗非常不屑,便回复说:"王谢门高非偶,可于朱张以下访之。"言下之意是:"王、谢两家门第非常高,都是斯文名门,你一个混混人物而已,恐怕配不上,还是退而求其次,找门第稍逊的朱、张两家试试吧。"此事深深地刺激了侯景,恨恨自道:"会将吴儿女以配奴!"意思就是:以后你们这帮江南望族的白富美以后都给我当奴隶吧!

一年后,驻守寿阳的侯景叛乱起兵进攻梁都城建康。侯景攻破台城,梁武帝萧衍被其饿死。侯景自封为大都督,迫使美貌的溧阳公主嫁给他为妻,随后又陆续派军在三吴地区大肆烧杀抢掠。

世界上每一段婚姻都是有缘的。两个人开始的时候会有存在的理由,结束的时候也有结束的原因。政治婚姻更是如此。政治跟婚姻本是风马牛不相及的事情,但是在那个门阀制度森严的朝代,政治将婚姻紧紧捆绑在一起。政治是大餐,婚姻是小菜。婚姻这道小菜上不上,完全取决于大餐的品位和格局。

下 篇

四十二、尊重老婆应当是男人最大的美德

不少男人因惧内而青史留名,东晋三巨头都患有同样的"毛病"。

先说王导,他是东晋的开国名相,曾经辅佐过晋元帝、明帝、成帝三朝,是那时重要的元老大臣。因为对朝廷忠心耿耿,所以他深受文武官员的尊敬。就是当时的晋成帝对他也是毕恭毕敬:做太子时,每次相见,总是对王导下拜;即位后,手书王导,总是加上"惶恐言"三个字;下圣旨的时候,不说"请王爱卿阅处",而是说"敬问"。

出乎意料的是,如此风光的且连皇帝也得让三分的人,竟也是个怕老婆的主儿。他在自己夫人面前却是非常谨小慎微,甚至大气也不敢喘一口。他的老婆姓曹,《晋书》是如此记载:"曹氏性妒,导甚惮之。"

其实曹氏对王导还是非常不错的,自嫁到王家,她把王家里里外外打理得有条不紊,让王导安安心心地打理国家。她与王导的感情很好,而且生下的六个儿子,个个都是国家的栋梁。她可以说是王家的功臣。

王导年轻时因为畏惧妻子,倒也不敢太花心。可东晋建立后,随着职务的升高,最后是一人之下,万人之上,便想着自己也该享享艳福了,把以前没有好好珍惜的岁月补过来。刚巧有人介绍了一个古灵精怪的小丫头,那个漂亮乖巧,直让王导心花怒放。两人私聊了好几次后,王导便把她纳为小妾,在南京城的其他地方偷偷盖了座比较豪华的小别墅。王导一有空闲,便趁曹氏看管不严的时候,悄悄溜走,与小妾秘密幽会。

天下没有不透风的墙。有一天,王导正与皇帝在宫中议事,皇帝深感王导学问渊博功勋卓著,君臣二人谈得相当融洽。不想有人前来汇报,说

王夫人要去王导在外私建的小别墅。王导吓得脸都绿了，连忙辞别了皇上，急匆匆抄小路，要赶在夫人前头。慌张的王导嫌牛车跑得太慢，就把身子伸出车篷，用左手扶着门栏，右手拿着清谈用的麈尾，用麈尾的柄拼命地鞭打牛屁股，想让牛跑得更快一些。王导心想，老太婆可不是省油的灯，万一发作起来，今后幸福美满的小日子可就没有了。

当王夫人率领婢仆二十多人持刀气势汹汹地来到别墅，去找"小三"算账时，早已经人去楼空。王夫人知道肯定是王导察觉到了什么，早一步做了动作。她眼睁睁看着狐狸精虎口脱险，气得说不出话来。

因为当时是元会日，朝臣们都在皇宫里，这件事很快就在圈子中传开来，成为笑柄。司徒蔡谟生性滑稽，喜欢捉弄人，看人出洋相，这等上好的素材岂肯放过？有次朝会之后，蔡谟拽住王导，戏弄他："丞相大喜！"王导奇怪，问他："司徒有何见教？何喜之有？"蔡谟也真够绝的，假模假样地道："丞相不知道？朝廷最近有旨要下，准备加丞相九锡，以示丞相尊礼。"

王导一愣，我作为皇帝身边人，没听说过这事啊！虽然王导并没有篡位之心，不过做臣子的能加九锡大礼，那是何等的荣耀！王导对加九锡之说信以为真，他相信自己有资格当起九锡礼的，不过总要谦让一番，这也是历史惯例。他便对着蔡谟谦让不已："导何德何能，敢受如此大礼。"

蔡谟没想到王导居然当真了，忍着笑说道："不过最近时事艰难，国资不丰，到时加九锡时，只有短辕牛车，长柄麈尾可用了。丞相不要嫌弃，凑合着用吧。"说完，蔡谟仰天大笑而去。

王导恍然大悟，才知蔡谟这是在耍他。王导气得不行，冲着蔡谟的背影跳脚大骂："当年和你爹蔡克共游洛阳的时候，那时还没你这个兔崽子，居然敢戏弄老夫，真是气死我了。"

事后，在很多人看来，王导惧内一事尽管让他在同事面前丢了暂时的

下篇

颜面。可也正是家里有这样一位悍妻，才能让王大人勤勉国事而不想入非非，以致生时名扬四海，死后哀荣无限。

再来说说一向颐指气使的桓温。他的妻子司马兴男是位公主，晋明帝之女，金枝玉叶，脾气也火爆得很。桓温如王导一样，在外边养了小老婆。谁知后来这件事让妻子知道了，她就带领数十个侍女丫鬟，全副武装地杀将过来。吓得在皇帝面前都威风的桓大司马大气都不敢出。幸亏小老婆实在可人，竟叫大老婆不忍下手，还说："真是美人儿，我见犹怜，何况那个老东西！"

还有一位就是东晋著名政治家谢安了。谢安因为指挥淝水之战，大败前秦而名垂青史，殊不知谢安也有怕老婆的历史。谢安本打算一辈子卧居东山的，但他老婆受不得这个寂寞，闹得厉害，谢安不得已出来作官，周旋于桓温门下。后来，他在淝水之战立了大功，成为国家的功臣。

虞通之的《妒记》中有这样一段记载：

谢太傅刘夫人，不令公有别房宠。公既深好声乐，不能令节，后遂颇欲立妓妾。兄子及外生等微达此旨，共问讯刘夫人；因方便称"关雎""螽斯"有不忌之德。夫人知以讽己，乃问："谁撰此诗？"答云周公。夫人曰："周公是男子，乃相为尔，若使周姥撰诗，当无此语也。"

什么意思呢？原来谢安也想娶妾，但是他老婆管得严，不同意，于是谢安的侄儿和外甥都去劝谢夫人，以《关雎》《螽斯》诗中有"不忌之德"来进行相劝。"不忌之德"就是对古代妇女的要求，古人男子三妻四妾，妻妾间要求有不互相妒忌之德。结果当场被谢夫人反驳，她说如果是"周姥制礼"，就不会如此偏袒男性了。

三个"巨头"如此"惧内"，真是有趣。其实除了他们，在东晋一朝，"惧内"是个普遍现象。"惧内"，这是一个很有渊源的词汇。据清朝学者袁枚考证，始作俑者乃春秋时期的游侠专诸。《越绝书》有言："专诸与人斗，有万夫莫当之气，闻妻一呼，即还。"想来专诸这样一个超级威猛的大男人，在老婆面前，温柔如羔羊，人们得知自然颇觉奇怪。但听了专诸自己的解释后，你就会豁然开朗：能屈服于一个女人之下，必能伸展于万夫之上。

相信有不少人说起历史人物怕老婆故事的时候，总是嗤之以鼻，其实殊不知这正是王导他们做大事的根本。夫妻二人有缘相聚，岂不是一种难得的缘分，家和才万事兴。

王导等男人如此惧怕老婆，我想主要有三个原因：

一是王导等人都是心胸开阔、涵养极高的男人，懂得如何尊重女性，尊重老婆。加上魏晋时期儒学衰落而崇尚自然的玄学盛行，名士们不把诗书礼法放在眼里，大都追求人性解放，所以能以平等宽容对待妻子。而同时，玄学思想也影响了上层贵族女性的自我解放。

二是他们都是位高权重之人，很注意自身的政治形象和政治地位，他们的成功自然离不开家庭的全力支持。一个成功的男人背后总是站着一个优秀的老婆。

三是魏晋时期女方的家族背景直接影响了丈夫的态度。很多时候"惧内"不仅是夫妻之间情感的问题，而且是家族与家族、家族与皇族之间关系的问题，两相配合才造就了魏晋时期惧内之风盛行。

但不管出于哪种原因，我认为，尊重老婆应当是男人最大的美德，因为他体现出男人对女性的宽容和大度、关爱和呵护。您觉得呢？

下篇

四十三、英雄相惜是一种什么情感？
这种情感牢不牢靠

公元369年11月，北方一片萧杀和混乱，走投无路的前燕国贵族慕容垂率部前来投降前秦国主苻坚。

苻坚听说他最大的竞争对手，曾经征战辽东、驰骋中原的大将，让苻坚久战不胜为之发怵的人才慕容垂前来归降，高兴坏了，亲自到郊外迎接。他握着慕容垂的手说："天生贤杰，必相与共成大功，此自然之数也。要当与卿共定天下，告成岱宗，然后还卿本邦，世封幽州，使卿去国不失为子之孝，归朕不失事君之忠，不亦美乎！"

这个简短而隆重的欢迎仪式，苻坚讲了三层意思。

1.上天降下德才兼备的豪杰，必定能共同完成伟大的事业，这是自然的道理。苻坚自信满满地把两人都看作当世豪杰。

2.我一定要和你共同平定天下，充分相信两人的能力，并肩作战，战无不胜。

3.事情成功后我们一起到泰山上禀告上天，然后让你回到本国，世世代代封在幽州，使你离开本国不失去做儿子的孝道，归附于我不失去侍奉君主的忠诚，不是很好吗？苻坚充分替眼前的英雄着想。

慕容垂听了很是感动，也当场表态：投奔您这里，能免去我的罪过就很满足了；回到本国，不是我所敢期望的。

见两个英雄互相欣赏，前秦丞相王猛却觉得很别扭。事后王猛劝苻坚说："慕容垂的韬略过人，智慧无双，是蛟龙猛兽，终将风云再起，难以驾驭，不如趁早除去。"苻坚却说："我正要收揽天下英雄豪杰，荡涤四海，为什么要杀掉他呢？而且他们刚刚到来，我已经诚心诚意接纳他们，平民百姓尚不能违背诺言，何况是天子。"

欣赏之下，苻坚让慕容垂担任冠军将军，封为宾徒候；欣赏之下，慕容垂一直忠心耿耿跟随着苻坚，在灭凉、并代等重大历史事件中立下汗马功劳。

英明神武的苻坚在位期间励精图治，推行一系列政策与民休息，加强生产，终令国家强盛，消灭北方多个独立政权，成功统一北方；而战功卓著的慕容垂则在前燕国受到他的叔父、太傅慕容评和太后可足浑氏的排挤和追杀，不得不投奔前秦，但心里还是想着恢复祖父辈的荣光。一个放眼天下试图统一中国，一个匆促逃难试图光复梦想，本来就是两个世界的人，但是互相欣赏把他俩紧紧捆绑在一起。

对于彼此的目的，也许两人都心知肚明。苻坚明知道这个与慕容家族打断腿还连着筋的人，是很难忠心为前秦效力的，他的前来无非是暂避灾难临时落脚；而在慕容垂看来，这个能力极强魄力非凡的有着远大梦想的雄主，在他的羽翼下不会有出头乃至为慕容家族建功立业机会的。

公元383年，苻坚为实现统一中国的愿望，准备对东晋用兵。在伐晋这个问题上，虽然太子苻宏、宠妃张夫人和爱子苻诜以及朝中许多大臣都一再进谏，但苻坚主意既定，不为所动。因为互相欣赏，此时慕容垂成了唯一支持苻坚的大将。苻坚兴奋地对慕容垂说："与吾共定天下者，独卿而已。"

在淝水之战前夕，慕容垂临时被抽调到荆州地区。在打下郧城之后，他又奉调驰援淝水前线。但慕容垂的部队还未抵达战场，胜负已分，苻坚败逃。听说了慕容垂的下落，苻坚带领一千骑兵投奔慕容垂的大军。

慕容垂的世子慕容宝，此时被苻坚封为陵江将军，他看到苻坚只身前

下 篇

来，就劝说父亲杀死苻坚以后恢复燕国。他说："燕国灭亡以后，天命人心都归于父亲您，只是时运不到，所以才韬光养晦。如今秦兵大败，苻坚投靠我们，这是上天让我们恢复燕国而给予我们的机会，机不可失。且立大功者，不顾小节；行大仁者，不念小惠。请不要因为他曾给我们的那点恩遇，而忘记了恢复社稷的重任！"

然而，慕容垂却回答："你的话是没错。不过，惨遭战败的他剖肝沥胆来投靠我，我怎能做出加害他的事！上天如果抛弃他，又何必要担心他不会灭亡？不如好好保护着他，以报答他的恩德，然后，慢慢再寻找时机筹划我们的计划。这样，既不做负心之事，又能够光明正大地取得天下。"慕容垂手下的所有人都劝说杀掉苻坚，但慕容垂一概不听。他不仅没杀荼苻里，反而收留了狼狈的他，甚至将兵权交给了他。不管出于战争策略，还是道德考虑，慕容垂在很大程度还是基于对苻坚的欣赏。

当苻坚率领军队走到渑池的时候，慕容垂对苻坚说："北方边境由于大军失利而出现不稳，臣请求带着陛下的诏书前去安抚，顺便回去拜谒祖宗陵墓。"

苻坚没有多想就答应了。当要制作诏书的时候，尚书左仆射权翼才得知苻坚的这一决定。他匆匆觐见苻坚说："王国军队刚刚失败，国家各地都有背叛之心，此时需要做的是将各地名将集中到京师，用以巩固根本，再控御四方。慕容垂英勇谋略超过常人，正所谓是当今的韩信、白起，世代称雄东方。自从他前来投奔以后，他的志向岂止是做一个冠军将军就能满足的！"

权翼的一席话提醒了苻坚，他回答："你说得对啊，但朕已经同意他了。如果上天决定谁兴谁灭，这也不是人的智力所能改变的啊！"

权翼说："陛下总是看中世间小小的信用，而忽略社稷重任。臣将看到慕容垂去而不返，关东之地将从此开始动荡了！"

但苻坚依然不听，派遣将军李蛮、闵亮、尹国率领三千人马护送慕容垂北上。慕容垂走后，苻坚又有点后悔了，不过，他还是没有召回慕容垂。这都是出于欣赏。

一山不能容二虎，除非一公和一母。在邺城郊外，慕容垂果然公开反叛前秦，守城的苻丕派出侍郎姜让前往慕容垂军营，劝说慕容垂："去年淝水之战之后，大人保护圣上的大驾，立下大功。你更应该继续尽忠报国，为何要抛弃曾经的功劳，而犯下此等过失呢！过则能改，善莫大焉，请你三思，犹未晚矣。"

慕容垂回答："我受到主上大恩，因此，我如今的打算是要保全长乐公苻丕的性命，让其率领邺城全部的部众，西去长安。然后，我们两国永远成为友好邻邦。为何不能明察秋毫，不赶紧将邺城归还于我呢？大人如果不迷途知返，我将发起猛烈的进攻，到时候恐怕孤身一人请求饶命也不行了啊！"慕容垂身边的人请求杀掉姜让，慕容垂说："自古以来，战争中总有使者在双方之间穿梭，狗也各自为自己的主人而狂吠，不必深究！"

于是，慕容垂命人给秦王苻坚写信，让姜让带回。慕容垂给苻坚的上书中，再次感谢苻坚给予自己的恩遇，但也表白了自己对前秦国立下的种种战功。

苻坚见信后大怒，回信将慕容垂痛骂一顿，说道："我君临万邦将近三十年了，淝水之战不幸失利，有赖你的保护而回到长安，这是你的功劳。我正要委任你为国相，你却突然反叛！这是我接受不了的事实。"

随后，苻坚召见还在前秦工作的慕容家族的慕容暐，严厉斥责说："慕容垂在关东舞动长蛇，慕容泓等又兵向京畿。慕容泓的书信就放在这儿，你真想东去，我会为你准备盘缠相送。"慕容暐连连叩头，以致头上流出了鲜血，痛哭谢罪。后来，苻坚又恢复了慕容暐的官位，还像过去一样看

下 篇

待。估计也是出于对慕容垂的欣赏。

读这段历史,激情澎湃,感慨不已。人生不是缺少运筹帷幄决战千里之外的战场,也不是缺少战无不胜攻无不克的战绩,而是缺少英雄相惜互相欣赏的竞争对手。人生拥有这样一个竞争对手,何其快意哉!

四十四、人与人之间是有磁场的

人与人之间是有磁场的,每一个人的磁场都有一种释放和吸收的功能。如果经常和磁场比较污浊的人接触,他也会把我们的磁场给污染了;如果跟一个磁场比较干净的人在一起,他散发出的磁场也能使我们的磁场得到净化。这个磁场表现出来的就是我们通常所说的"物以类聚,人以群分"。

东晋的王濛和刘惔就是因为拥有相同的磁场而走在一起的。

王濛年轻时放荡不羁,在那个年代获得了风雅潇洒的美好名声。王濛与刘惔齐名,并且是好朋友。因为磁场的原因,二人互相欣赏,互相吹捧。当时的人把刘惔比为荀粲,把王濛比为袁涣,并成当时风雅潇洒名士的典范。

王濛性格平和舒畅,很能清谈,谈道时旨在意义,简洁而有重点。他还十分注重仪表,每次照镜时都对镜中的自己说:"王文开(他父亲)怎么能生了这样的儿子。"自美自恋到了极点。

王濛一次听到外族语言,因听不明白就一脸茫然,于是说:"假若介葛卢来朝,定必听得懂这语言。"介葛卢是春秋时介国的国君,连牛鸣叫也能听出意思。

一年冬天,王濛到尚书省见王洽。当时外有积雪,王濛在门外下车,穿着公服步入。王洽遥遥望见王濛,叹道:"此不复似世中人!"

那天王濛与刘惔同席而坐,王濛喝得痛快时跳起舞来。刘惔说:"阿奴(王濛的小名)你今日比得上昔日向子期的任率呀。"

下 篇

王濛草书

如此飘逸、如此率性、如此能谈的一个人。

刘惔也是东晋著名清谈家,被视为永和名士的风流之宗,是当时清谈的主力干将。他历任司徒左长史、侍中、丹阳尹等职,故后世称其为"刘尹"。

刘惔年少时清明远达,有风度才气。他与母任氏寄居京口,家中贫穷,以靠编草鞋为生。刘惔虽住在荜门陋巷,但却怡然自得,自我感觉很是良好。他起初未被人重视,唯独王导十分器重他。后来刘惔日渐知名,被时论比作袁乔。刘惔听说后很高兴,回家把这件事告诉母亲。母亲是个聪明的人,她说:"你无法与他相比,不要接受。"又有人拿他与范汪比,他又很高兴，但母亲还是不许他接受。

刘惔在丹阳尹任上，时值百官经常批评一些违法违规的官员，于是诸郡往往都会列举一些官员罪行上奏。然而刘惔不同意这种行为，他的理由很奇葩：他认为这是官场内部斗争，如果长期下去，会失去民心的。于是作为首都建康长官的刘惔，将这些上奏都压下不作追究，结果导致违法违规的官员越来越猖狂。

永和元年（公元345年），会稽王司马昱获授抚军将军、录尚书六条事，参与辅政。而刘惔向来擅长言理，于是他与王濛同为谈客，很受司马昱倚重，两人并号为入室之宾。

一次，王濛和刘惔约同样擅长清谈的僧人竺法深一同探望中书监、骠骑将军、录尚书事何充。何充是个务实派，处理公务忙都忙死了，只顾着看文书而不理会他们。王濛很是轻视地说："我们今日特地与竺法深来见你，是希望能摆脱俗务，一起清谈，你怎能还低头看这些东西呢？"何充头也不抬回答说："我不看这些东西，你们又怎能存活？"

尽管他们每天把酒清谈，但是对政治职务还是有想法的。东阳太守山遐去世，王濛向司马昱请求任东阳太守，说："借助山遐严厉的为政作风基础，我可让当地和谐安定。"但司马昱没有答应。司马昱其实很清楚，这些擅长清谈的哪会治理地方政务，留在身边跟自己侃侃大山就可以了。

征西将军兼荆州刺史庾翼去世，辅政的何充推举桓温出任荆州刺史。刘惔十分欣赏桓温的才干，但却明白他有不臣之心，于是向司马昱进言，称桓温不可以居于荆州这个能制胜的位置，而且要常抑其位号。刘惔甚至请求自任荆州刺史，但被司马昱拒绝了。

在东晋这样磁场的影响下，越来越多的官员是"居官无官官之事，处事无事事之心"。这句话的意思是，身居官位，却没有当官的事；干事情

下 篇

却没有认真做事的心态。他们的清谈和飘逸，直接见证了东晋王朝衰亡的历史。

有的人穿得可干净了，可是我们就觉得这个人很脏。而有的人穿的衣服还带着泥巴，我们却觉得这个人很清爽。西晋的傅玄和崔洪则是因另外一个磁场的作用而走在了一起。

傅玄是个性格耿直、心胸坦荡的人，在担任司隶校尉（相当于现在主管纪律检查的高级官员）的时候，眼里容不得一粒沙子，有话就直说。他天性严峻急躁，碰上事情不能有所宽容，每逢有奏疏检举，他便焦躁不安地一夜不睡，手捧奏章，整饬冠带，静坐等候天亮。

耿直的他在外人看来脾气是很臭的，也因此得罪了不少人。

司马炎刚即位时，广纳直言。傅玄因为掌管谏官之职，于是上疏请求推荐贤才。司马炎表示同意，并让傅玄草拟诏书献上。傅玄上疏认为：应该撤除闲散无用的职位，并建议统一规划天下若干人分别为士人、农民、工人、商人；尊崇儒道崇尚学术，以农业为贵，以商业为贱；又认为应该制定相应的制度，考核天下官员，缩短居官时间久，以鼓励他们建立良好的教化，争着做一些政绩。

傅玄还推荐了皇甫陶跟他共事，但等到入朝后两人就有抵触。傅玄因政事与皇甫陶争执，被有关部门弹劾，两人因而获罪免官。

泰始四年（公元268年），傅玄被任命为御史中丞。当时州郡多有水涝旱灾，傅玄又上疏陈述应做的五事，这就是被后人赞誉为"五条政令"，武帝下诏表彰了他。

再后来，西晋连年五谷不登，西羌胡人骚扰边境，晋武帝下诏让公卿讨论这些事。傅玄应答晋武帝所问，陈述事理恳切率直，得到晋武帝赞赏。

但后来，发生了一件事让朝廷大臣们都感到傅玄的太过于耿直。咸宁四年（公元278年），景献皇后羊徽瑜驾崩，在弘训宫设立祭衣的位置。按照级别，司隶校尉排在各部门首长之后。但在朝会的时候，大臣们坐在宫殿的正南门外，这时司隶校尉坐在各部门首长的上首，一个人单坐。进入宫殿后，再按职务高低，司隶校尉坐在各部门首长的下首，即回到了自己应该坐的位子上，也不单独坐了。而皇宫近侍认为弘训宫是在殿内，于是把傅玄的位置设在卿位之下。傅玄大怒，大声呵斥近侍。近侍假称是尚书安排的，傅玄又面对百官大骂尚书并离席。这事被御史中丞庾纯弹劾，以傅玄"大不敬"名义上奏皇帝，最后性格耿直的傅玄因此被免官。

人与人之间真的有磁场这回事，一接触就能感觉出来。有些人能和你一见如故，有些人和你永远不会深交。与傅玄有深交的尚书左丞、博陵人崔洪，也是类似的人。

崔洪也是清廉严厉正直之人，但他耿直不同于别人。他喜欢当面斥责别人的过失，但在背后却从不议论别人，人们因此而尊重他。

生活简朴的崔洪，从不谈论钱财，手上也从不拿珠宝等贵重之物。一次汝南王司马亮宴请公卿大臣，用琉璃做的酒杯行酒至崔洪，崔洪不接。司马亮问他不接的原因，崔洪搪塞说，他担心手拿玉器，不能快步疾走。

正是有这两位的努力，于是那些王公贵族、朝廷大臣都对他们感到畏惧屈服，使得西晋之初的台阁之间风气清廉。

一位哲人说，世界上最重要的是，不在于我们在何处，而在于我们朝什么方向走。在我看来，我们要努力向着正能量的磁场去走，也希望被越来越多正能量的磁场所吸引。

下 篇

四十五、高规格的清谈专家上了战场会怎么样

谦让,尤其是在职务和岗位上的谦让,会显得你高风亮节。这本是好事,但在晋朝,"谦让"的理念被念歪了。起初,西晋重臣刘寔有感于世风败坏,写了一部著名的《崇让论》以矫风正俗,应"以让贤举能为先务"。他的意思,"让"的目的是让"贤者"脱颖而出,而"贤者"的评判标准则是被让最多者为贤。结果皇帝也采纳了这种说法。

于是,在晋朝形成一个惯例,朝廷让你做官,你一定要多推辞,推辞越多,说明你的水平越高。比如说,你直接答应出来做官,顶多给你个县令做做;推辞三次以上,说不定就是太守了;再推辞个十年,说不定刺史的位置就是你的了。

这种通过谦让选才,只有在完全竞争、信息透明的情况下才有可能发生。否则,就容易被人钻空子,会产生套利机会,所谓"让"只会成为个体的套利工具。殷浩就是一个最突出的典型。

你见过能聊的,但肯定没见过像殷浩这样会聊的。殷浩就是一个清谈天才,甚至可以说魏晋时期,殷浩认第二,基本无人敢认第一。凭着清谈这个本事,他很快跻身名流。他曾经参加了由东晋宰相王导主持,当时的清谈大家谢尚、王濛、王述等名流参加的一次清谈。王导对殷浩说:"我今天要和您一起谈论、辨析玄理。"两人一起清谈完后,已到三更时分。与会的众人听得如痴如醉,却始终没机会插话。此次清谈后,殷浩被王导称为"正始之音",规格可以直追曹魏当年的清谈鼻祖何晏、王弼,可以想见规格之高。

有了这个名声，管全国军事的太尉、管全国政务的司徒、管全国纪检的司空三府都争先征召殷浩为官，他都推辞不就任。后来征西将军庾亮征召他为记室参军，他才答应，并多次升任至司徒左长史。安西将军庾翼又请他做司马，后任命为侍中、安西军司，殷浩都称病不就职。最后他索性辞官不做，隐居他母亲的墓地长达十年，一时舆论哗然。

殷浩在谦让着，不少人在担忧。王濛、谢尚探察他的出仕和退隐的动向后，掐指一算，预卜江东的兴亡。两人一同前往看望殷浩，知道殷浩有坚定的"避世志向"。返回后，叹息说："殷浩不问世事，如何面对江东百姓！"

紧接着，无数名流纷纷劝他出来做官，殷浩理都不理。以至于后来流传的话越来越玄乎，"殷浩若出，则晋兴；殷浩不出，则晋室危矣。"

当朝的权臣庾翼也被殷浩的谦让所感动，写信给他："当今江东社稷安危，只怕难保百年无忧，国家破灭，危在旦夕。足下少负美名，十余年间，内外任职，而如今却想隐退世外，不问国事，这于理不合。再说，当代的大业，还须靠当代的杰士去完成，为什么一定要盲目追寻古人的风范？王衍是前朝的风流人物，但我始终鄙薄他追求虚名的行为。然而他却极力谋取高位，树立名望，说空终日，不务实际。"他的意思是，你跟西晋那个清谈误国的王衍不一样，他不仅清谈还主动占据高位，你有威望却懂得谦让，应该是比他有作为。最后大概还是庾翼的分量不够重，殷浩还是继续谦让着。

十年间，他的名声达到了顶点。他愈不出，就愈显高洁，而声望愈隆，朝廷为了让他出仕开出的价码愈高。永和二年（公元346年）三月，司马昱当摄政大臣，国丈、卫将军褚裒推荐殷浩，于是殷浩被征召任命为建武将军、扬州刺史。

殷浩还是谦让，上疏辞让，并写信给司马昱。司马昱答复道："如若再存谦让之心，一意孤行，我担心天下大事从此将要完结。足下的去留就关系到时代的兴废，时代的兴废事关社稷存亡。足下长思静算，就可以鉴别其中的得失。希望足下废弃隐居之心，遵循众人之愿。"

殷浩再三辞让，从司马昱回信给他再经历整整半年，他才接受征召。

谦让的水平到了极点，造势的舆论到了极点，他终于出来做官了。天下士人泪流满面，奔走相告，国家有救了。此时有一个政治背景，就是朝廷另一名权臣桓温正炙手可热，有侵吞朝政之倾向。尤其在他平灭成汉后，朝野震惊，他声名更加大振。朝廷为了安抚桓温，任命他为征西大将军，同时为了牵制他，任命殷浩为中军将军、都督五州诸军事。

此时，北方发生了一件大事，后赵君主石虎病死。由于一贯的暴政和施政的混乱，后赵石虎诸子很快开始夺权，盘踞东北的慕容鲜卑也蠢蠢欲动，可以说此时北伐是最好的机会。司马昱也是这样想的，所以任命殷浩这样的高位，其实等于把北伐的重任交给他。

桓温气坏了，他数次上书要求北伐都没被批准，现在居然被交给了殷浩！殷浩除了隐居墓所十年还有什么？除了清谈还会什么？可朝廷不这么想，如果殷浩北伐成功了，他的功绩就远超桓温，就可以制衡了。

永和八年，殷浩上表北伐，请求进攻许昌、洛阳。殷浩出发前坠落马下，当时的人都认为不吉利。但殷浩却收获了一个利好的消息：羌族首领姚襄和氐族相攻，姚襄兵败，率部众来投，并送上五个弟弟做人质。

这本是件好事，可是由于殷浩的瞎指挥，导致全盘皆输。北伐时，殷浩和降将姚襄并肩作战。殷浩发现姚襄统领的羌族部众战力十分强横，深为忌惮，于是把姚襄当初送来做人质的五个弟弟都给囚禁了。这是殷浩第一次瞎指挥。

然后殷浩想出了高招，派刺客去刺杀姚襄。但是姚襄这个人有个特点，个人魅力奇高。他弟弟姚苌评价他"统率大众，履险若夷，上下咸允，人尽死力"。刺客见了姚襄，都放弃刺杀，转而把实情告诉他。这是殷浩第二次瞎指挥。

殷浩见刺杀不成，又有了高招，他让降将魏璟攻击姚襄。结果魏璟反被姚襄所杀，部众为其吞并。这是殷浩第三次瞎指挥。

殷浩这时候又生一计，把姚襄迁到梁国蠡台，授予梁国内史，以为调虎离山，然后派谢万去攻击他。这个谢万也是清谈高手，而姚襄却是军事高手，两人一战，谁输谁赢，没有悬念。这是殷浩第四次瞎指挥。

至此，姚襄看出殷浩的心思，决定叛晋，但暂时引而不发。

永和九年，殷浩再次北伐时，做了一个令人出乎意料的决定，让姚襄做前锋，于是姚襄趁机反了。殷浩大惊，行军途中很快遭遇埋伏，结果辎重被掠，士卒多叛。殷浩派部将在山桑攻打姚襄，都被姚襄所杀。于是殷浩连北伐的正主儿都没遇到，就这样戏剧性地不了了之。东晋丧失了收复中原的最后良机。

事后，桓温抓住这个机会，狠狠地向朝廷弹劾殷浩。朝廷只得将殷浩废为平民，并将他流放到东阳郡信安县。桓温对身边的人说："殷浩品格高洁，能言会道，假使让他担任尚书令和仆射，足以成为朝廷百官的楷模。朝廷用才不当，以致有今日。"他说这话当然有幸灾乐祸的味道，但也不无道理。

殷浩虽然被罢黜流放，但没有半句怨言，神情坦然，一切听天由命。他依旧不废谈道咏诗，即使自家亲人也看不出他有什么被流放的悲伤，只是整天用手在空中写"咄咄怪事"四个大字而已。

他的"咄咄怪事"是什么意思呢？学术界这么有名望的人居然会在战场上惨败？理论和实践的差距怎么会这么大？朝廷怎可如此对我，我作战不行清谈还不是很好的吗？其实，什么意思，我也不清楚。

殷浩的事情告诉我们一个道理，没有相当的制度约束与政治环境配套，一味的谦让，其结果必然是令人流于矫揉造作，粉饰虚伪。

下 篇

四十六、东晋第一男神：清谈的风度是用来做事的

都说宋朝的知识分子活得太累，因为人人满腔热血，忧国忧民，胸怀天下；都说明朝的知识分子活得无比窝囊，因为在特务政治和宦官政治双重压迫下无法施展才华。相比之下，晋朝的知识分子活得无比轻松，无比惬意，无比潇洒，因为大家懂得一个道理：做圣人太难，做自己最容易。

这个道理还是有来历的。据《世说新语》记载，东晋的孙放（字齐庄）小时候曾跟他哥哥去拜访权臣庾亮。庾亮问孙放字什么，孙放回答："字齐庄。"庾亮说："齐庄？和谁看齐呢？"孙放回答："和庄周看齐。"庾亮问："为什么不向仲尼看齐，却向庄周看齐呢？"孙放说："圣人生来就知道一切，所以我很难仰慕。"庾亮非常满意孙放的回答。

做圣人做，还是做自己舒服。先前的谢安也是这样想的。

谢安的人生起点确实高，四岁就出了名，十几岁名动江南，人见人爱花见花开，被人誉为"东晋第一男神"。他聪明、俊美、沉静、优雅，写得一手好行书，弹得一手好琴曲。名而高则仕，于是，大官们纷纷邀请他去当官。可谢安就是不乐意去当官。从种种表现来看，他倒不是那种越谦让越想得到高位的那种，是真的不感兴趣，他有他自己的人生追求。朝廷三番五次地"征召"，他就三番五次地推辞。后来有人提议索性封杀谢安算了，永不招用。

也许是为了躲开这红尘纷扰，谢安干脆离开建康，去了风光旖旎的会稽，就是现今绍兴上虞东山的脚下，曹娥江边。他在那里筑室而居，渡过了整个青春年华。

跟当时很多名士一样，谢安也是个热衷清谈的主。最有名的莫过于他和好友王羲之的那场争论。那是他俩都在建康的时候，有一天俩人一起到冶城游玩。他们登上城头，极目远眺。这时，王羲之一看谢安，见他沉默中望着远方那种悠然遐想的神色，仿佛已经不再置身在这尘世间一样。作为谢安最好的朋友，对他的想法王羲之清楚得很，于是就对谢安说："安石啊，你看大禹为了勤劳政事，双手双脚都长满了老茧；周文王为了国家而忙碌，老是忙到好晚才吃上饭，即便这样，他还觉得时间不够用呢。而现在咱们国家正是处在危难之中，人人都应该为国效力才是！而官员们整天清谈，荒废政务。文章写得不错，可对国家有什么用处！"王羲之指望谢安能接受他的"金玉良言"，远离清谈。而谢安听了王羲之一番话后，没说好还是不好，只是看看王羲之，然后淡淡地说："当年秦国任用商鞅，施行严厉的法制，秦朝后来还是两世而亡，这跟清谈有关吗？"王羲之愣在那儿，半天说不出话来。

其实，在东山隐居，谢安在把酒问诗、抚琴高歌之余并没有忘记家国大事。出处同归，这个隐居可能也是为了更好地出仕报效国家。谢安经常给孩子们讲诗文，让他们懂得思考，明白做人的道理。孩子们渐渐长大，他还得给他们筹划前途，替他们求亲，给女儿、侄女们物色夫婿等等。仅史书中有记载的谢安的儿子和侄子就有十一个，女儿至少四个。让我们现在的人看来，守着这些怠慢不得的宝贝们，谢安如何逍遥得起来？也许谢安是真的很逍遥，因为他的确对这些孩子们都喜欢得不得了。谢安绝对是个温存的家长，他从不训斥孩子，体罚就更不可能了。这即是老子说的"行不言之教"，就是以身作则。

有一回，他的夫人刘氏管教儿子。夫人教训儿子半天，谢安在一边一语不发。夫人一看他的悠闲很不满意，便问道："我怎么从来没看见你教训儿子啊？"谢安微笑回答："我只是喜欢用自己来教育他们罢了。"

下 篇

他的侄儿谢玄，戎马一生，从桓温的司马做起，一直做到北府兵统帅、车骑将军。但他小时候是个标准的小纨绔模样，喜欢华丽的衣服，手里拿个漂亮的紫罗香囊，腰上还要挂条别致的手巾，是娇贵十足的公子哥。谢安一见他那模样就头疼，《世说新语》说谢安"患之"，就是"以之为患"，足见谢安心里有多烦。不过，谢安一向不训斥子弟，为了这个侄子倒真没少花心思，既要让谢玄改了这毛病，还不能伤他的自尊。有一天，他把谢玄叫来，说要跟他打赌玩。谢玄一听，立刻欣然答应。于是，叔侄俩就下赌注。谢安说，别的不要，就要他那个紫罗香囊。不一会儿，谢安把那香囊赢到了手。他想一下，当着谢玄的面，轻轻扔到火里烧掉了香囊，然后又若无其事地继续跟谢玄玩。谢玄见到，一下子明白了那东西不是好玩意，至少叔叔很不喜欢。谢安没有训斥他，反倒让他觉得心里很惭愧。此后，谢玄一改前非，再没做过半男不女的装束，变得很有男子汉的模样，为最后当上北府兵统帅去保卫国家打下了基础。

谢安教孩子们读书，《诗经》自然是必修课。有一回，他问大家："《诗经》里面，你们认为哪一句最好啊？"谢玄的回答是："昔我往矣，杨柳依依；今我来思，雨雪霏霏。"这一句很伤感，也很温情。而侄女谢道韫却回答："吉甫作颂，穆如清风。仲山甫永怀，以慰其心。"这一句出自《诗经·大雅》，表达的是周王朝老臣忧心国事的咏叹。谢道韫选的这一句明显比谢玄要更深沉，更有高境。于是，谢安称赞道韫"雅人深致"。而谢安也表达了他的看法，他说自己最喜欢"訏谟定命，远犹辰告"，意思是："把宏伟规划审查制定下来，把远大的谋略传达给众人。"这毫无疑问是政治家的思想，果然和他后来做宰相时的执政思路非常吻合。

如果就这样隐居下去，谢安留给历史最多是一位清谈高手的角色，然而历史总会有拐点。在清谈的路上，谢安实现了清谈和做事的完美结合，更实现了从隐者到政治强人的华丽转身。他把清谈的风度用在了做事上。

一方面，他遵循"每个人都应该为了自己的性情活着"的观点；另一方面，他积极承担起救国于危难救民于水火的重任来。其实他的思路很简单，那就是顺应大局。这个大局，其实就是自然。在他眼里，山水是自然，庙堂同样是自然，山水和官场是一样的。所以，虽然他不得已出山，不得已当官，不得已扛了东晋的天下，但他总能够调节自己去顺应。他一生"风宇条畅"，把一切都做到无懈可击。他把自己和外界的关系理顺了，不让任何事情处在斗争当中，所以外面的事情可以做好，自己也能快乐。这对一个有情有欲的"人"来说，何其难也！这也就是古人常常说到的一种人生境界——出处同归。

当时辅政的司马昱真可谓谢安的知音。他听说谢安在隐居时经常与友人出游，就判断他会出山："既然能与人同乐，也必能与人同忧。"是啊，有这么大的政治抱负，谢安怎么会不出山呢？

出山后的谢安果然在治理朝政上、抵御外敌上都很有成就，硬是把东晋这艘行将就木的破船延续了五十年。但他在完成使命后，急流勇退，放手让权，不贪图权位，不迷恋金钱，是典型的"出处同归"。这里有个小故事，就很能说明问题。谢安去世之后，桓温的儿子桓玄遇到谢安的侄女谢道韫，问："当年谢公高卧东山，没有想做官的意思，后来为什么又出山了呢？"谢道韫庄重回答："对亡叔来说，出山和不出山，又有什么差别呢？"

做圣人难，做自己容易。在做好自己的同时，又努力去做个圣人，全晋朝就谢安做到了。正因为"出处同归"，才让谢安做到了我在《晋鉴》里评价他的四句话："隐则遁迹江湖游山玩水，仕则处变不惊指点江山，顺则深明大义左右协调，逆则相忘江湖淡泊明志。"这才是真英雄，做到能进能退，丝毫不为名利所羁绊。

下 篇

四十七、王羲之感叹：有权的小人更可怕

宁可得罪君子，也不可得罪小人。这几天，身为会稽内史的王羲之很是郁闷，一向被他看不起，要能力没能力、要水平没水平，又急功近利的同僚王述居然被朝廷任命为扬州刺史，成为王羲之的顶头上司。

王羲之在反思，有个性并且充满正义感的他看来真的不适应朝廷那套潜规则。比如在重大问题上最好是三缄其口，把真实的想法捂在心里，不说，让人摸不着底。即使非得要有一个态度，最好也是"刀切豆腐两面光"，模棱两可。要学会当面一套背后一套，特别要提防开罪于顶头上司；学会讨好左右同僚，平日里敬而远之。彼此见面了，"你好"，"我好"。即使没有话说，双方相互打个哈哈，"今天天气不错"也是一种必不可少的应付。

骨鲠正直的王羲之始终没有学会这一套，也不屑于这一套。在他的为官为人准则里，有至大至刚的思想。若论爱国，他比他的政府更爱国。在北伐战争和忧国忧民上，他都发表过很有见地的言论。若论爱民，他也比他的同僚更爱民。在治理地方时，他开粮仓赈灾，并向朝廷建议"断酒以救民命"。若论为人，他是独立挺直的大树，不是随风倒伏的小草。忧危心切，慷慨陈词，说丁是丁，说卯是卯，决不会将丁说成卯，卯说成丁。他为朋友伸正义、争公道，甚至不惜两肋插刀。

而王述跟王羲之性格恰恰相反。王述也算是当时的名士。他的家庭背景是"高门华阀，有世及之荣"，父亲王承曾为东海太守。王述曾被王导征召入幕，很得王导的赏识。因为善于投机，他后来又脚踏另一条

船，成为司马昱的亲信。王导曾对庾亮说："王述清高尊贵，不比其祖、父差，只是心胸稍欠开阔而已。"王述论才学，"既不长"；于荣利，"又不淡"，而他却被人视作大才，与王羲之齐名。这让王羲之一直觉得蒙羞。因为王述与他不是同一路的人，水平也不在同一个档次。王述没有什么让人敬重的学问，特别优秀的才干，却名利熏心，一副自命不凡的样子，让王羲之看着就不是滋味。可是，这样一个人却顺风顺水，官运亨通。王述爬到了会稽内史、扬州刺史、尚书令这样的位置。当他荣升尚书令时，接到任命二话没说就赴任了。儿子王坦之说："你应该谦让一下才好！谦让是一种美德，恐怕是您不可缺少的德行。"王述听了非常气恼，冲着儿子说："既然我有这个能力，为什么还要谦让？别人说你比我强，看来一定不如我！"

那么，王述与王羲之两人是怎么交恶的呢？那年，担任会稽内史的王述由于丁忧，在家守孝三年，朝廷派王羲之顶了会稽内史这一职位。

王述的家在会稽山阴县，去城十里，有山、有水、有茂林、众果、竹柏、药草之属，是一个不小的庄园。他虽曰守孝，家中却经常宾客盈门。出于礼貌，王羲之曾到王述家吊唁拜望。王述当时很高兴，拉着他的手，从庄园内走到庄园外。此后，他还希望着王羲之能够经常到他家里来，吩咐家仆每天把庭院打扫得干干净净。他一听到外边奏乐的声音，皆以为王羲之来了。可是，等了一天又一天，一年又一年，王羲之始终再也没有踏进他的家门。在王羲之，是因为他太真诚，一生都不能对他不喜欢的人假装喜欢，并且虚伪地讨好、奉承人家。在王述，却需要像王羲之这样的名人来装点自己的门楣，觉得自己有身份、有面子、有地位，受人尊敬。可是，他想错了。于是，妒忌、气愤、仇恨，莫名其妙的各种情绪都从他的心底泛涌上来却没有地方发泄。王述正是这样一个精细、阴险、心胸狭窄而又十分计较的人。

下 篇

小人记仇，报复心极强，而且深深埋藏在心底，甚至深入骨髓，须臾不忘。等到机会已到，他立刻跳出来，睚眦必报。

永和十年（公元354年），王述丁忧毕，被司马昱一手提拔为扬州刺史，成为朝廷的封疆大吏、王羲之的顶头上司。离开会稽山阴之前，王述与会稽郡的官员一一告别，唯独没有跟王羲之打个招呼。这一招，看似王述漫不经心，其实却是认真设计的，言下之意是要给你一点难看。王羲之领教了，而且心里发怵，特地给中央政府写了一封信，派人送到建康，要求将会稽郡划归越州管辖。但信件却如石沉大海，杳无消息。如从王羲之的这一举措来看，可以见出他政治上的天真与幼稚。涉及行政区划与管辖权的重大调整，岂是因为你的一封信就能办到的。

这件事后来传到王述耳朵里，两人之间的关系更加紧张了。事后，王述的报复也毫不含糊。他一而再，再而三地派出专人，调查会稽郡官吏的过失，不断地给王羲之找岔子，并进一步造成他心理和思想上的压力。俗话说："不怕官，只怕管。"现在王述正好管着他。一言之微，便可以决定人的命运。

起初，王羲之还自以为以他的影响力和官场关系，事情总是有人援手相助的，可是，事实并不像他想象得那么简单。因为他的正直曾经得罪过摄政的司马昱和权臣桓温。他总是有话当面说，从不隐瞒自己的观点，而且常常不给别人面子。尽管他才华过人，当权者对他的印象和感觉却并不怎么好。

王羲之向来反对盲目北伐。那年殷浩动身北伐前，他曾写过一封言辞恳切的信，进行劝阻。之后王羲之再一次致函殷浩，希望他们汲取教训。他认为，北伐将领们的动机有误，不是从实际出发，知己知彼，量力而行，而是想把北伐当作个人建功立业的机会。盲目北伐招致丧师辱国，是当政者缺乏深谋远虑的结果。他说，东晋国力不足，军败于外，资竭于内；既然没有力量控制淮河流域，不如全力保住长江不失。当政者应听取有识之士的意见，努力刷新政治，消除烦苛的制度，减少赋税徭役。王羲之警告说，如果坚持剥削百姓的暴政，陈胜、吴广式的变乱就会出现。

结果，不听劝告的殷浩果然大败而归。于是，桓温借题发挥，上表弹劾，殷浩就被废为庶人。这件事曾给王羲之以很大的刺激，出于正义，出于一种无法泯灭的良知，他不能不发出自己的声音。首先，他觉得司马昱难辞其咎。《世说新语》载："殷中军（浩）废后，恨简文曰：'上人著百尺楼上，儋梯将去？'"殷浩说得对，明明是你给我梯子让我上去的，事后又搬走梯子，却把责任推得一干二净。司马昱这个人会弄权，假装斯文，两面三刀，王羲之从心里就厌恶这样的人。早些年他就和孙绰说过自己的看法，认为司马昱是个追名逐利之徒。另一方面，他也责备桓温排斥异己。尽管王羲之和桓温当时关系还不错，他还是写信给桓温，说自己"殷废责事便行也，令人怅恨无已"。这样，王羲之毫无疑问把司马昱和桓温这些权贵都给得罪了。

司马昱和桓温尽管不是什么好人，但绝对不是什么小人。他们不舒服归不舒服，却并没有给王羲之穿小鞋。

如今，王述阴暗的内心还记着他过去的账，这一回下决心就是要给他难堪。有权的小人真可怕，一生孤高的王羲之再也无法容忍这等垢辱和窝囊气，因此他必须为捍卫自己的尊严和高贵付出代价。他决心辞官，然后找一片有山有水的地方，归隐林泉。永和十一年（公元355年），王羲之以生病为由，辞官而去。

这方面他跟后来的苏东坡有些相像，个性是人才的最突出标签。一旦撕下这个标签，就等于抹平人才的慧顶，与庸者合流。坚持良知，坚守正义，不因个人好恶而改变原则放弃底线。

下 篇

辞官后，王羲之仍不能忘却报效国家之事。有一次他同好友谢安登高畅谈。谢安有逸世之志，王羲之批评他说："夏禹勤王，手足胼胝；文王旰食，日不暇给。今四郊多垒，宜人人自效。而虚谈废务，浮文妨要，恐非当今所宜。"王羲之真是身处乡野，而心犹在朝廷。

所幸的是，小人的报复虽然毁了王羲之的政治前途，却成全了王羲之的"书圣"地位。

四十八、待你厌倦江湖，我陪你归隐山林

王羲之的辞官并没有我们想象的那样风轻云淡。他并非轻轻地走了，"作别西天的云彩"，而是经历了一番激烈思想斗争的。理由很简单，他一直是个积极入世的官员，还想为朝廷效力，为天下苍生做事。

两件事可以看出他的矛盾心情。

一是他埋怨儿子们。那一天，他当着凝之、徽之、献之几个儿子的面，说了这样的话："吾不减怀祖（即王述），而位遇悬邈，当由汝等不及坦之故邪！"说通俗点就是我比不过政治对手王述，完全是你们几个不如王述儿子王坦之的缘故。这明显是一种气话、昏话，自己输了，埋怨自己儿子不争气，没有人家儿子有出息。这真是无从发泄的一种发泄，说到底还是放不下仕宦情结，眼睁睁地看着自己面对厄运而无能为力。

二是跑到父母的坟墓前发誓。在墓前，王羲之发表了一篇辞官宣言《誓墓文》。"止足之分，定之于今"，"自今之后，敢渝此心，贪冒苟进，是有无尊之心而不子也。子而不子，天地所不覆载，名教所不得容。信誓之诚，有如皦日！"发誓今后再也不踏进官场半步，请在九泉之下的父母大人能理解他不愿同流合污的做法。因为从儒家的忠孝两端来说，古人以为忠孝难以两全，故择其一，而他连一头都顾不上。说忠，他再不能报效朝廷；说孝，他辜负了双亲对他的培养。此时的他除了对宵小之人的鄙视和混浊政治的绝望，还有了道家出世的念头。

在入世与出世这对矛盾之间，有一个人支持他离开官场，那就是与他相濡以沫的夫人郗璿。

下　篇

　　郗璿出身十分显赫，娘家世代书香，父亲郗鉴是东晋的著名军事家与政治家。郗璿才貌双全，写得一手好书法，是远近闻名的才女，素有"女中笔仙"之称。说起郗璿与王羲之的姻缘，还真富有戏剧性。太宁元年。当时郗璿正值二八年华，太尉郗鉴将她视为掌上明珠，有意为她择一个如意郎君，而郗璿本人也对才德兼备者情有独钟。郗鉴久慕琅琊王家子弟多仪表出众，才学过人，希望两家能够结为秦晋之好。于是，一天早朝后，郗鉴将自己的择婿之意告诉了一向与之交好的王丞相。王丞相欣然应允，郗鉴遂命管家带重礼前往王家择婿。王府管家在众子弟中寻来觅去，却发现少了一人。郗鉴管家一打听，才知王家还有一位公子未曾到场。王府管家便领着郗府管家来到东院书房，只见东侧床上一个袒腹仰卧的青年人，神情自若对太尉觅婿一事无动于衷。郗府管家回府后将所见如实相告，尤其提了那位东床侧卧的年轻人。郗鉴大喜，曰"正是要选此人"。于是来到王府，见此人豁达文雅，一身才气，当即下聘，择为快婿。此人不是别人，正是王羲之。

　　郗璿与王羲之成婚后，夫妇俩既是夫妻，也是挚友，更是艺术上的知音。他俩因有相同的爱好而经常在一起秉烛夜谈，相互探讨书法创作，恩爱非常，堪称神仙眷侣。

　　王羲之遭遇小人的陷害时，郗璿深知，官场有登龙之术，也有谦退之道。有辉煌必有低谷，在关键时刻，急流勇退也不失人生的睿智选择。在她看来所谓辞官，其实也是一种谦退之道。尽管"晋以六十六岁以上为老"，她的爱人那时才五十三岁，远没达到晋朝的退休年龄。再加上王羲之确有很多优点，一流人才、确实能办事、百姓口碑好，在郗璿看来，朝廷完全可以挽留。但她还是觉得王羲之那骨鲠的性格，不可能与一切卑污进行调和，同流合污。退一步将海阔天空，既然厌倦江湖了，就退隐江湖吧。她也劝王羲之，你有没有想过，只要一狠心，就会迎来一片山清水秀。不忘初心，方得始终在山林，也许你能找回当初那个自己。

在夫人的理解下，王羲之挂冠而去，告别官场。在辞官的同时，王羲之还做出了搬家的决定：把几十口人从建康迁移到会稽来落户。这点也得到了郗璿的支持，她愿意放下高门女眷的身份，到偏远的会稽乡下生活。

王羲之远离政治中心后，对朝廷上乌七八糟的人事，眼不见为净。当然了，退隐的日子不是与世隔绝，王羲之和家人同样需要生活。只是这生活节奏慢了很多，曾经是江湖策马，现在是天涯看花。

他教孩子读书写字，跟朋友优游山水、咏诗属文，日子过得滋润，心情也是愉悦的。

史书记载：

羲之既去官，与东土人士尽山水之游，弋钓为娱。又与道士许迈共修服食，采药石不远千里，遍游东中诸郡，穷诸名山，泛沧海，叹曰："我卒当以乐死。"

小儿子王献之敏捷，从小就跟着他学习书法，进步很快。一次，王羲之轻轻地走进书斋，看见献之正在埋头练字。他蹑手蹑脚地走到献之身后，然后猛然地抽他手中的毛笔，可是，笔却在献之手中纹丝不动。王羲之很是感慨，曾不止一次地跟朋友说："这孩子将来是有出息的。"

会稽山水俱佳，是当时名士们的聚集地。古会稽城，小桥、流水、人家。河多，桥也多。那刀切豆腐似的青石板路上，一次又一次叠印着王羲之和家人、朋友悠闲的脚步。平时，王羲之最爱与一些清淡名士和佛家名僧交游，而他本人则奉事道教。他们彼此引为同道，向往隐遁山林、服食养性、清淡遨游的生活。事实也正是如此，游山玩水、携子抱孙、访道服药、读书写字，构成王羲之晚年的生活画卷。由于王羲之的为人、政声和盛名，朝廷上有识之士，不断地写信给他，希望他重返庙堂为国出力。对于他们的好意,王羲之都谢绝了。

他只是偶尔还惦记着自己的老友。当谢万升为豫州都督的时候,王羲之写信给谢万,告诫他:"你不屑于俗务,现在让你去处理这些事,的确很难,但愿你能和底层士兵同甘共苦,就很好了。"遗憾的是谢万并没有听取他的建议,最终导致北伐大败而归,终结仕途。

过了若干年,王羲之独自走过一座石拱桥。桥一侧有堵白粉墙,围着许多人。他走近了再看,只见墙上有几个大字,是用笤帚蘸着泥汁书写的。字体龙飞凤舞,极有气势。王羲之打听这是何人手笔,周围的人告诉他说"七郎"(指王献之)。王羲之禁不住点头,说是"子敬飞白大有意"——这是很高的褒奖了。前些年,王献之和王徽之、王操之两个兄长一起去看望谢安。谢安请他们喝茶、与他们一起谈话。二兄都想表现自己,说了许多话,但说的都是世俗之事。王献之言少,只是略致问候而已。他们离开谢安家以后,王羲之曾听人说谢安称赞他的小儿子聪明。"父母之爱子,则为之计深远。"最大的愿望也是希望他们有出息。现在,二子凝之、四子肃之、五子徽之都已长大成人,先后步入了仕途,王羲之感到自己再也没有什么心事了。他常常和夫人说:"我们现在可以轻轻松松地过日子了。"

待你厌倦江湖,我陪你归隐山林。对王羲之来说,漫长的人生中,旧的一页翻过去,新的一页开始了。

真好,为千年前的王羲之和郗璿手工点赞。

四十九、当高冷的谢道韫遇上窝囊的王凝之

这本是一门无比奢华、无与伦比、无可挑剔的婚事，不管从哪个角度说，从哪个视角看，都是令人艳羡的。谢安的侄女谢道韫嫁给了王羲之的次子王凝之，门当户对，天造地设。

东晋时期士族如林，其中琅琊王氏和陈郡谢氏，在门阀士族鼎盛之际最为有名。"山阴道上桂花初，王谢风流满晋书。"门阀士族之间的联姻成为政治常态。这两大丞相世家到晋朝灭亡后仍然风光不减，直到梁代枭雄侯景造反时，因前时向两族求婚被拒而怀恨在心，干脆诛灭了两族，使王谢数代文雅风流人士到此消亡。于是"旧时王谢堂前燕，飞入寻常百姓家"。

门是当了户是对了，然而，夫妻两人是两个完全不同世界的人。谢道韫立于灿灿花丛中，白衣寒碎，青丝乱扬，与温融气息格格不入的样子，骨子里渗透出一股淡淡的傲气。才貌俱佳的她，一双杏眼清冷彻骨，一转身一投手，让人感到一股艳美，惊才绝世。

王凝之却并非一个才华高妙的人，也不是魏晋风流的代表者，而是被淹没在大众之中的普通人。虽说也喜欢书法，但跟他的弟兄相比，就只能算是平庸者。看其一生，更是迂腐无比，甚至有些愚蠢。

谢安为这个珍爱的侄女选婿的时候，起初看中的并不是王凝之，而是王徽之。王徽之是大名鼎鼎的东晋名士，但在后人看来，谢道韫似乎更喜欢比她小的王献之。

王献之雅擅风流，很有才气，不过除了书法，其他方面谢道韫也应不

下 篇

输于他。魏晋尚清谈,一次王献之与几位文人雅士在家高谈阔论玄理,辩论中竟被友人说得理屈词穷。谢道韫在内室听见了,即遣婢女出去对王献之说:"欲为小郎解围。"宾客闻言,一座皆惊。她在屏后接着王献之刚才的论点,与客人继续辩论,讲得条条入理,丝丝入扣,把宾客驳得哑口无言,甘拜下风。其实,谢道韫不仅诗文写得很出色,还具有很高的思辨能力。她虽然不想当官,但对玄理却有很深的造诣,并善于言谈。

谢安认为他恐怕不是那种贯彻始终的人,不是那种过日子的人,最终选中的,是这个有些浑浑噩噩、平常平庸的王凝之。对王凝之来说,幸福来得太突然,竟然娶到这么才情无双的妻子。本就有些糊涂的他,一下子被幸福冲昏了头。

谢道韫嫁过去后,发现王凝之在几个兄弟中才干最弱,对他很不满意,"大薄凝之"。当她回家省亲时,快快不乐。谢安看见问怎么了,谢道韫怅然道:"一门叔父,有阿大、中郎,群从兄弟,有封、胡、羯、末,不意天壤中乃有王郎。"意思是我们谢家,从老到少,个个都俊雅不凡,才华出众,没想到天下还有王凝之这样的平庸之辈,委曲之情溢于言表,有种纡尊降贵的感触。谢安知道王凝之的情况,听了也叹息不止。当初他也只能在谢王两族内选择,要不然高攀,要不然门当户对,绝不能将谢道韫下嫁其他士族。侄女的婚姻大事她自己没有选择权,都得由他这位长辈按照规矩来安排。

但既然米已成粥,谢道韫只能默默接受事实。只不过那种跟家人互相品诗的场景难以再现了。在她小的时候,叔叔谢安和谢道韫及她的几个堂兄弟在雪天里围炉聊天。谢安指着窗外纷纷扬扬的大雪,问:"白雪纷纷何所拟?"侄儿谢朗接口就说:"撒盐空中差可拟。"谢道韫驳道:"未若柳絮因风起。"谢安听了抚掌大笑:"好一个柳絮之才啊。"这一咏雪名句,不久为人所传诵。宋代蒲寿宬《咏史八首·谢道韫》中赞曰:"当时咏雪句，谁能出其右。雅人有深致，锦心而绣口。此事难效颦，画虎恐类狗。"谢道韫的才气引起了谢安的注意。一次谢安问："《毛诗》何句最佳？"谢道韫回答说："吉甫作诵，穆如清风。"指尹吉甫写的"丞民之诗"，是赞周朝宣王的卿士仲山甫，他帮周宣王成就了中兴之治，诗句清丽，传诵不衰。谢安很有同感，连夸侄女"雅人深致"。

作为才女，谢道韫对王凝之的平庸无能是失望的。也正是王凝之的昏庸，带给了谢道韫不幸。由于家族的作用，王凝之受命任会稽内史，过了半年多，遇上海盗孙恩作乱，率兵攻向会稽。王凝之笃信五斗米教，既不调兵，也不设防，而是在厅中设天师神位，每日焚香念经，反复默念道教中无上宝咒，且叩且诵，然后面向东仗剑焚符。别人看了哭笑不得，说他如疯子一般，都急着催促发兵，他居然说已请诸道祖借来神兵，就是来十万贼兵也不怕。直到孙恩兵快进城了，他才不得已同意出兵，但贼兵已冲进来了。王凝之顾不上谢道韫，带上儿女们匆匆外逃，跑了十多里路就被孙恩贼兵抓住给杀了。

王凝之死得毫无价值，成了时人的笑柄。只是可怜了谢道韫。那一年她四十多岁，已经做了外婆。城破时她带着三岁的小外孙，率领家僮边与贼兵搏斗，边逃往城外。但终因寡不敌众，她被乱军所俘，送到孙恩面前。孙恩不想杀这位著名的才女，却不肯饶过谢道韫的小外孙。谢道韫毫无惧色，大声叱责孙恩，义正词严反倒让孙恩不好再下杀手。这才救了小外孙一命。不过谢道韫的三个儿子都在这次兵祸中丧生。中年丧夫丧子，对一个女人来说，实在是很残忍的人生际遇，令人叹息。

孙恩之乱既平，新到太守刘柳素拜访谢道韫。事后刘柳素常对人说："内史夫人风致高远，词理无滞，诚挚感人，一席谈论，受惠无穷。"《晋书》称赞谢道韫"神情散朗，有林下风气"。

昏庸无能的丈夫带来的恶果，由她一个人默默地忍受。但她并没有因

下　篇

此而沉沦，而是很坚强地挺过这一关，心性也没有发生多大的改变，依然那样优雅、从容，终日以诗书为伴，诲人不倦地为远道而来的莘莘学子传道、授业、解惑。受益之人不计其数，大家都尊称她为老师。她余生的岁月，孤独寂寞或许不可避免，但也是充实而充满书香清韵的。

谢安为官谨慎又有作为，性情娴雅温和，处事公允明断，不专权树私，不居功自傲，有宰相气度。但作为家长，他的能力好像有点欠缺，尤其是孩子们的婚事，显得那么蹩脚。一个女儿嫁给东晋大臣、中书令王坦之第三子王国宝，这是晋朝人品最差的男人，人称"人面狗心"。一个女儿嫁给王珣的弟弟王珉，本来好好的，后又劝她离婚，还让弟弟谢万的女儿跟潇洒古澹的王珣离婚。

如果撇开"政治是道大餐，婚姻只是小菜"这个逻辑，谢安的这系列举措不能不令人遗憾。这场婚姻，对谢道韫来说，是永远看不破的镜花水月，不过指间烟云世间千年，如你一瞬。

五十、跟着总是挣扎求生的老板注定没前途

咸康七年（公元341年），羽翼日丰的鲜卑部慕容皝野心越来越大。因为自称燕王未受东晋朝命，不是很妥当，他便派长史刘翔到建康，求朝廷授予燕王及大将军印玺，同时提请东晋朝廷大举出兵平定中原。

明眼人一看，就知这个慕容皝不怀好意。此时他正跟西边的后赵、东边的高句丽打得正酣。如果朝廷能满足他的要求，就能一举三得。一是更好地以朝廷的名义讨伐两个强敌；二是可借助东晋的军队和武器，达到消灭对方的目的；三是，也就是更重要，能加快实现自己的建国梦。

刘翔来到建康后，东晋朝廷马上举行殿前会议。

大臣们一致认为，有两个充分理由不能同意慕容皝的请求。一是按旧例，大将军从不委派到边关；二是从汉、魏以来，从不封异姓为王。

听了大家的议论，刘翔舌战群儒，先是分析了现状，说自从刘渊、石勒作乱，长江以北之地完全成为战乱渊薮，从未听说华夏公卿的后裔中有一人能够捋袖伸臂，挥动兵戈，摧毁凶逆之徒。

接着是力捧慕容皝。说只有慕容氏父子竭尽心力，心怀本朝，以少击多，多次歼灭强敌，使得石虎畏惧，把边陲的民众全部迁徙，让他们散居在魏郡、阳平、广平一带。

最后还不忘讽刺东晋朝廷。慕容皝功绩如此显赫，朝廷却吝惜渤海以北的土地不让给他作封邑，这是为什么？当初汉高祖不吝啬王位，授予韩信、彭越，所以能够成就帝业；项羽把官印藏到棱角都磨损了也不舍得授人，终于导致危亡。

下 篇

经过刘翔一番貌似冠冕堂皇的游说后,东晋尚书诸葛恢,即刘翔的姐夫,说出了自己的看法:"夷族、狄族互相攻击,这对中原之国有利;只有礼器和名号,不能轻易相许。"他的意思来个折中,他支持慕容皝大战石虎等,但名号坚决不能给。于是对刘翔说:"假使慕容皝能够翦除后赵石虎,万一慕容皝变成了另一个石虎,朝廷又能够仰仗谁呢?"

急于完成使命的刘翔对他姐夫毫不留情面,说:"寡妇尚且知道怜悯宗周的陨灭。慕容皝枕戈待旦,立志翦除凶逆,你却又宣扬偏颇和令人迷惑的言论,妒忌、离间忠臣。天下之所以未能统一,实在是因为有你这样的人!"显然一副鄙视的神情。

但不管怎么争论,都没有结果。后来刘翔"留住建康一年多",众人的议论依然没有结果。

有一天,刘翔去说服中常侍彧弘,大致就是说,石虎多次要封慕容皝为辽东公,但慕容皝厌恶他不是皇室正统,都没接受,朝廷不同意的话……言下之意,朝廷要是不同意的话,慕容皝可能会和石虎联合。"现在朝廷却吝惜虚名,排斥和压抑忠顺的臣民,这哪里是国家的长远之计呢!将来即使后悔,恐怕也来不及了。"

彧弘为他入宫向晋成帝陈述,成帝心中已准备同意这一请求。此时慕容皝得知庾亮去世,其弟庾冰及庾翼分掌朝廷中枢及荆州要地,于是上书要晋成帝以史为鉴,亲近贤达,不要亲信外戚。他又写信给庾冰,指责他掌握朝权,却未能为国雪耻,只"安枕逍遥,雅谈卒岁"。庾冰知道慕容皝的上表和书信后十分恐惧,自以道远而不能控制他,于是和何充上奏同意刘翔的请求。于是,朝廷任命慕容为使持节、大将军、都督黄河以北诸军事、幽州牧、大单于、燕王,所用的备物、典策,都以特殊礼节对待,并赐给军资器械数千万。

由于刘翔的出色表现,朝廷很欣赏,想任刘翔为代郡太守,封为临泉乡侯，授予员外散骑常侍。刘翔想都没想，一口予以拒绝。

因为刘翔痛恨江南士大夫以骄奢、酗饮、放纵互相推崇，曾经趁着朝廷显贵们宴饮集会之机，对何充等人说："天下反叛、动荡，已超过三十六年，宗庙社稷化为废墟，万民生灵涂炭，这正是朝廷焦虑的时候，忠臣效命的年代。各位君子却在江沱安乐游玩，尽情纵欲，以奢侈靡乱为荣，以桀骜怪诞为贤，忠正耿直的言论不闻于耳，征伐的功绩无从建立，准备靠什么来尊奉主上、救助百姓呢！"

我不知道刘翔这番话是出于真心，还是出于挖苦。如果出于真心，他们尚且为朝廷而努力，身为汉人的你却投身异族；如果出于挖苦，那这帮士大夫们确实值得批评。总之这番话让何充等人十分惭愧。

而在他眼里，只有慕容皝可以称得上是位有雄才大略的政治家和能攻善战的军事家。他不断地攻城略地，统一北方，并不是为了偏安一隅，而是为了入主中原，图谋霸权。慕容皝注重农桑，发展经济，下令所有移民和流民都实行屯田，由国家发给耕牛，鼓励农民耕田，并轻徭薄赋，使农民得以休养生息。除此之外，他还将其父在世时建立的"东庠"（学校）扩大，鼓励王公大臣的子弟念书并择优录用。短短十几年时间，前燕的经济得到了长足的发展。

刘翔要返回复命那天，公卿大夫们在江边为他们饯别。刘翔对他们说："往昔少康凭借一支军队除灭有穷氏，勾践靠会稽向强大的吴国报仇。滋蔓的野草尚且应当尽早除去，何况对敌仇呢！现在石虎、李寿，都想互相吞并，王室的军队纵然不能平定北方，斩且应当经营巴、蜀。一旦石虎抢先起事，兼并李寿并占据其地，依仗地形的便利兵临东南，即使有智慧的人出现，也不能妥善处理了。"中护军谢广说："这正是我的心愿。"

刘翔等人到达前燕后，雄心勃勃、手握重兵的慕容皝暂时接受了东晋王朝的封号，并以燕为国号，任命刘翔为东夷护军，兼领大将军长史，任

下 篇

唐国内史阳裕为左司马,典书令李洪为右司马,中尉郑林为军咨祭酒。

这才是刘翔所向往的地方和归宿,若跟着一群贪图享受的领导做事,注定他的一生会碌碌无为。

在刘翔看来,东晋这种老板信奉的是"我会因为自己的无能而死掉"的哲学。有一些老板推崇皮特法则:只有得到一个不胜任的工作并且死赖着不走才能获得升迁。他们在工作上非常无能,而且又害怕承认这点,并且总是希望找到人来拯救自己。注意,这种老板会通过信任你的工作并且会把做错的一切都推给你来掩饰自己的无能。

一个人可以逃避世间的一切魔鬼,但唯有一个是他永远无法摆脱的,那就是懦弱的自己。人自身不强大,一切免谈。国家不强大,人才就会弃你而去。你只有变得足够强大,才能保护你的所爱,帮助需要帮助的人。

晋风——魏晋风度现象的另类解读

五十一、读懂生命之重，才能淡看得失之轻

永和九年（公元353年），会稽西南的兰亭，天朗气清，茂林修竹，清流激湍。王羲之、谢安、孙绰、支遁等名士和王氏子弟四十来人齐聚这里。时值三月初三，他们的聚会源于一种叫"修禊"古老的风俗，即古人会在当天临水祭祀，以禳除不祥。仪式过后，这帮名士们诗情大发，饮酒赋诗，曲水流觞，畅叙幽情。

如此盛会，千古难逢，估计所有与会者都有切身体会，所以王羲之称此次聚会已经"极视听之娱"了。这本是好事，结果乐极生悲，当然这个"悲"不是某人酒喝多了惹是生非了，而是在美景盛会之中，大家却透露了对生死的困惑，感到这欢娱的背后有惘惘的威胁。

此刻的王羲之触景伤情：

向之所欣，俯仰之间，已为陈迹，犹不能不以之兴怀。况修短随化，终期于尽。古人云："死生亦大矣！"岂不痛哉！

意思是：过去喜欢的东西，转眼间，已成旧迹，不能不让人无限感慨。况且寿命长短，听凭造化，终有完结！古人说："死生毕竟是件大事啊。"怎么能不让人悲痛呢？

王羲之他们觉得："夫人之相与，俯仰一世。"人生苦短，就有如抬头与低头的一瞬间。唯其如此，所以只有及时行乐。但是，悲哀一旦袭来，连眼前的乐景乐事都不能救赎心情，而只能徒增一层悲凉。正如《诗经》所云："昔我往矣，杨柳依依。今我来兮，雨雪霏霏。"

下 篇

古老的风俗——修禊

就这样，一场盛会演化为对死生的冥想与痛心，忧伤有如裂帛之声，穿越千古而来。王羲之像羊祜一样想到了前贤往圣："每览昔人兴感之由，若合一契，未尝不临文嗟悼，不能喻之于怀。固知一死生为虚诞，齐彭殇为妄作。"那个时代动荡异常，个体生命往往朝不保夕。这种沉痛的体验让王羲之不得不直面现实，在他看来，什么庄子的生死同一、彭祖的殇子同寿这种观念实在是荒诞不经。

王羲之认为，人生的过程，生命的价值，既不是庄子所说的一死生，也不是俗人所理解的外在功名，而是在于生命过程中的兴趣。即从宇宙永恒、人生短暂中，感到个体悲剧的价值所在。前几天刚刚夏至，我的老领导周景飞先生写了一首诗给我们共享。"夏已至，年过半，得聚一聚。我突然想起，自己的生命也已过半。聚亦依依，散亦茫茫。一个喷嚏，可能就是，天各一方。"这诗跟王羲之的意境简直如出一辙。

王羲之对生命的理解，加快了他辞官的步伐。他顿悟："三千年读史，不外功名利禄；九万里悟道，总归诗酒田园。"没多久，他辞去了会稽内史的职务，开始过上了无忧无虑的山林生活，寻找到了真正属于他的书法人生。

十六年后，桓温对王羲之的感慨做了呼应。桓温一生志在收复中原。第三次北伐是太和四年（公元369年），与桓温做琅琊内史时相距约三十年。当他北征前燕途经金城，看到自己三十年前手种的柳树已大到十围时，不禁感慨万端："木犹如此，人何以堪！"他边说边拉动柳树枝条，眼泪不由夺眶而出。柳树已由当年细枝柔条变成现在老枝拳曲，"十围"参天；种柳人更由青春年少变成白发皤然。世上一切生灵，都逃不脱老朽的宿命。金城在今江苏句容县北，当时属丹阳郡江乘县北，地处京口（今江苏镇江）与丹阳（今江苏南京）要冲。琅琊故址在今山东临沂，东晋时其地久已沦陷于异族，晋成帝在丹阳江乘县侨置南琅琊。

桓温原本一赳赳武夫，《晋书》本传称温"眼如紫石棱，须作蝟毛磔"。东晋士族一直轻视武人，桓温求王坦之的女儿为媳，还被其父王述骂作"老兵"。真没想到，连这样雄豪的"老兵"对于自己生命也如此依恋。桓温从昔日手种柳树的变化，看到了自己的影子和未来。"木犹如此，人何以堪"八字，不仅展露了他精神世界的丰富，也反映了他对人生的执著。

"木犹如此，人何以堪"成了后世的成语名言。庾信《枯树赋》就以此为典："昔年种柳，依依汉南。今看摇落，凄怆江潭。树犹如此，人何以堪。"桓温这句名言之所以能够打动一代一代读者，是由于它在对岁月匆匆的无奈与感伤中，表现了对自己一生的珍惜与回味。

但桓温跟王羲之相反，尽管有了这番感触，桓温不仅没有辞官去过逍遥日子，反而加快了篡位的步伐。无奈命运早有安排，他偏偏遇上谢安这个强有力的对手，篡位不成就身先死了。

谢安也对生命有特别的感触。他在主政后，有一次也许是刚送走了亲友，有点忧郁，就对王羲之感叹说，人到了中年，总是很容易感伤，每每

下 篇

有亲友离别什么的，就常常好几天心里难过。"喜聚不喜散"，这是不是也是人之常情呢？我已经是桑榆之年啦，只是用丝竹音乐来排遣一下吧，又常常怕孩子们觉得我打扰了他们的快乐。王羲之听了，也颇有同感。后来苏东坡对此也十分感慨："安石在东海，从事鬓惊秋。中年亲友难别，丝竹缓离愁……"这就是"丝竹"对谢安的作用。弟弟谢万死的时候，他四十刚过，心里难受，就发誓十年不再看歌舞。结果他真的坚持了十年。可等到开禁后，他就收不住了，那时他已经五十多，当了吏部尚书。于是国丧家孝，他一概不问，府里天天妓乐笙歌。谢安的毛病比谁的毛病传得都快，人们对此议论纷纷。但时间一长，大家却发现，无论别人说了什么，谢安都跟没听见一样，你们说你们的，我该怎么就还怎么着。士大夫们一瞧谢安是不想改，那好，我们也跟着干。结果，明星人物又起了模范带头作用，整个建康全是歌舞升平。谢安听听歌、看看舞，不碍别人的事。时间一长，大家也就习惯了。但"国丧家孝期间不废妓乐"这种极不合礼法的事，从此成了士大夫们的风俗。不过还好，谢安是治国娱乐两不误。

孔子说："朝闻道，夕死可矣。"在孔老夫子看来，生命的意义就在于悟道和得道，要是早晨能够悟道得道，晚上死了也心甘情愿。可到了魏晋，儒家的"道"成了人们怀疑甚至嘲讽的对象。儒家的仕、义、道、德统统都不值一文大钱，它们甚至是个人生命的桎梏。

如何死里求生，怎样在死亡的阴影下活得快活，活得潇洒，就自然而然地成为魏晋文人必须重点考虑的问题。但是不同的人，看待问题会有不同的答案。

在王羲之看来，兰亭聚会是由乐而悲的情感抒发。他们总会在游山玩水的惬意背景下，情绪急转直下，为人生短暂而苦恼。

在桓温看来，他们总会想起历史中的英雄枭雄们。生命有限，事业无限。很多人由于心中的抱负来不及实现而抱憾终生，再加上情不自禁地想到当下的此情此景在百年之后也将同样成为历史的陈迹，于是悲从中来。

在谢安看来，尽管生命不永，他们总会怀抱一种积极的人生态度，化忧伤的思想为及时的享乐。他是一位悲情的享乐者，游走于现世与历史之间。

在我看来，读懂生命之重，才能淡看得失之轻。每天都开心、健康地生活，不要等到日子过去了才找到它们的可爱之处，也不要特别在意不顺心的事情，顺其自然。——这才是生命的真正意义。

下 篇

五十二、桓冲的大义让东晋这艘破船看到一丝曙光

读晋朝的历史，觉得很压抑，到处是萎靡不振的人，到处是清谈吹嘘的人，到处是利欲熏心的人，负能量远远大于正能量。在那个向往玄学的时代，很多人表面是谦让的与世无争的，视功名如粪土，追逐乡野生活，而暗地里却是满脑子的拜金主义和争权夺利，人欲膨胀、物欲横流、利欲熏心。但东晋后期的名将桓冲却是一个例外。

桓冲的父亲桓彝死时，他的大哥桓温才不过十五岁，兄弟们也都很年幼。当时桓家家徒四壁，而母亲又身患怪病，要吃羊肉才能痊愈。由于当时家里根本没钱买羊，桓温就以桓冲为抵押，去和卖羊的主人换羊。羊主人对桓温说，不要桓冲作抵押，却愿意为桓家养育桓冲。后来桓温发迹，赎回弟弟。

桓冲一直跟在桓温身边，习武学文，文韬武略兼备。成年之后，他又随桓温从军征伐，骁勇善战，颇受桓温倚重。他的第一个重要岗位是江州刺史。在江州任上时，一次外出狩猎，他无意之间遇上当年的羊主人。桓冲认出并主动上前相认，以丰厚谢礼报答当日送羊及养育之恩。公元373年，炙手可热的桓温死了，他生前一直想废帝自立，就连病入膏肓时也不罢手。所幸谢安从中阻挠，他的阴谋才未得逞。

桓温病逝后，桓冲在诸弟中名望最高，继承了桓温的一切官爵，历任中军将军、都督扬江豫三州军事、扬豫二州刺史。他权势显赫，以至桓温之子桓熙嫉妒得要杀死他。

此时，摆在桓冲面前的有三条路。一是继续扛起大哥的旗帜，将权臣

的身份扮演到底。大哥虽然去了，但是桓氏其他子侄都在，桓氏家业产业都在。手握重兵的桓冲可以继承哥哥的遗志，灭掉谢安，然后再一步步地取代司马氏。二是采取中立，既不得罪谢安，也不配合谢安。等朝廷这艘破船快沉没时，他伺机而动取而代之。三是主动配合谢安以及朝廷，对外抵抗前秦，对内安抚百姓，达到共赢。

但出乎意料的是，桓冲没跟家族成员商量，毅然选择了第三条路，交出了兵权，将扬州刺史职位让给谢安，自愿请求出镇外地。他的这个决定随即遭到了桓氏集团的反对，郗超更是极力劝阻，让他收回请求。

为什么？荆州和扬州是东晋帝国两个最为重要的地区，荆州地处长江中游，扼守南北要冲，历来为兵家必争之重镇。扬州则位于长江下游，靠近南京，拱卫京师，战略位置十分突出。而且江浙地区为富庶之地，盛产鱼米丝绸，为帝国提供源源不断的物资供给。扬州地区为江浙的门户屏障，只要力保江浙不失，东晋就有具有了一个强有力战略后方。这么好的位置岂能说让就让？

但桓冲心意已决，他丝毫没有因为放弃扬州刺史这个掌握京畿、权位极重的职位感到可惜，相反他认为自己的声望、气量和涵养都比不上谢安，谢安才是最适合的人选。

谢安当然也是个聪明人，他向朝廷建议调任桓冲出镇荆州。于是就形成了这样的战略格局，桓冲驻镇荆州，控制长江中游；谢安则控制扬州，负责长江下游和京师的防卫。两人合力守卫着东晋的大门。

对于桓冲这个人，你说他一点野心也没有，显然不能让人信服。不过，他很有自知之明，因为论智谋和才干，他均不及哥哥桓温。既然哥哥都没有斗过谢安，他自然也办不到。当然，桓冲示弱，不是懦弱，也不是贪生怕死，而是从大局考虑。前秦强大，晋室暗弱，如果不团结一致，只会走向灭亡。桓冲清醒地认识到这一点，个人恩怨是小，国家安定是大。

下 篇

为了维持晋室内部的团结,他只能牺牲个人和家族利益。

如果桓冲选择第一条路起兵反叛的话,姑且不谈他是否会成功,最起码他会削弱晋室的实力,让国家四分五裂。何况此时前秦苻坚正虎视眈眈地盯着东晋,企图并吞东晋。桓冲的选择无疑是正确的,于国家、个人、家族都大有好处。他交出兵权,让位谢安,实际上向朝廷表明了一种态度——我没有野心,我是忠于晋室的。尽管这样做有些冒险,谁能保证交出兵权后,皇帝和谢安不杀他呢?但桓冲还是坚定地做出了自己的决定。果然,桓冲的大义赢得了皇帝和谢安的信任。事后,他不仅没有失去应有的地位,还牢牢地掌握着十余万大军。

除了让出兵权和职务外,在淝水之战中他还紧密配合谢安,发挥了重要的作用。尽管后人只记住了陈郡谢氏的荣耀和功勋,但桓冲的功劳同样不可磨灭。

淝水之战前夕,东晋的兵力部署是这样的:由谢石、谢玄、谢琰等谢家军,率北府兵,开赴淝水前线,正面迎敌;桓冲则率军十万控制长江中游,防止前秦水军顺流而下,并伺机渡江北击,以牵制秦军的先锋部队,分散淝水战场的压力,配合下游作战。结果,桓冲出色地完成了这一任务,不仅成功阻止了前秦的水军,也牵制了苻融和慕容垂的部分兵力,为淝水之战消除了后顾之忧。

但在淝水之战开始前,桓冲对这场战争并无信心,甚至持悲观的情绪。他认为谢安有庙堂之量,但不懂战争。大战在即,谢安不仅不加强京师的防卫,还终日游山玩水。而且他对谢石、谢玄领衔的谢家军并不看好。认为他们还是一群小屁孩,而靠孩子,谢安什么也赢得不了。于是他悲观地说,如此看来,天下大事已定,我要成为北方蛮族的俘虏了。

但是当胜利的消息传来,桓冲羞愧难当。他连连对左右说"群谢年少大破贼",竟由此发病而死。桓冲竟能因惭愧而死,可见他是一个善良正义且有自尊的人，因为一个不知廉耻的人是不会感到惭愧的。

有人说桓冲的一生算不上轰轰烈烈，论军事、论霸气不及桓温，论才干、论气量不及谢安。他的前半生生活在桓温的阴影里，后半生生活在谢安的光环下。正是因为有桓温和谢安这前后两座大山遮蔽了桓冲的锋芒，所以桓冲显得平平常常。

但我翻阅了史书后，觉得他是位很了不起的人物。桓冲跟大哥桓温秉性迥异，是东晋当时少有的既具备较强的军事才干，对帝国忠贞不贰，又品行节义超凡的人才。他手握兵权却不像桓温一样野心勃勃，而是始终保持了一个臣子的本分。桓温独断专横，在辖区内拥有生杀大权，而桓冲则主动放弃这一权力。即使有人应被处死，他也首先上报中央，听候裁决。他仁义恭谦，大局观意识强。在与谢安权利分配的问题上，他主动让贤并在淝水之战中积极配合全局，保证了战争的胜利。他还是一个为官清正、高风亮节、生活简朴的人，平时连新衣服都不怎么穿，这在士大夫普遍奢靡的东晋时代，实在难能可贵。

桓冲在家族利益与国家利益发生冲突时，义无反顾地选择了国家利益。没有桓冲的正确选择，就没有东晋后来几十年的安定与和平。桓冲的大义让东晋这艘破船看到一丝曙光。这才是真正的魏晋风度，也是另外一种形式的担当。

遗憾的是，在桓冲病逝后，他的侄子、桓温的儿子桓玄野心勃勃谋逆篡位，把东晋最后的希望无情打碎，从而加快了东晋的灭亡。

下 篇

五十三、淝水之战：失败者所有的道理都是屁

如果历史是这样演绎：公元383年10月的某一天，前秦都城长安从千里之外的前线传来大败东晋的捷报，历经五个月艰苦卓著的战斗已然结束，东晋最著名的大臣谢安被俘虏，晋孝武帝也成了阶下囚。东晋城头易帜，天下归一。

顿时，"南伐胜利了！""前秦皇帝万岁！"的欢呼声如响雷般炸开来，整个长安形成了一片欢腾的人海。兴奋和激动，如同决了堤的洪水，浩浩荡荡地从前秦臣民的心里倾泻了出来。他们再也无法隐藏平时的那份斯文了，手舞足蹈，欢呼雀跃。

这时候，我们再来看淝水之战前的那一次廷议，才发现前秦王苻坚的决策是何等英明。一年前的10月，苻坚在太极殿会见群臣，商讨国家大事。他说："自从我继承大业，已经三十年了。四方之地大致平定，只有东南一隅，尚未蒙受君王的教化。如今粗略地计算一下我的士兵，有九十七万，我想亲自统帅他们去讨伐晋朝，怎么样？"

北方已被苻坚统一，如果再征服东晋，那天下就一统了，这是好事。秘书监（相当于现在国家图书馆馆长）朱肜首先支持说："听到陛下亲率大军的消息，晋朝国君不是在军营门前口含璧玉以示投降，就是仓皇出逃，葬身于江海。然后陛下让中原之国的士人百姓返回故土，让他们恢复家园，然后回车东巡，在泰山奉告成功，这是千载难逢的时机。"

文人毕竟是文人，朱肜短短几句话就把这次南伐的意义和气势，甚至结果都进行了高度概括。难怪苻坚会高兴地说："这就是我的志向。"

尚书左仆射权翼大概有很强的畏晋意识，对此有不同看法："如今晋朝虽然衰微软弱，但还没有大的罪恶，谢安、桓冲又都是长江一带才识卓越的人才。他们君臣和睦，内外同心，以我来看，不可图谋！"

廷议有不同声音，甚至是完全相反的意见，这很正常。苻坚沉默了许久，为了充分尊重民意，说："请诸君各自发表自己的意见。"

古代人很讲究天象，出师前先问问上天的意思。太子左卫率石越说："今年木星、土星居于斗宿，福德在吴地（指东晋），如果讨伐他们，必有天灾。而且他们凭借着长江天险，百姓又为其所用，恐怕不能讨伐！"

说天象，学识渊博的苻坚比石越更厉害，说："过去周武王讨伐商纣，就是逆太岁运行的方向而进，也违背了占卜的结果，但是结果也胜利了。拿天道来说事，不靠谱啊。"论地理，苻坚也有自己的观点："以前的夫差、孙皓全都据长江之险，但也没有逃脱灭亡的命运。"

见群臣们众说纷纭，各言利弊，苻坚一时未能决定，于是便说："这就是在道路旁边修筑屋舍，没有什么时候能够建成。我要自我决断了！"民主的下一个环节就是集中了。

不过，在做出决断前，苻坚还是想征求核心人物的意见。见群臣们都离开了太极殿，苻坚唯独留下了阳平公苻融。苻融是苻坚的亲弟弟，也是他处理国家大事的左膀右臂。苻坚对他说："自古参与决定大事的人，不过是一两个大臣而已。如今众说纷纭，只能扰乱人心，我要与你来决定此事。"

出乎意料的是，苻融居然持反对意见。他从天时、地利、人和等三个角度论证讨伐晋朝有三难：一是天道不顺；二是晋国自身无灾祸；三是我们频繁征战，士兵疲乏，百姓怀有畏敌之心。

苻坚很失望，脸色一变说："你也是如此，我还能寄希望于谁呢！我有强兵百万，资财兵器堆积如山；我虽然不是完美的君主，但也不是昏庸

下篇

之辈。乘着捷报频传之势，攻击垂死挣扎之国，还怕攻不下来？怎么可以再留下这些残敌，使他们长久地成为国家的忧患呢！"苻融不顾苻坚不满的态度，还畏首畏尾地分析说："如果这么大规模地出动疲惫之师，能不能灭掉东晋再说，我所忧虑的是您所宠爱的鲜卑人、羌人、羯人，他们布满京师，这些人都对我们有深仇大恨。太子独自和数万弱兵留守京师，我担心一旦我们在前线失利，这些人在后方会不会趁机暴动啊？"

苻坚依然没有听从。此时向苻坚进谏的朝臣很多，苻坚还是坚定地说："以我们的力量攻打晋朝，就像疾风扫秋叶一样！然而朝廷内外都说不能攻打，这确实令我百思不得其解！"群臣见没效果，就动员太子苻宏，请他向父皇上谏。苻宏说："如今木星在吴地，再加上晋朝国君没有罪恶，如果大举进攻而不能取胜，在外威风名声受挫，在内资财力量耗尽，这就是导致群臣们产生疑问的原因！"苻宏说的还是一些老观点，并没有什么新意。

苻坚用自己的亲历来反驳太子："过去我消灭燕国，也违背了木星的征兆，但取得了胜利。天道本来就是难以确知的。"你说晋朝国君没有罪恶？秦灭六国，六国之君难道全都是暴虐的君主吗？

天时、地利、人和都说不过自信的苻坚，没办法，于是苻融用正统论来劝说："皇兄啊，我们的国家本来就属戎狄之人，天下的正宗嫡传不会归于像我们这样的外族人。长江以南虽然衰微软弱，残喘生存，但他们是中华的正统，天意一定不会灭绝他们。"这招厉害吧，龙生龙，凤生凤，老鼠生的儿子会打洞，你就死了这份心吧。

你用正统论，我用变化论。苻坚认为："帝王更替之道，怎么会有一成不变的呢？只看道德在哪里。刘禅难道不是汉朝的后裔吗？但最终被魏国所灭。你之所以不如我的原因，毛病正在于不了解变通的道理。所以，皇弟啊，你要适应变化，跟上变化的速度，从而才能发展自身，向前向上。"

在后宫，苻坚所宠爱的张夫人劝谏他说："妾听说天地滋生万物，圣王统治天下，全都是顺其自然，所以功业无所不成。黄帝之所以能驯服牛马，是顺应了它们的禀性；大禹之所以能疏通九川，挡住九泽，是顺应了它们的地势；如今朝野之人都说晋朝不可讨伐，唯独陛下一意孤行，妾不知道陛下是顺应了什么？"

张夫人甚至以动物的反常征兆来阻止丈夫的行为。"你看，自从秋冬以来，众鸡夜鸣，群犬哀嚎，圈马多惊，武库里的兵器自己响动，这些都是不能出师的预兆。"苻坚笑着说："军旅之事，你们妇人懂什么？"苻坚的小儿子、中山公苻诜最受宠爱，他也同样劝谏。苻坚依然笑着说："天下大事，小孩子知道什么！"

在整个争论过程中，只有冠军将军、京兆尹慕容垂作为苻坚的铁杆粉丝，力挺苻坚。他向苻坚进言说："弱被强所并，小被大所吞，这是自然的道理与趋势，并不难理解。像陛下这样神明威武，适应天意，威名远播海外，拥有强兵劲旅百万，韩信、白起那样的良将布满朝廷，而江南弹丸之地，独敢违抗王命，岂能再留下他们而交给子孙后代呢！《诗经》云：出谋划策人太多，因此事情不成功。陛下自己在内心做出决断就完全可以了，何必广泛地征询众朝臣的意见！晋武帝平定吴国，所倚仗的只有张华、杜预两三位大臣而已，如果听从众朝臣之言，难道能有统一天下的功业！"

这番话说的让人很难有辩驳的空间。自然规律：弱被强所并，小被大所吞；现状对比：前秦劲旅百万，良将布满朝廷，而江南弹丸之地；参考例子：晋武帝平定吴国，所倚仗的只有两三位大臣。都很有说服力。

苻坚终于遇到了知己，十分高兴地说："慕容啊，与我共同平定天下的人，只有你而已。"结果，苻坚在少数人的大力支持下，力排众议，于公元383年5月亲率八十万大军奔赴东晋，试图一举踏平建康城。

下 篇

再回到本篇开头假设的一幕,如果果真是苻坚胜利了,我们再来看上面的廷议和对话,肯定会为他的果断、胆量、英明和睿智所折服。因为他的廷议观点不是没有道理,统一天下的决策和思想都没有错。他的错跟他的见解无关,只是跟他后来的策略有关,就是不应该"倾巢而出",更不应该"亲自挂帅",否则苻坚也不可能一败涂地、元气大伤、身死国亡。

但在读《资治通鉴》时,这些对话变成了对苻坚不听劝告、一意孤行、狂妄自大、咎由自取的讽刺。历史完全就是胜利者以一副高傲的姿势去讽刺失败者的一个记录。

这也许就是社会的一种病态,只注重成功者,轻视失败者。这也好像是个亘古不变的道理,从东晋一直延续到现在。在这以成败论英雄的今天,有些人言必称某某人说,仿佛所有心灵鸡汤都是他的原创,仿佛所有的成功经历都是他的翻版。

历史是不能假设的,但历史是可以从不同角度去解读的。

五十四、玩物不丧志：《梅花三弄》人间最销魂

玩物丧志是东晋那个年代人们的普遍特点。玩钱、玩琴、玩瓷器、玩音乐、玩情调，沉迷享受，无心志向，比比皆是。但也有例外，比如笔下要写的桓伊。说起这个人估计很多人不知道，但是要提到一个成语和一首曲子，估计大家都会晓得——"一往情深"和《梅花三弄》，就跟桓伊有关。桓伊喜爱音乐，尤其擅长吹笛。他手中有一支名笛，叫作柯亭笛，相传是东汉名家蔡邕亲手制作。桓伊对音乐十分痴迷，特别喜欢听人唱歌。每当他听到优美的歌声，都会情不自禁地驻足击节赞叹。丞相谢安是他的粉丝，时常听他吹奏笛子。他们一起谈论音乐，不分昼夜。谢安曾经赞叹："桓伊啊，对音乐真是一往情深。""一往情深"这个成语就是这么来的。

桓伊虽然喜欢玩笛子，喜欢声乐，但没有玩物丧志，反而还玩物助志。出身于名门望族的桓伊，父亲桓景曾作过侍中、丹阳尹，因功勋卓著被封邑为长社侯。这样的家庭背景，桓伊躺在祖辈的功劳簿上，一辈子吃喝不用愁。可是桓伊却不想依靠门第的恩泽，一边爱好音乐，一边等待机会。后来，他在大司马桓温手下担任了参军。当时前秦苻坚逐渐崛起，经常在边境挑起战端。东晋朝廷备感忧虑，公开选拔能御敌边疆的将帅。桓伊以精通军事，长于谋划，在众多竞争者中脱颖而出，被任命为淮南太守。成为独当一面的将领后，桓伊迅速发挥出了他全面的才能。他到任后，一方面整备军事，训练部队；另一方面整顿吏治，安抚百姓，救济灾

荒，发展生产，为防御前秦入侵做好了充分的政治、经济和军事准备。建元十九年（公元383年），苻坚率八十万大军南下企图灭亡晋朝。大兵压境，桓伊挺身而出，与谢玄、谢琰等率领精锐的北府兵八万铁骑，在淝水之滨决一死战，最终以少胜多。这一战保住了江南半壁河山，奠定此后数百年南北朝的格局。在东晋，像桓伊这样既有名将风姿，又有名士风范的人不多。仕途生涯，他没有忘记自己的爱好，最终创作出成为中国著名十大古曲之一的《梅花三弄》。

梅花第一弄。

一次，王羲之的儿子王徽之赴都城建康，泊船青溪，恰好遇到桓伊乘车从岸上经过。王徽之听人说这就是著名音乐家桓伊，不禁产生了强烈的好奇，于是叫人过去拦住桓伊的车，说："我听说你擅长吹笛，能否为我吹奏一曲？"桓伊此时已甚为显贵，而且与王徽之素不相识。但他知道王徽之不仅是大有来头的世家子弟，更是当时知名的狂士，以行为怪诞闻名，颇有竹林之风，便很谦逊地下车，盘坐在胡床上，拿出柯亭笛，吹奏了一曲《梅花三弄》。一弄寒山绿萼，二弄姗姗绿影，三弄三叠落梅。笛声悠扬，曲意深长。一曲终了，当王徽之还沉浸在那荡气回肠的笛声里时，桓伊已收起笛子，登上车子，绝尘而去。两人一句话都没说。

这个故事被记载在《晋书·桓伊传》和《世说新语·任诞》中，在音乐史上留下一段佳话。故事的发生地——青溪边萧家渡渡口，后来也成为南京的一处名胜，被称为"邀笛步"。

这一弄，魏晋名士尽显风流千古绝响。

梅花第二弄。

太元九年（公元384年），桓伊升任江州（今江西九江市）刺史，拜护军将军，都督江州、荆州十郡、豫州四郡军事。到任后，他立刻轻车简从，深入民间访疾问苦，回来后给皇帝打报告，为老百姓说话：江州经常遭受外族掠夺，再加上连年遇到自然灾害，百姓粮食歉收，所剩住户只有五万六千。他还建议采取抚恤百姓的政策，合并人口小的县衙，免除百姓拖欠官府的租米，将州府衙门迁移到豫章（今江西南昌）。晋孝武帝看到桓伊的奏章后，除下令将江州衙门安置在寻阳外，其余的都采纳了桓伊的建议。这些体恤百姓的"拯抚"政策，很快便见到了成效，饱经战乱的江州生产得到了恢复，群众生活得到了改善，"百姓赖焉"，桓伊也赢得了很好的政声民声。

桓伊虽然立有大功，工资不低，皇帝的赏赐车载斗量，但他生性谦逊，生活朴素，不仅不追求奢华的享受，还处处以国家为念，生活十分俭朴。他生前最后一件事很能说明问题，他上交马军、步军铠甲六百套，在呈送给朝廷的奏表中写道："臣深受朝廷恩宠，受命经略西藩。淮南大战时，敌寇仓皇北逃，人马器械，随处抛弃。当时收集了许多残破不全的器械，无法连贯一体加以使用。经过多年修理，现已全部修整完好。当今天下虽然大体一统，但余寇仍未消灭净尽。臣不甘心老朽衰迈，还想献力献策拼死效命，上报皇恩。"一直醉酒人生的晋孝武帝看了大为感动，这时候特别明白，下诏说："桓伊忠诚报国，大志不遂，令人伤怀，遵其遗志接受所上铠甲马装。"桓伊一生为国操劳，最终死于任上。

这一弄，勤政为民高风亮节流芳百世。

梅花第三弄。

谢安的淡定是很有名的，在决定东晋王朝命运的淝水之战激战正酣时，他在下棋；当胜利的消息传来，他也只对与他下棋的客人神色自若地说了句："小儿辈已打败敌寇。"谢安一生中唯一的一次失态，是因为听了一首歌，唱歌的人就是桓伊。淝水之战后，奸佞之徒嫉妒谢安，常常于晋孝武帝前诋毁他，君臣之间遂生嫌隙。一日孝武帝于宫中设宴，桓伊侍坐。孝武帝命桓伊吹笛。桓伊神色自若，拿出随身携带的柯亭笛吹奏起

下 篇

来。乐曲抑扬顿挫，令人心醉，真可谓"妙声发玉指，龙音响凤凰"。一曲奏罢，满座翕然称善。这时桓伊放下笛子说："微臣弹筝虽不及吹笛的技巧，然而亦足以韵合歌管。请陛下准我抚筝吟歌自弹自唱一曲，同时希望有一个吹笛人为臣伴奏。"晋孝武帝答应他的要求。桓伊鸣弦歌曰："为君既不易，为臣良独难，忠信事不显，事有见疑患。周王佐文武，金縢功不刊，推心辅王政，二叔反流言。"唱的正是陈思王曹植的《怨歌行》。曹子建才高八斗学富五车，销魂绝代佳公子，却在胞兄魏文帝曹丕的猜疑迫害中了却残生。《怨歌行》一诗中曹植慨叹当皇上的难，做臣子的也难，皇上看不到忠臣的心，反而要加以猜忌。他以忠心辅政却难见信于天子的周公自比，正乃后世白乐天"周公恐惧流言日"之谓也。

那时，桓伊抚筝而歌，"声节慷慨，俯仰可观"，筝声清扬，笛声宛转。谢安，此刻也为之动容，"泣下沾衿"，快步走出自己的席位，来到桓伊身侧对他说："使君于此不凡！"听出桓伊弦外之音的晋孝武帝，"甚有愧色"，起身向桓伊致谢。桓伊因为正直无畏，肝胆照人而成为千百年来人们称颂的对象。宋代诗人宋祁在《读桓伊传》中写道："上前奏笛串奴髯，自倚哀筝咏刺谗。太傅一闻流涕久，使君于此信非凡。"

这一弄，忠肝义胆筝歌进谏流传千古。

"一曲桓伊，万古蹉跎。"从古至今，匆匆岁月，桓伊的名曲已经悄然流逝，一去不复返了。"看人间多少故事，最销魂梅花三弄"，昙花一现的魏晋风流尽管只能梦中追忆，但《梅花三弄》穿越了千百年的时光，依然余韵流响，婉转悠扬。

五十五、女尼的一句话改变了一个大臣的命运

东晋中书令王国宝这几天很是惶恐不安。自从他有了录尚书事（即宰相）司马道子这座靠山后，本来就是小人的他，变得愈加疯狂。我在《晋鉴》里专门写过这个"人面狗心"的人物，"官以贿迁，政刑谬乱"。中书郎范宁很是厌恶王国宝对上阿谀奉承、对下胡作非为的行为，于是上书晋孝武帝建议贬黜他。

估计王国宝有很多不法的证据在这个部下手里，他得到消息后十分畏惧，但又不便自己跑到皇帝那里"喊屈表白"。这时候，他突然想到一个人，说不定这个人能救他。谁？一个叫妙音的女尼。于是他派出身边人袁悦之，去请妙音写信给皇帝宠爱的妃子陈叔媛，称王国宝是如何如何忠心敬慎，皇上应该亲近信赖他，而不应该怀疑排斥他。

晋孝武帝知道后十分愤怒，因为他一直敬重范宁的刚正不阿，又早已听说袁悦之这家伙常劝司马道子专擅朝权，于是找了其他罪名处死袁悦之。袁悦之死后，王国宝大惊失色，一边自保一边继续害人，最后借助司马道子从中斡旋，成功贬黜了范宁，令其离开京城到豫章做太守，同时让自己安然渡过难关。

整个过程，作为当事人的袁悦之被杀、范宁被贬，而直接写信说情的妙音，却免受牵连，没有受到一点责难。女尼妙音在孝武帝眼里，确实是有特殊地位的。

这位妙音，据《比丘尼传》记载，不知道哪里人，年幼时就热衷于佛道。她居住在京城，博学佛门内外典籍，又擅长铺陈辞采，撰写文章。晋

下　篇

孝武帝时期，常常和司马道子、晋孝武帝谈天说地，一时名声大噪。朝廷内外有才有情的人都和她结交，门庭若市。妙音也经常出入宫廷，参与朝中政务活动，"权倾一朝，威行中外"，是名副其实的皇帝身边人兼大红人。

太元十年（公元385年），司马道子为她营建了简静寺，并任她为主持，领有徒众百余人。她所居的寺门前也盛况空前，每天都停有车马百余乘。

还有一事，很能说明问题。太元十七年十月，荆州刺史王忱逝世，当时荆州刺史的继任人选还没有定下来。东晋都城在建康，而荆州和扬州就是京师的根本，是军事重镇。其上可往西川，往下可至江南江北，地势十分重要。正因如此，朝中许多大人物都争着走自己的门路想安插人手。孝武帝心中很想让王恭来当这个刺史，但没有作最后的决定。

当时桓玄在江陵（今湖北中部），曾为王忱所挫败。王忱当荆州刺史时，整顿得上下井井有条。桓玄在江陵，本是没有冲突，但是他恃才傲物，目中无人。王忱看不惯，常常贬得他一无是处。曾经桓玄拜访王忱，没有让人通报，直接乘着轿子就进去了。王忱就用鞭子抽他的轿子门，桓玄也生气了，转身就离开了。王忱却也不留，两人就这样结怨。等到王忱死了后，孝武帝又想让王忱的族人王恭去担任荆州刺史。这个王恭，桓玄向来就忌惮他。

于是，桓玄很希望时任黄门侍郎的殷仲堪来荆州，因为殷仲是个弱才，容易控制。随后桓玄便派使者去妙音那里，想凭借她的势力为殷仲堪谋取荆州刺史的职位。

当时殷仲堪还在门下省任职，资历尚浅，名望也并不高，没有谁会认为他会成为封疆大吏。在还没有颁布诏书的二十天里，无数人削尖了脑袋想知道是谁。尤其是尚书左仆射王珣，三天两头就去问，他问的人恰好就是殷仲堪。王珣问："西镇为什么还没有任命呢？"殷仲堪说："已经作了安排，有人选了。"王珣说："到底是谁？"殷仲堪等他一个个地问过去了之后，都回答不是。王珣问完了所有人，特别开心，因为就是没问自己。他笑着说："是不是我啊？"因为在当时所有人选当中，他也算热门人物之一，其他人都不是，那还能有谁啊。但殷仲堪却否定了他："好像也不是。"就在那天晚上，结果终于颁布了，竟是殷仲堪！王珣和自己的心腹说："哪里有黄门侍郎去当荆州刺史的？这样重要的地方，竟然让这样的一个人去担任！哎，恐怕国家就要灭亡了啊。"吃不到葡萄自然说葡萄是酸的，王珣说这话时，是酸溜溜的，但是后来的事实也证明他的话不无道理。

显然，殷仲堪的任命与桓玄和妙音有关。

那天，孝武帝见妙音时就问："荆州缺刺史，外面的人说谁能当？"妙音说："贫尼是出家人，怎么能随便谈论世俗中的事情呢？不过听说外面的人都说没有人能比殷仲堪更合适了，因为大家都认为他是个考虑事情长远的人，而这正是荆州刺史必须具备的一点。"妙音对殷仲堪的评价出乎孝武帝意料，不过孝武帝想想也觉得是，于是就确定让他来代替王忱。从此殷仲堪的权势就如日中天，无人能及，天下震动。

荆州地近长江上游，向北可以控制胡虏，是东晋的屏障，历来都是重臣坐镇。孝武帝也是为国家百年大计着想，想让有能力有水平的王恭来担任。但是孝武帝考虑到并没有人能接替王恭，因为此时的王恭正担任都督兖、青、冀、幽、并、徐及扬州之晋陵诸军事，还兼任兖、青二州刺史，这些职务也是重要岗位，所以就问妙音外面的传闻。女尼的一句话，让殷仲堪当上了荆州刺史。看来，孝武帝对妙音的话，真是到了言听计从的地步。至于最后殷仲堪养虎为患，并最终身死国灭，结局被王珣不幸言中，这是后话了。

除了妙音，还有一个叫道容的女尼，也一直活跃于东晋。晋明帝、简文帝对她十分尊重。孝武帝即位后，对道容更加崇敬。太元年间，道容突然失踪，世人不知其所在，孝武帝敕命厚礼葬其衣钵。

针对这种现象，左卫领营将军许荣忧心忡忡，上疏警告说，如今中央政府的一些属吏，值卫的武官以及奴仆官婢儿子随母亲的姓为姓的，本来都是一些奴婢、刑徒，没有乡籍府第，却都当了郡守、县令，或者得了官职却不去赴任而仍在京城，把政务委派给小吏去办；尤其是和尚、尼姑、奶妈，争着引进自己的亲朋党属，又接受贿赂，常常以官员身份率领士兵。当然，这一奏疏被皇帝和当权者扔进了废纸篓。

东晋晚期出现了玄佛合流的现象。一个谈无，一个讲空，两者相得益彰，让佛教事业得到发展，这本无可厚非。皇帝崇尚佛教，通过建造寺庙，持斋供养，来为自己延寿，为国运祈福，这也说得过去。但是当权者轻易把朝廷大事让一个身边人把控，实在是不应该。

这种现象现在看来，仍有反思价值。领导"身边人"的管理不是小事。古语云："能吏寻常见，公廉第一难"。领导的身边人狐假虎威、欺上瞒下、假权谋私，诸如此类违法乱纪事件，问题虽然出在身边人身上，但根子却在领导干部身上。身边人的喜好选择，常常折射的是领导干部的生活情趣取向；身边人的作风，常常是领导干部个人作风的延伸。管好身边人是领导干部政治生活中的重要内容。

五十六、人不一定要出家，但一定要修行

他本是晋朝出色的将领，他本是桓家骁勇的子弟，但这个人一生充满怨毒，无缘修行，注定会走上一条不归路。

桓振，是征西大将军桓豁之孙，冠军将军桓石虔之子，桓玄从子，有其父风，果锐敢斗。有着这样背景和能力，他完全可以成为桓家优秀的人才。但桓振人品极差，暴横无行。也正因为他不修行检，所以桓玄后来虽然掌政甚至篡位，重用桓氏子弟时都没有任用桓振。但是桓振并没有感觉是自身的原因，反而对朝廷、对家族充满怨恨。

桓振的故事是接着桓玄的。桓温于公元373年病逝时，其子桓玄年方五岁。但桓玄长大后，其野心比乃父有过之而无不及。公元397年，晋安帝司马德宗即位，把持朝政的晋孝武帝之弟司马道子见桓玄负其才能，以豪杰自称，疑而不用，将其外放为义兴太守。桓玄郁郁不得志，自叹道："父为九州牧，儿为五湖长。"于是他弃官家居江陵，等待时机。时任荆州刺史的殷仲堪对桓玄礼遇有加，桓玄就以"清君侧"为名约殷仲堪等人造反。经过一番混战后，桓玄过河拆桥，杀掉殷仲堪、杨佺期等盟友，据有荆、雍、江三州。之后桓玄侵入建康，自称太尉，总理百政；后篡皇帝位，国号"楚"，将晋安帝废为平固王，迁居寻阳。

但桓玄的皇位尚未坐稳，便招致刘裕、刘毅、何无忌和刘穆之等末世豪强的合力围剿。峥嵘洲一战，桓玄大败，于是挟持晋安帝逃到江陵。公元404年，益州都护冯迁攻破江陵，斩桓玄及其家室于帝前。

当桓玄篡位时，桓振作为其从子被授扬武将军、江夏相。但在任上由

下 篇

于性格凶恶做事蛮横而被黜免。桓玄死，荆州各地纷纷反正归晋，桓氏家人四处逃匿。桓振也不例外，逃到了华容浦（今湖北监利县北）。已历三世的荆州桓家势力，似乎已灭亡在即，但桓振的一个举动让桓家突然又翻了身。

驻军巴陵（今湖南岳阳）的桓玄旧将王稚徽，派人向桓振假称桓歆已攻陷建康，冯稚已夺取寻阳，率军西追桓玄的刘毅亦在败退。桓振闻讯大喜，马上酝酿下一步动作。其实，以桓振的智商，倒不见得会看不出这是一份假情报，但充满怨毒的他立即抓住鸡毛当令箭，鼓动跟随他的几十号下属：机不可失，要乘"胜"反攻！随后他又聚众二百多人袭击江陵，而当时刘毅等又以为大局已定，大军久久都未到江陵。在桓谦率部众响应之下，桓振顺利攻下江陵。

桓振攻陷江陵后，立即将城内主政的王康产、王腾之两大臣处死，然后骑马持矛，直奔安帝司马德宗的行宫。见到皇帝，桓振厉声喝问："桓升（桓玄的儿子）现在在哪儿？"当得知小堂弟已经被斩首时，桓振怒不可遏，大声质问司马德宗："我们桓家有什么地方对不起晋朝？竟遭受如此屠戮！"

这句话被后人嘲笑为经典。桓家把晋朝天下都篡夺了，把皇帝都挟持了，还问有什么地方对不起晋朝。不过晋安帝司马德宗不知道回答，别人也不敢如此回答。这时晋安帝的弟弟司马德文辩解说："杀桓升，怎么可能是我们兄弟的意思呢？都是王康产他们干得啊！"但桓振仍不依不饶，一定要杀掉晋安帝司马德宗。幸亏桓谦赶到，竭力劝阻，司马兄弟才逃得一命。在政治上，桓谦毕竟要比桓振高明一些，知道此时的司马德宗是杀不得的。

桓振确实是东晋的死敌。当他攻入江陵，见到从叔桓玄的尸体时，不禁叹道："叔父不肯早点用我，才落得今天的结局。如果叔父尚在，以我为先锋，那么平定天下也不是难事！如今只剩下我一个人，不知将死在何地？"他这话说的，他的叔父辈的桓谦都被他给生生无视掉了，可见桓振的傲气。但即便在明知一死的情况下，桓振仍自封镇西将军，负隅顽抗到底。他凭借匹夫之勇，在江陵杀进杀出。

公元405年正月，南阳太守鲁宗之起兵进攻襄阳（今湖北襄阳市），桓振所任命的雍州刺史桓蔚出走江陵。不久刘毅等兵临马头，桓振挟持着晋安帝到江津（今湖北江陵南），派使者要求东晋割让荆、江二州，以换取晋安帝，但为刘毅所拒绝。两日后鲁宗之击败桓振部将温楷，进屯江陵城北十多里外的纪南城。桓振于是留桓谦等守江陵，自率军队进攻鲁宗之。桓振虽然大败鲁宗之，但江陵却遭刘毅攻占。桓振回军时看见江陵城中起火，自知江陵已陷落，部众都溃散，于是唯有逃到涢川。

没多久，桓振被刘毅手下的将领唐兴斩于沙桥，结束了他"有毒必发，毒尽方止"的一生。他的死被宋人以妖怪的形象记载了下来。宋初官修的小说《太平广记》：桓振在淮南时，夜里听见有人上床的声音。他点上灯一看，只见一大堆血。不久，桓振就被晋军杀死。

感觉全世界的人对他都不公，感觉全世界都亏欠他似的，导致他仇恨国家、仇恨社会，桓振就是这样充满怨毒的人。当时有个僧人叫竺法深，说：有人评论庾亮是个名士，可是他心里隐藏的柴棘，恐怕有三斗之多！"柴棘"本意是荆棘，后来比喻成居心险恶。其实，这句话放在桓振身上也差不多。

桓振有勇有谋，但缺少修行。修行不是像寺院的和尚一样整天打坐参禅，而是寻找发现自己的本源，领悟人生的真谛，是种淡然处事的入世法。也只有入世，才能找到自己。因为人生就像一场你方唱罢我登场的戏，没有加入很难在摸索中寻找自己。

《人间卧底》的作者马良说，他本来应该成长为一个怨毒的人，每个

下 篇

怀才不遇的失败者都有资格这样做，但幸好他没有。如今已经想不起到底是什么拯救了他，只能谢天谢地了，甚至谢谢所有那些无意间狠狠踩过我一脚的人。同时他不断在内心修行，怎样成为一个失败者，在这个遍地都是失败者的世界，他如何当仁不让地成了一个资深人士。

这使我想起一个禅的故事。一天，寺院许多和尚在一起参禅佛法，突然大风刮起，经幡呼啦啦地飘起来。这时有和尚说风动了，有的说幡动了。这时六祖慧能淡淡地说："不是风动，不是幡动，是人心自动"。的确，若只是风动或幡动，如果你内心不动，这外镜又怎能投射到你的内心呢？然而我们多少人又为金钱、名誉、权力而心动迷失自己呢。

为什么要写桓振这个人，原因只有两个：一是他的死，意味着谯国桓氏这个曾在东晋影响力极大的名门望族，从此基本上退出了历史舞台；二是他的死，更证明了不内心修行、充满怨毒的人下场都不会太完美。所以人不一定要出家，但一定要修行。

五十七、人际关系很差的他为何获得后人点赞

宋朝有位著名的拗相公王安石,东晋也有位拗相公叫何充。在旁人看来他的脾气的确很怪,人际关系搞得也很糟糕,跟他相处会感觉浑身不自在。

何充起先是担任大将军王敦的属官,后来转任主簿。主簿是个什么官,在魏晋时期,主簿常常参与机要,总领府事,权势颇重,相当于大将军王敦的秘书长。王敦的哥哥王含当时为庐江太守,贪污腐败,行为不检,名声极差。王敦想袒护他的哥哥,故意在与很多人坐在一起谈话时称赞他的哥哥:"家兄在郡为官,肯定清廉,庐江人士倍加称赞。"这种场合,手下或者朋友一般都会说些好话,即使你说了违心的话也不用你负责,何况还顺手捞个人情讨到领导或朋友的欢心,何乐而不为呢?可秘书长何充偏不,他听了王敦的话后,一脸正经地说:"我何充就是庐江人,所听到的与大将军所说的不一致。"这句话很短,但内涵极丰富:其一,说明王含口碑不佳;其二,说明庐江郡没人说他好的;其三,说明王敦在造谣。结果何充这话把王敦气得没话可说。在座的其他人也都为何充感到担心,只有何充神色自如,和平常一样,若无其事。

何充跟上级就是这种关系,他也为这种关系付出代价,这事后王敦找了个借口把他贬了下去。

王敦之乱平定后,何充才重新出山。为什么会有重出的机会,因为他的身份很特殊。他是王导妻子曹夫人姐姐的儿子;他的妻子又是庾亮的妹妹,而庾亮另一个妹妹庾文君是晋明帝的皇后,所以他和王导、庾亮、晋

下 篇

明帝之间都是亲戚。在门阀制度森严的东晋，何充不想做大官也难。果然，后经王导、庾亮共同推荐，他当上了吏部尚书。

何充到了建康后，在吏部尚书中组部部长这个岗位上，工作特别忙，也相当勤政。玄学名流特意找何充"应对玄言"，可见何充在清谈上也是很有名的，但此时他专注于政务而无暇参与清谈。没时间就说自己没时间，他还不忘嘲笑人家一句，结果搞得这帮清谈家们感觉很没意思。

那么何充跟同僚们关系如何呢？王导去世后，何充转任护军将军，与庾亮的弟弟、中书监庾冰一起担任录尚书事，同时担任丞相职务。一个是皇帝的舅舅，一个是皇帝的姨夫，联手辅佐皇室，这本是难得的好事，但性格刚烈的何充还是把关系搞得很僵。

咸康八年（公元342年）六月，晋成帝病重。当时晋成帝的两个儿子司马丕和司马奕还是婴儿，而皇上的舅舅庾冰有私心，怕一旦由晋成帝儿子继位，自己与皇帝的血缘关系会愈加疏远，影响庾氏在朝中的影响力。故此庾冰以有外族势力威胁为由向成帝建议立年长君主，并推荐晋成帝之弟司马岳，晋成帝答应了。何充却不同意，他说："父子传位，是先王既定的法典，忽然妄加改变，恐怕不是利国的良策。所以武王不传位给有圣德的弟弟，是遵循大义。从前汉景帝也打算传位给其弟梁王，百官都以为毁乱典章制度，不能接受。如今琅琊王继位，年幼的太子怎么办！国家社稷，灾祸将至！"这建议，活活把亲戚关系搞僵了。庾冰当然不肯，毕竟庾家的势力远远胜过何家，朝廷最后下诏以司马岳作为接班人。

不久，继位后的晋康帝来到殿前，庾冰、何充两边侍坐。晋康帝客气地说："朕继皇位，是二位爱聊之力。"何充直言不讳说："陛下即位，是庾冰一人之力。若依愚臣的主张，陛下就不能君临天下了。"何充一席话，把晋康帝说得脸白一阵红一阵。

晋康帝即位后仍委政给庾冰及何充。建元元年（公元343年），何充考虑到不能再得罪庾家了，为了避免跟庾家接触，他提出并征得朝廷同意，改任骠骑将军，都督徐州、扬州之晋陵诸军事，领徐州刺史，出镇京口。

不久，庾翼将举行北伐，庾冰出镇江州，何充再次入朝。为了制衡门阀世家的权力，避免士族过度拥有兵权，他不顾与庾家是亲戚关系，向晋康帝进言说："庾冰是尊贵的国舅，应做宰相掌管朝政，不宜远出。"朝臣讨论的结果否定了何充的建议。于是朝廷征召何充为都督扬州、豫州、徐州之琅琊诸军事、假节，兼任扬州刺史，将军封号不变。在这个岗位上，何充还想主动修复和庾家关系。此前，庾翼征发江、荆二州全部编入户籍的奴隶以充兵役，士人百姓纷纷谴责。何充打算征发扬州的奴隶来分担舆论对庾翼的指责。后因中兴之时已征发过三吴的奴隶，如今不宜再征发而终止。

建元二年（公元344年），晋康帝病重，庾冰及庾翼打算立晋元帝子会稽王司马昱为帝，但何充则建议立皇太子司马聃，并得到晋康帝答允。康帝于当年逝世，何充随后以康帝遗诏立司马聃为帝，即晋穆帝。这回何充坚持了原则，而且获得了胜利，但庾冰及庾翼也因此十分憎恨这个妹夫。

晋穆帝即位当年，庾冰逝世，次年庾翼亦患病，何充一人独掌大权，辅助幼主。庾翼临终前，上表朝廷请求将他的职位委托给他的儿子庾爰之。议论者都认为庾家世代守西藩，人情所归，应该依从庾翼的请求，以安人心。这种合情合理甚至合法的事情，本来何充完全可以答应的。结果他从国家安全大局出发，否定了庾翼的请求。他说："不可如此。荆、楚是国家的西大门，拥有人口百万，北有强胡环绕，西与劲蜀为邻，地势险阻盘曲，绵延万里。所任得才则可平定中原，所任非人则国家社稷可忧，正所谓陆抗存则吴国存，陆抗亡则吴国亡，怎能让一个白面少年来充当此重任呢？桓温才略过人，文武兼备，经略荆楚的重任，非桓温莫属。"议论者又说："庾爰之肯让桓温吗？如果他拥兵阻挡桓温，祸害不浅。"何充

下 篇

说:"桓温足以制服他,诸位不必多虑。"于是朝廷让桓温担负守西藩之重任,庾爰之果然不敢争夺此位。

在后来的治国过程中,何充还考虑到外戚的利益,认为卫将军褚裒为皇太后之父,应当执掌朝政,上疏举荐褚裒参与总领尚书。褚裒以居住狭窄为由,坚决请求做地方长官。何充对目前的政局很放心,经常说:"桓温、褚裒为一方诸侯,殷浩掌管诏令,我可以没事做了。"

就是这样一个看似不太会处理关系的人,把东晋治理得有条不紊。当时的人评价他,身居宰相,虽无修正改革之能,但刚强果敢,才识度量过人;执掌国政,正气凛然,以国家兴亡为己任。尤其是选任领导干部,无不以功臣为先,不为私人树立亲戚党朋,人们因此敬重他,同时也获得后人一致好评。为什么会有这个结果呢?原因只有一个,就是在原则面前该坚持还得坚持。何充从来不会因为利益而改变自己,更不会因为压力而放弃自己的原则。

不过人无全人。东晋以来,江左社会佛教、道教同步发展,帝王、士族奉道或信佛开始流行。何充一生的爱好是佛教,上台后大修寺庙,供养无数和尚,花费亿万都不心疼。亲戚朋友生活穷困,问他借钱,他一毛钱都不肯借。一次,名士阮裕对他说:"你的志向大于宇宙,勇气超越万古。"何充说:"你是什么意思?"阮裕说:"我想做个统治几千户人口的郡守,都不能实现,你竟然想成佛,这志向能说不大吗?"

这就是何充,这也是东晋的一个缩影。

五十八、没有什么比权欲更有吸引力，除非你低智商低功能

《资治通鉴》中三处有意思的话，使我读后不禁掩卷长思、浮想联翩。

（一）

公元405年8月，西凉的第一任领导人李暠写下一道手谕，告诫他的几个儿子：

1.从事政务的人应当对奖赏或惩罚非常谨慎，万万不能任凭自己的爱憎，随意而为。

2.接近忠直正派的人，疏远奸佞阿谀的小人，不让自己左右亲近的人暗地里操纵权力，作威作福。

3.别人毁谤或者赞誉你的时候，应当仔细斟酌辨别是真是假。

4.听取讼诉，判定案情，一定要和颜悦色地按规章情理仔细处置，千万不要事先推测对方心怀奸诈，主观臆断，轻易地发脾气。要尽量争取多听别人的意见，不要自己独断专行。

5.尽量地宽容别人的错误，掩饰别人的缺点，才使早上还是对手、仇人的人，到晚上便可能成为知心朋友。

6.处事公平，胸怀坦荡，没有偏差，不许因私意有一点儿变更。这样做，从眼前的利益来考虑，好像是要受到些损失，但是时间一久，才能看出好处来。

下 篇

　　这番话可以说是为官从政者的金科玉律了。李暠苦口婆心地教育儿子们，不管是做人还是做事，都要做到公正公道，谨慎处事，这样才能使江山万年永固。他还告诫儿子们要放眼长远，从眼前的利益来考虑，好像是要受到些损失，但是时间一久，才能看出好处来。

　　李暠死后，太子李歆继位，史称西凉后主。令人遗憾的是，这个李歆太不争气，在位时，一反父亲的风格，刑罚严厉，法规严峻。他又喜好出游狩猎，并大兴土木不停地修造宫舍，致使西凉国力衰弱。更可怕的是，李歆还好征战，多次对北凉用兵，最终导致西凉灭亡。

　　当初就有不少人劝谏李歆。从事中郎张显说，凉州疆土被一分为三（西凉是其中之一），这种局面势必不会长久维持。军事兼并的根本，在于发展农耕；怀柔远方部族的方法，莫过于统治宽大，刑罚简单。他还劝李歆今年阴阳失序，风雨失调，正应该减少膳食，撤除乐器，谨身修道。主簿氾称也列举了历年来发生灾祸和怪异事件，希望李歆赶快停止兴建宫室，停止出游狩猎娱乐，邀请并礼遇英才俊杰，爱护并用心休养百姓，对于邻国的入侵要防患于未然。

李歆根本没有接受规劝，并完全把老爸的谆谆教诲抛到九霄云外。读历史，你会发现这样一个规律，优秀的皇一代往往孕育出窝囊的皇二代，不是说皇二代缺少教育，也不是说皇二代不懂得治国之难，只是他们不懂得"一将成名万骨枯"的惨烈，不懂得"打江山难，守江山更难"的道理。在绝对权力面前，尤其在缺乏监督的权力面前，什么制度、什么规矩、什么忠言、什么教诲都是零，因为没有什么比权欲更有吸引力。

（二）

公元410年2月，东晋大将刘裕率军攻打南燕都城广固（今山东青州西北）。整整打了十个月，他终于攻破了广固。全城臣民投降，南燕宣告灭亡。刘裕愤恨广固久攻不下，打算把所有男性军民全部活埋，然后把他们的妻子女儿赏给自己的将士。

部下韩范劝阻说："晋朝帝室迁移到南方去之后，中原地区混乱不堪，士人百姓无依无靠，对待强有力的政权，自然便依附过去了。既然做了人家的臣民，就一定要为人家拼命。他们都是古老的世族，先帝遗留下来的子民。今天，王家的军队前来讨伐异族拯救他们，却要把他们全部活埋，那么您打算让百姓往哪里去呢？我私下里担心西北的百姓从此不会再有盼望我们去拯救他们的愿望了。"刘裕虽然接受了建议，但还是杀了王公以下的三千多人，没收的家庭人口也有一万多，并拆毁了广固城墙。

什么样的胸怀决定了什么样的格局。雨果曾说过："世界上最宽广的是海洋，比海洋更宽广的是天空，比天空更宽广的是人的胸怀。"但是刘裕的胸怀确实不怎么样。正如司马光说的那样，刘裕灭掉南燕后，不礼贤下士，旌表俊才，安慰平抚疲惫的百姓，提倡谦抑祥和的世风，清除破败污秽的劣政，使有识之士望风响应，让各地遗民踮脚盼望，反而变本加厉地肆意而为，大开杀戒，以此快慰自己一时的愤怒。他的胸怀可见一斑。

事实也证明，东晋自从南渡长江以来，国势萎靡，致使戎狄异族，横行无忌，如猛虎般吞噬中原。刘裕指挥王家军队，平定华夏东部地区。但刘裕没有成为杨坚，更没有成为李世民。之所以会有如此不同，或许也跟他的胸怀有关。他的胸怀注定他接过东晋的旗帜，在江左一隅继续经营自己的小天地，没有成就一统天下的霸业。

实际上做人的关键也在于胸怀。只有拥有了宽广的胸怀，才会体验到"退一步海阔天空"的轻松和愉悦。做人心胸宽广，就得有"得让人处且让人"的宽容，体谅别人的难处，谅解别人的错处，关注别人的长处。要有容人的胸怀和气量。既要容人之言、容人之长，更要容人之短，有足够的勇气和胆量充分理解别人短处。胸怀不广的人往往缺少仁者风范，诗曰："柔亦不茹，刚亦不吐。不侮矜寡，不畏彊御。"而这样的风范，却只有仁者能做到。

（三）

公元411年正月，后秦第二任领导人姚兴命令大臣们寻找、荐举贤能的人才。负责选拔人才工作的右仆射（副丞相）梁喜不知道是偷懒，还是嫉贤妒能，对姚兴说："臣几次接受诏命却没有得到一个那样的人，可以说世上的确缺乏人才。"姚兴很不高兴，就批评他说："自古以来，帝王之业兴起的时候，从不曾在古人的行列中借取宰相，也不曾等待从将来出生的人中选拔大将，他们都是随时随地在当世选任人才，却也能使国家得到较好的治理。你自己缺乏识才拔才的眼光，怎么可以诬蔑说四海之大没有人才呢？"大臣们听了都很高兴。

从梁喜角度来看，我们依然可以找到现在的影子，工作中，不去思考，以"难度太大，微臣做不到""不是主观不努力，而是客观上实在没办法"等理由来搪塞上级，看起来振振有词，实则萎靡不振。当官的这种状态不改，真不如回家卖红薯去。

在南北朝十六国时期，姚兴无疑是个难得的好君主。有人称他是一个缩小版的苻坚。他不仅武功一流，而且心胸开阔、英明睿智，有军事才能、宽厚仁慈、勤于政事、励精图治。当时北方大乱，各个割据军阀都是"角斗士"，天天秀肌肉、比力气。但他兴办了许多学校，长安的大街小巷，路旁河边，到处书声琅琅。四面八方的年轻人，热血沸腾地奔赴"学习圣地"长安。后秦的各个关卡只要看到儒生，笑容相迎。所以文质彬彬的人非常吃香，只要"刷脸"就能在全国畅行无阻。

魏晋南北朝的南北战争或者十六国之间的战争，实际上就是人才战争。苻坚拥有王猛，统一了北方。前燕嫉妒贤能逼走慕容垂，而最终灰飞烟灭。姚兴懂得，尊重知识、尊重人才、尊重创造是朝廷的知识分子政策的核心；应创造宽松和谐的环境，努力形成广纳群贤、人尽其才、能上能下、充满活力的用人机制。

对《资治通鉴》，宋元之际的史学家胡三省如此评价："为人君而不知《通鉴》，则欲治而不知自治之源，恶乱而不知防乱之术；为人臣而不知《通鉴》，则上无以事君，下无以治民；为人子而不知《通鉴》，则谋身必至于辱先，做事不足以垂后。"以史鉴今，资政育人。上述三个片段，司马光虽然写的是魏晋历史，那些已经是距离宋朝六百年前的事情，但其实是写给谁看的呢？我不说，大家都知道。

下篇

五十九、四世纪的大辩论：出家人要不要跪拜皇帝

晋朝社会，皇权至上是根深蒂固的传统，不允许任何其他的社会势力凌驾于皇权之上。不论是谁，见到皇帝都必须下跪，行叩拜礼。但佛教传自印度，它的理念恰恰是"超然世外"的。在印度本土，僧侣们的社会地位高于俗人，包括君王在内。佛教最初传入中国时，出家人不用跪拜帝王，只是双手合十表示敬意，但这与中国传统礼制不合。到了东晋时，佛教为朝野所崇尚，出家人常常出入朝廷殿堂，而不跪拜帝王，这与儒家纲常形成严重的矛盾。

晋成帝咸康六年（公元340年），中书监庾冰辅政，主张出家人应向皇帝行致敬礼，换言之就是跟文武百官、平民百姓一样跪拜皇帝。但尚书令何充等人认为不应致礼。由于双方相持不下，晋成帝诏令礼官详议此事，拿出处理意见。结果在礼官中又产生分歧，博士们同意何充的意见，而中书侍郎则支持庾冰。为此，何充等人联名上奏：

世祖武皇帝以盛明革命，肃祖明皇帝聪圣玄览。岂于时沙门不易屈膝，顾以不变其修善之法，所以通天下之志也。愚谓宜遵承先帝故事，于义为长。

——《集沙门不应拜俗事》

什么意思呢？就是主张遵从"先帝故事"，尊重佛教律仪，不要让出家人在帝王面前屈膝跪拜。在东晋朝臣中，何充等人是笃信佛教的。但庾

冰却从维护儒家名教的立场出发,坚决反对出家人不敬皇帝。庾冰在代晋成帝起草的一份诏书中说:"方外之事,岂方内所体?而当矫形骸,违常务,易礼典,弃名教?是吾所甚疑也。"

他对佛之有无提出疑问,认为佛教乃"方外之事",而名教则为固有传统,百代不废。"弃礼于一朝,废教于当世。使夫凡流傲逸宪度,又是吾之所甚疑也"。即便真有佛,"将通之神明,得之于胸怀耳。轨宪宏模,固不可废之于正朝矣"。因此,所有晋朝的民众必须遵守国家的法律与礼仪,而僧侣们却"因所说之难辨,假服饰以凌度,抗殊俗之傲礼,直形骸于万乘",这是绝对不允许的。"论治则当重国典",应当对僧侣的言行规范加以约束。

对此,何充又有不同看法,他联合仆射褚翌、诸葛恢、尚书冯怀、谢广等上奏,他们认为佛教流传已久,"神道经久,未有比也"。尽管佛之有无难以确定,但"寻其遗文,研其要旨,五戒之禁,实助王化"。它教育人忘身弃名,也有助于德行的修炼。佛教自有其戒律,"今一令其拜,遂坏其法,令修善之俗废于圣世,习俗生常,必致愁惧隐之"。何充他们认为佛教的"五戒""十善"有益于社会的和谐安定,僧侣们出家追求高尚的情操,贵道忘身,具有"上俾皇极"的作用,不可因僧人不跪拜君王的小节而废其法度。

庾冰当然不服气,再次代拟诏书,从维护国家的伦理秩序和君主的最高权威出发,主张出家人应当礼敬王者,认为父子之敬、君臣之序不可动摇。他以为僧侣们"于世主略其礼敬",而"礼重矣,敬大矣,为治之港,尽于此矣。万乘之君,非好遵也;区域之民,非好卑也。而卑尊不陈,王教不得不一,二之则乱",佛门之法"修之家可矣,修之国及朝则不可"。

何充等也麦芒对针尖,再上奏,以为沙门守戒刻苦,"亡身不吝","何敢以形骸而慢礼敬哉"?其"烧香祝愿,必先国家,欲福佑之隆,情无极

下 篇

已",并明确指出:"臣等屡屡以为不令致敬,于法无亏,因其所理、利而惠之,使贤愚莫敢不用情,则上有天覆地载之施,下有守一修善之人。"何充的意思,沙门每天烧香唱赞,都是先祈祷佛法福佑国家,福佑帝王,其虔诚之意,是很难用言语来描述的。何充等人坚持认为,佛法当尊,不应逼迫沙门跪拜君王。

他们双方都是有才的辩论高手,这样几个回合下来,谁也没说服谁。庾冰的主张没能得到实行,结果是,出家人见到皇帝仍不行跪拜礼。但是,关于僧侣是否应该礼敬王者的问题,并没有得到彻底解决。此后的日子里,这一问题仍不时被提出来。

在我看来,这看似是两种文化观念之争,其实背后是两股政治力量在博弈。

作为"居宰辅之重,权倾一时"的最高执政之一的何充,他知道,"奉佛"之影响绝不止于其个人和家族,而必然影响到东晋朝廷的佛教政策及其走向。在东晋前期门阀政治的格局中,何充属于琅琊王氏政治集团,据《晋书》记载,何充早年为大将军王敦属吏,又与王导有亲属关系,"充即王导妻之姊子;充妻,明穆皇后之妹也,故少与导善,早历显官"。何充应称王导为姨父,与晋明帝则为连襟,可谓左右逢源。在相继遭受王敦之乱和苏峻之乱的打击后,王导的执政地位受到冲击。稍后崛起的颍川庾氏代表人物庾亮、庾冰、庾翼等在成帝、康帝之间,对王氏施加了极大的压力。在这一过程中,王导扶持何充参与大政,遏制庾氏。何充在这一斗争夹缝中逐步获得了自己的政治地位,并通过拥立晋穆帝后成为最高执政。王、庾两大家族的斗争,也想通过对佛教政策来树立自己的权威。琅琊王氏的主要执政人物如王导等是倾向于提倡和支持的,而颍川庾氏如庾冰、庾翼等人则主张适当裁汰僧众,要求出家僧人必须按照世俗礼仪向代表国家的帝王行跪拜之礼,以表示"致敬王者"。

辩论归辩论，但佛教在东晋的传播越来越广成了不争的事实。东晋时期，虽然时局动荡，佛教发展却很迅猛，涌现出一大批高僧大德、护法居士，留下诸多传奇故事。因佛教这一新因素的介入，东晋玄虚谈风达至极盛，造成了玄学清谈"江左称盛"的局面，对于当时人们精神文化生活的影响既广且深。东晋孝武帝司马曜信奉佛教，曾立精舍于宫殿内，并让僧侣居住在宫内，以方便礼佛。

东晋大将桓冲，就是当时最具有代表性的大护法。桓冲建上明寺，宝阁连云，僧房万间，规模之大，并世无匹。桓冲虽然贵为统兵大将，乃至出任宰相。但他宿来崇信佛法，除自己阅读经藏外，还拜神僧佛图澄大弟子道安大师为师。军政之暇，桓冲总是邀请道安大师到衙相聚，以师事之，参问法要。道安大师因势利导，使桓冲成为一代大护法。

何充对佛教史上也做出重大贡献：建了江南第一座尼寺。当时山东高平有一个女人姓朱，世代崇奉佛法。战乱中，胡人把她抓走，要强占为妻。朱氏受尽苦难，誓死不从，被罚到草原去牧羊。一晃十余年过去了，她在孤独绝望的时候，想到了佛法，想离俗出家，脱离苦海。一个偶然的机会，遇到了一名僧人，赠给她一本书《观世音经》。她从此日夜诵读，越发笃信佛教。后来趁胡人看管松懈，她逃了出去。但天地茫茫，四望无际。她进入一座深山，正无法辨清方向之时，一只老虎突然窜至眼前。她惊魂未定，却发现老虎并没有伤害她，而是掉头走了。她跟着老虎前行，终于走出山林，到达青州一村落，可老虎瞬间不见了。她就住了下来，此后和家人取得了联系。

家人希望她过一个普通女人的生活，但她矢志不渝。又过了三年，家人终于同意她出家。她取法号为明感，眼前经常浮现落花成阵，或者一尊佛像的景象。流光容易把人抛，转眼之间，她已经进入暮年，名气越来越大，许多善男信女拜到她的门下。她听闻江南佛法兴盛，于是带着十多个

下篇

信徒渡江到了建康。何充听说后,找她交流,顿生敬意,立即腾出了自己的一处宅邸,替她建寺。寺建成之后,何充问:"这座寺应当叫什么名字呢?"明感说:"您建的寺,是在兴造福业,可以取名建福寺。"寺名定了下来,不久之后明感就圆寂了。

六十、聪明人做了糊涂事，究竟由谁来买单

东晋快到尾声了，一位叱咤风云的人物走上历史前台。一生清廉、正直的他因为做了糊涂事，走上了一条不归路，让人不禁扼腕叹息。

他就是王恭，年轻时就有美誉，人品文品出众，并且他自负才能和家族地位，志向远大，常有担当宰相、辅臣的愿望。跟很多的士族子弟一样，他刚开始只任佐著作郎，后来因官小不能彰显其才能和志向而称病辞官。他后又任秘书丞，将要转任中书郎时因父亲王蕴去世而无法上任。服丧后，王恭先后任吏部郎、建威将军、丹阳尹、中书令领太子詹事。从这几个官衔来看，王恭确实是凭自身实力一步一个脚印上来的。

王恭虽然身居要职，但他却是个简朴的人，跟当时的奢侈社会格格不入。《世说新语》记载了这么一个故事，王恭从会稽回来，王大（即同族叔父王王忱）去看他。王大看王恭坐着一张六尺长的竹席，就对他说："你从东边回来，一定有很多这种东西，能不能给我一领？"王恭没有回答。王大去后，王恭就把坐着的这张席子给王大送去。自己没有竹席了，他就坐在草垫上。后来王大听说此事，大吃一惊，对王恭说："我本来以为你那里多，所以才要的。"王恭回答："您不了解我，我从来没有多余的东西。""身无长物"这个成语就是从这里来的。

王恭的正直在朝廷中很有名，对违背礼教的行为他敢发表意见、敢于制止。一次司马道子召集朝士开酒宴，尚书令谢石因酒醉而唱起民间歌曲，被王恭严正指责，说其有伤风化。又一次，司马道子因喜爱淮陵内史虞珧儿媳妇裴氏，下令她与众宾客谈论。然而由于裴氏服食丹药，身穿黄

下　篇

衣，样子如天师道道士一样，王恭因而抗议道："未听闻过宰相座上会有失行妇人。"言罢，座上众人都显得不安，司马道子也很惭愧。

除此之外，王恭还特别鄙视甚至痛恨一个人，那就是人面狗心的王国宝。当时司马道子宠信王国宝，机要朝权都交给他。司马道子爱喝酒，整天喝得昏昏沉沉，时间一长大权便落到了王国宝手里。而这王国宝是"有权不用，过期作废"。他利用权力买官卖官，贪赃枉法。而且其私生活相当堕落，甚至其生活待遇经常参照皇帝的标准，在东晋中央一级的官员中几乎没有一个不对他不满的。王恭也经常直言斥责王国宝。由于身边红人遭到王恭的排斥，所以司马道子也深深忌惮和怨恨王恭。因为王恭手握重兵，并且担任都督兖、青、冀、幽、并、徐及扬州之晋陵诸军事兼充、青二州刺史，所以怨恨王恭的人也不好轻易对他下手陷害。

太元二十一年（公元396年），孝武帝去世。在孝武帝葬礼结束时，王恭要返回自己的地盘了。临行前，他拉着司马道子的手，语重心长地说："皇上守丧，相国的责任将更加繁重，即使是伊尹、周公再生恐怕也难以做好。希望您能亲自料理各项军政事务，亲君子，远小人，别到时候让我为难啊。"很显然，此话的矛头直指王国宝。王恭这种刚直不屈、深存节义的性格，使我每次读《左传》读到"奉王命讨不庭"，时常为之释卷而感叹。

隆安元年（公元397年），王国宝出于畏惧，就劝司马道子裁减王恭兵力。忍无可忍，此举逼得王恭决心出兵讨伐王国宝，他派使者向荆州刺史殷仲堪联络，并得到了他的支持起兵讨伐。三日后，王恭上表到达建康，内外戒严。司马道子但求息事宁人，于是将罪责全推给王国宝，并命司马尚之收捕王国宝，在四月甲申日赐死王国宝并处死王绪，向王恭谢罪。于是王恭还镇京口。

这里有个小插曲，王恭起兵时，联系正在居母丧的王导的孙子、吴国内史王廞，王廞于是起兵响应。王恭是个很节制的人，在他罢兵时就命王廞离职，继续服丧。谁知道王廞却不是个好鸟，他想乘着起兵诛除异己，不能就此罢手，于是不听王恭命令，相反出兵讨伐王恭。王恭见状，命司马刘牢之领兵击败王廞，王廞逃亡失踪。王廞的这一行为，真是辱没了他爷爷的名声。事后王恭也很自责，上表自贬，但朝廷不许。

司马道子在经历过王恭、殷仲堪举兵后，对二人十分忌惮。心腹司马尚之则建议司马道子扶植心腹作外藩以屏卫。司马道子听后同意，于是在隆安二年（公元398年）命王愉为江州刺史，并割本属庾楷的豫州四郡让王愉都督。此举触怒了庾楷，于是派儿子庾鸿劝说王恭讨伐司马尚之兄弟。庾楷他的理由是，以防司马道子、司马尚之他们假借朝权削弱藩镇的图谋得逞。

这时候，王恭估计是头脑发热了。如果说第一次起兵，他完全是冲着为国除害而去。那么这次再出兵，岂不是有对抗朝廷的嫌疑？他真是犯了糊涂！

糊涂之一。王恭不该听信庾楷的劝说，更不该联合桓玄与殷仲堪，起兵讨伐建康。一则，出师名不正言不顺，朝廷要削减藩镇的兵力，你就要出兵对抗？二则，他们还推举桓玄当盟主，这让桓玄这个失势的野心家重新找到了终南捷径。当时王恭的部将刘牢之试图谏止，但王恭不听，于七月上表讨伐王愉和司马尚之兄弟，又派何澹之和孙无终率兵至句容。

糊涂之二。可能王恭对第一次起兵逼司马道子诛王国宝的事自我感觉良好，加上他自负其才能和门阀地位，对他主要倚靠的部将刘牢之待遇不厚，仅当他是普通将领看待。王恭应该是读过历史的，前朝先不说，本朝的谢万就是个活教材，因不善待士卒，最终北伐狼狈逃还。果然，刘牢之对他十分愤恨，司马道子的儿子司马元显知道了这个消息，马上派人去游说刘牢之，并承诺事成后让他接任王恭的职务。重奖之下必有勇夫，刘牢之欣然答应了。带兵的将帅要明白,你善待士兵,士兵将为你卖命;你不善待士兵,士兵则要你的命。

糊涂之三。当时王恭从部将何澹之口中得知刘牢之意图叛变,一向自负的他居然不加以追查,却以他们二人之间有私怨而不信。更糊涂的是随后将手下几乎全部的精兵交给刘牢之,命其为前锋进攻建康。然而,刘牢之开赴竹里就叛降朝廷,随之派刘敬宣和高雅之倒戈攻伐王恭。当时王恭正在出城打算阅兵,就被刘敬宣截击,部众溃败,王恭也随后被俘。

王恭被押送建康后,临受刑时,还吟诵佛经。他自己理顺胡须鬓发,一副从容的样子。他对监刑者说:"我王恭愚昧无知,过于相信他人,以致有今日败局,但我的内心,岂是不忠于国家社稷!百代之后人们是知道我王恭这个人的。"他死后家无钱财布帛,唯有书籍而已。对他的遇害,当时很多有识之士都嘘唏不已。

聪明人犯下糊涂事,究竟谁来买单?答案是东晋王朝!

王恭被杀后,殷仲堪、桓玄和杨佺期三人分据了荆、江、雍三州,但没过多久,桓玄借机消灭了殷仲堪和杨佺期两股势力,夺走了他们造反的胜利果实,并且造成了后来导致东晋休克的桓玄之乱,为篡位创造最佳条件。

同时,当朝廷举兵对抗王恭时,深得司马元显信任的五斗米道首领孙泰觉得机会来了,也想从中捞一把。他见东晋内战,认为晋室将亡,意图谋反,终被司马道子所杀。其侄孙恩接过他的旗帜率余众屡次侵袭三吴地区,发展成为导致晋朝雪上加霜的孙恩之乱。后其虽被太尉刘裕所平定,但为晋朝的改弦易辙埋下了巨大的伏笔。

六十一、求告密嗜好者的内心阴影面积

符坚有了王猛,统一北方成了一代雄主。刘裕有了刘穆之,扫除政敌从而成功篡位。那为什么王猛能名垂后世,而刘穆之却毫无名气呢?原因是王猛靠的是阳谋,刘穆之靠的是阴谋。阴谋者刘穆之内心的阴影面积到底有多大,估计只有刘穆之本人和利用他的刘裕知道。

元兴三年(公元404年),刘裕在京口(今江苏镇江市)起兵讨伐桓玄。占领京口后,刘裕向部将何无忌询问主簿人选。主簿相当于秘书长,位置十分重要,何无忌就推荐京口当地的刘穆之担任。

这个刘穆之何许人也,据说是汉高祖刘邦庶长子刘肥之后。但到刘穆之时,家道衰落,家里经常揭不开锅,加上他嘴巴很馋,便到处死乞白赖地蹭吃蹭喝。他娶妻成家后,更是常到大舅哥家吃白食,人家朝他翻白眼他也视而不见。他老婆江氏本是名门之后,觉得脸上挂不住,便常常唠叨,不让他去。有一次,江家宴客,特意让人捎话叫刘穆之不要去,可他还是不请自到。吃饱喝足后,他又腆着脸讨吃槟榔以助消食。江氏兄弟实在忍不住,便嘲笑他:"槟榔消食,君乃常饥,何需此物?"意思是,槟榔是用来消食的,你老兄连饭都吃不饱,还用得着吃这个?

成了刘裕的秘书长之后,刘穆之干得很卖力。他既是刘裕的谋士,又是他的耳目,跟随刘裕征伐广固,抵抗卢循,常住在营帐中出谋划策,决定各种事情。在京城,刘穆之有个特点,他喜欢把他在外听到的看到的,事无巨细,包括官员们的议论,均告诉刘裕。即使是街谈巷语、笑话等小事,也都告诉刘裕一些。刘裕常得到各种信息以显示他的敏锐,都是由于

下 篇

刘穆之的原因。刘穆之又喜欢宴请宾客,家中坐客常满,安插耳目观察打听,所以朝廷内外各种观点,刘穆之没有不知道的。即使是亲近的人的行为,刘穆之也都陈奏给刘裕而毫不隐瞒。有的人讥笑他,他却不以为然地说:"以公(刘裕)的明察秋毫,将来自己也会知道。我受公之恩,理应不加隐讳,这正如张辽之所以告发关羽想叛逃一样的道理。"

还有一例很能说明刘穆之喜欢告密。刘裕西征讨伐刘毅时,派另一大将诸葛长民留守府中,总管后方一切。刘裕担心诸葛长民难以独当此任,把刘穆之留下帮助诸葛长民。其实,诸葛长民早有背叛刘裕的野心,只是犹豫不决没能发动。于是他私下偷偷对刘穆之说:"外面谣传,都说太尉刘裕对我不公平,什么原因才闹成这样?"刘穆之说:"刘裕逆流远征,而把老母幼子委托于你,如果不信任你,怎么会这样做呢?"诸葛长民思想才稍稍稳定下来。刘裕回来后,马上就杀了诸葛长民。不消说,这肯定是刘穆之告密的结果。诸葛长民与他推心置腹讲自己心里话,但他怎么会为诸葛长民自身的利害设想呢?他当然会向前方的刘裕密报。对诸葛长民而言,是祸从口出。刘穆之就是这样靠为人耳目,告小状而赢得宠信的。

不要以为告密者都是那些靠小道消息给主子邀功领赏而无实际能力的人,刘穆之是个例外,他确实有两把刷子。

当时东晋法律宽松,纲纪不立,门阀豪强可恃势凌人,平民则无法自处,人人自危。刘穆之以当时形势对法令进行修改调整,对门阀豪强进行了约束,更让平民对法律有所适从。刘裕配合他,以身作则下,很快就改变了当时的政治风气。这招确实厉害,一改东晋作风。从人治社会到法治社会,刘穆之迈出了一大步。

在日常工作中,刘穆之在内总理朝政,在外管理军旅事务,解决问题有条不紊,任何事情都不被耽误。他家常常宾客盈门,求办各类事项。不管朝事军事,里里外外来询问汇报的人满阶满室。刘穆之眼睛看公文,手写回信；耳听别人的汇报，口中同时回答问题。同时，他又不妨碍处理数事，每一件事都处理得很妥当。他与不少很熟悉的客人在一起畅谈说笑长达一日或数时辰，并不觉得困倦疲累。这能力这水平这精力，真不是一般人可以比得上的。

数年之间，刘穆之从主簿到中军太尉司马，再到丹阳尹、前将军。刘裕每次远征，都让刘穆之留守。事无大小，都由刘穆之决定。后来刘裕又先后提任刘穆之为尚书右仆射、左仆射，率领监军、中军二府军司，前将军、丹阳尹仍然兼任，可带仪仗护卫队五十人，出入朝廷殿堂。他权势显赫一时，让人嫉妒。

不过，人前风光并不证明他的内心世界。他毕竟活得并不光明磊落，内心的阴霾就会越来越多，随时会毒噬自己的灵魂，摧垮自己的意志。

攻克洛阳后，身在彭城的刘裕做了一件大事：派王弘回建康，让朝廷给自己"加九锡"。"九锡"是皇帝给大臣的最高礼遇，但这是个危险的信号，表示大臣要篡位了。王弘是刘裕的左长史，相当于他的高级秘书，也是王导的曾孙，大臣王珣的儿子。

留守在建康的刘穆之接见了王弘，听到来意后，如晴天霹雳，当天就病倒了。病倒的原因史书并没明说，只说"穆之愧惧，发病遂卒"。刘穆之一直自认为和刘裕既为上下级关系，也是最贴近的朋友，双方没有秘密，相互依赖。但是这么惊天动地的事，刘裕此前没有一声招呼，还让另一个人来完成。难道自己被怀疑了吗？刘穆之一直忠于晋朝，他期待刘裕能像诸葛亮一样，力挽狂澜，扶正晋朝大厦。万没想到，一心一意伺候的主子原来想要谋逆，自己上了贼船，这么多年的努力是助纣为虐。他顿时万念俱灰，轰然倒下，享年五十八岁。

但不管如何，刘穆之此时明白了，刘裕用的是他的才能，并不欣赏他的人品。他们不是同僚，更不是朋友，就是工具和使用者的关系。其实，

下 篇

当大家知道他的所作所为以后,谁还敢接近他,对他说一两句知心话呢?那么刘穆之被利用的价值也就到此为止了。

刘穆之是焦虑而死,重演了当年荀彧与曹操相处的悲剧结局,王弘代替了刘穆之的地位。一个人依附于另一个人,当这种关系动摇时,他就失去了生存的基础。他靠打小报告为生,缺乏体恤百姓的品德,一旦失势,没有人会同情他,这正是刘穆之可悲的地方。王弘地位的上升,还有另一重意义,他代表着南方王谢这些世族对刘裕的支持。这个条件是刘穆之所不能具备的,像刘穆之这样的人物只能是晋宋之际过渡性人物。

东晋末年,有的人嗜富贵如癖,如刘毅与诸葛长民。而刘穆之一生好给刘裕打小报告,也是一种嗜好吧,从内心世界讲也是贪图富贵。他一旦失宠,便焦虑而死,从这一点讲,富与贵实在是为人的累赘。

他的孙子是历史上最恶心的人,生了另一种怪癖,大概是对其爷爷的报应吧。在这里,我还想提醒一下那些对告密有嗜好的朋友,可别到欲为布衣而不可得那一步,别因恐惧富贵的得而复失而焦虑伤了身子。无论身处顺境还是逆境,关键是心态,心态不能摆正,永远会深陷苦恼之中。

六十二、东晋最后逆时代潮流而动的良臣

那天,听说主簿吴隐之的女儿要出嫁了,中军将军、尚书令谢石关心下属,知道吴隐之家穷,"遣女必当率薄",便吩咐手下人带着办喜事所需的各种物品去帮忙操办。结果让手下人大跌眼镜的是,他到了吴隐之家,只见冷冷清清,毫无办喜事的气氛,不见一个宾客,不见一件嫁妆,只见婢女牵了一只狗要去市上卖,原来吴隐之要靠卖狗的钱来做女儿的嫁资!真让人啧啧称奇。一千年后的海瑞买两斤肉给老母亲做寿跟这个故事如出一辙。

见过穷的,没见过像吴隐之这么穷的官吏。谢石的手下人纳闷,不对啊,吴隐之做过多年秘书工作,先是为桓温所欣赏,拜奉朝请、尚书郎;前不久又被谢石点名要过去做主簿。东晋时的主簿,相当于秘书长,虽然不是什么了不起的大官,为将相大臣一幕僚而已。但若论其地位,却又十分重要;论其权力,有时甚至大得使人咋舌。那时候谢石声誉日隆,炙手可热,且谢家十分富有,吴隐之在他手下工作,俸禄定当不菲。退一步说,吴隐之的俸禄即使不多,但他只要运用自己的地位和影响,以顶头上司谢石(也是敛财有方的主)为榜样,能捞的时候就捞他一把,怎么也不会穷到卖狗嫁女的地步。

在那个年代,你越清廉,人家越觉得你在作秀,是坚持不了多久的,因为你是逆潮流而动。晋朝可以说整个官场相当浑浊,贿赂公行贪腐遍地,何曾父子日食万钱,石崇与王恺比阔斗富,都发生在那个时代。只需稍稍熏熏风,都能使你染上铜钱臭气。

下 篇

吴隐之拒绝了谢石大人的好意。手下的人只好无奈回去复命，谢石也无法体会吴隐之的想法。史书上对吴隐之的记载是这样的："弱冠而介立，有清操"；"虽居清显，禄赐皆班亲族，冬月无被，尝浣衣，乃被絮，勤苦同于贫庶"。他家为何会如此穷，原来是他始终保持清廉的操守，又乐善好施造成的。

吴隐之后来能从幕僚走上官员序列，当然还不是他清廉的原因，而是由于他的孝心。母亲去世时，他悲痛万分，每天早晨都以泪洗面，行人皆为之动容。当时韩康伯是他的邻居，韩康伯之母常对康伯说："你若是当了官，就应当推荐像他那样的。"后来，韩康伯成了吏部尚书，便推荐吴隐之为辅国功曹。再后来他入朝，做了中书侍郎。

此后，他在朝内外历任要职。但他始终做到一点，俸禄大部分给了亲戚与族人，自己的生活与庶民一样。后来，他又担任尚书、太常、中领军等要职，廉洁俭朴的作风始终如一。在他的影响下，其子孙也都保持着廉洁谨慎的传统。

有了这样的美誉度，朝廷决定派他去广州做刺史，目的就是希望他到那里去树立新的形象，改变过去岭南历任刺史皆贪污受贿中饱私囊的弊端。

当时的广州跟现在不一样，它是个令人又爱又恨的地方。爱的是这里环围山海，出产珍品异物。一匣宝物，足够几代费用。恨的是路途遥远，属于蛮荒之地。加上瘴疫流行，一般人根本适应不了，从而视为畏途。所以，只有家境贫寒在内地无法登上官阶的人，才求补此地长官。历任刺史皆多贪贿的由来就不奇怪了。

在吴隐之赴任途中，距广州二十里一个叫石门的地方，有水称为"贪泉"，据说喝了此泉水就会贪得无厌。吴隐之不信这个邪，到了这里，对亲人和随从说："若心中没有贪念，便不会乱了分寸。越过五岭丧失廉洁，我知道其中的原因了。"他特意来到泉水所在处，舀取泉水喝了，并赋诗明志："古人云此水，一歃怀千金。试使夷齐饮，终当不易心。"即：古人有言称此水，举杯一尝思千金。试让伯夷叔齐饮，始终不变廉洁心。

吴隐之到广州以后，喝了贪泉的他崇尚廉洁的品行有增无减。他日常吃饭不过是蔬菜和干鱼罢了，官备的帷帐器用服装，皆交给仓库。当地人认为他是故意作秀，然而他始终不改变自己的做法。元兴初年，晋安帝司马德宗下诏表扬吴隐之孝友胜于他人，俸禄均给九族，衣食菲薄廉洁纯贞，俭约限于食鱼；置身于可满足私欲之地，却不更改他的情操，享有攫取财富的权力，而举家不换旧服；革除奢望追求节俭，南疆旧貌有很大改观。

广州靠海，盛产鱼虾，吴隐之手下的人为了拍上司的马屁，居然想出一招，给吴大人送来剔除骨刺的鱼。结果他被吴隐之骂个狗头喷血，还被赶了出去。

真是服了吴隐之，广州是一块肥得流油的地方。掌权者只要随便"捞一把"，便可大发横财。在这种环境和条件下，吴隐之能够清廉自律，守住清贫，着实让人崇敬。

由于在广州的出色表现，吴隐之被调到朝廷。一家人乘船从番禺回来，船上没有多余资财。他的妻子携带一斤沉香，吴隐之发现了，觉得这不是他原先从老家带到广州的东西，来路不明，便投到水中去了。吴隐之的清廉是一贯的。他家里只有数亩小宅第，篱笆墙倾斜败坏，内外茅屋六间，室内以苇席作屏风，座位无衬垫。即使如此，他清苦节约仍旧如常。每月领取俸禄，他取部分留作自身用，其余的全部分散救济亲族，家人搓麻纺纱供日用。有时困难到极点，他竟将一天的粮食匀成两天吃。

说起官场的贪墨，很多人会把责任推给体制和环境。官场环境一旦不好，贪官就会层出不穷，连好官也会变坏的。集体腐败蔚然成风，塌方式的腐败也就顺理成章了。其实，外部环境固然对人产生重要影响，但内因

下 篇

才是决定个人发展的主导因素。一个人能否保持清廉,关键在于自身拒腐防变的本领,不能怪罪于客观条件。真正的清廉之士,不管处在何种环境和条件下,也不管手中有权还是无权,都不会改变其廉洁的操守。

初唐四杰之一的王勃在《滕王阁序》中写道:"酌贪泉而觉爽,处涸辙以犹欢。"意思是,即使喝了贪泉的水也觉得清爽可口,并不滋生贪心;即使像鲋鱼处于即将干涸的车辙中,也还是高高兴兴。他真心希望吴隐之式的好官越来越多地出现在这个社会上。

从吴隐之的身上,我们看到了晋武帝早期的影子。晋武帝认为晋朝承袭了魏国刻薄奢侈的风俗,于是用仁义节俭的德行来矫正这种风气。遗憾的是这个开国皇帝只开了个头坚持了一阵子,后来奢侈之风就泛滥成灾了。另外,我觉得吴隐之是幸运的,比同为清官的海瑞要幸运得多。他的鹤立鸡群没有被人排挤,也没有遭人嫉妒,没有卷入政治斗争,也没有成为政敌攻击的靶子。可见,晋朝对人的宽容度明显比明朝要强,这估计跟追逐个性解放的时代有关吧。

吴隐之,这个逆潮流而动的良臣,他虽没办法挽救岌岌可危的朝廷,也没办法改变浑浑噩噩的政风,但他实实在在地树立起崇尚清廉这个标杆,为后人提供了一个很好的借鉴。

六十三、走最苦的路，看最好的风景

陶渊明的"不为五斗米而折腰"的经典故事早已家喻户晓，这个彭泽令人贫志不贫也早已成为中国文学史上的一个典范。但是读了晋宋之际的历史，你会发现事情远没那么简单。你想想，作为县令，上级派来一位督邮来见他，县吏叫他穿好官服去迎接。这是晋朝官场最常见不过的惯例，陶渊明却说根本接受不了，于是挂冠而去。

很多人对陶渊明这个行为感到纳闷，陶渊明难不成是官场的外星人？尽管陶渊明在《归去来兮辞序》中做了解释和说明。

余家贫，耕植不足以自给。幼稚盈室，缾无储粟，生生所资，未见其术。亲故多劝余为长吏，脱然有怀，求之靡途。会有四方之事，诸侯以惠爱为德，家叔以余贫苦，遂见用为小邑。于时风波未静，心惮远役。彭泽去家百里，公田之利，足以为酒，故便求之。及少日，眷然有归欤之情。何则？质性自然，非矫厉所得；饥冻虽切；违己交病。尝从人事，皆口腹自役。于是怅然慷慨，深愧平生之志。犹望一稔，当敛裳宵逝。寻程氏妹丧于武昌，情在骏奔，自免去职。仲秋至冬，在官八十余日。因事顺心，命篇曰《归去来兮》。乙巳岁十一月也。

这里他说出了当时求官的四个理由："余家贫，耕植不足以自给"，做官是为了解决生活的困难，挣点钱花，因为实在是太穷了；"家叔以余贫苦，遂见用为小邑"，自己还是有机会的，主要是他的族叔有资源，能为他提供做官的条件；"彭泽去家百里"，之所以请求做彭泽县令，是因为大

下 篇

规模的战争刚刚停止，天下还不太平，自己不愿远离故土，而彭泽县离家乡寻阳比较近；当然更重要的是，"公田之利，足以为酒"，做县令还可以利用公田种点粮食酿点酒喝。

同时他也说了辞官两个理由：第一，当官毕竟是违背自己本性的，所以感到不舒服，这是辞官的主观原因；第二，正好赶上妹妹的丧事，所以就"自免去职"了，这是辞官的客观原因。"在官八十余日"，"因事顺心"，在他担任彭泽县令期间也没有发生什么不愉快的事情。难道因为上级领导下来检查工作就辞官，因为自己感到行动不自由就辞官，因为有亲人去世需要奔丧就辞官，那天下的官谁来做？不管你信不信，反正我是不信的。

陶渊明的家世原本不错，曾祖父陶侃是对东晋有过卓越贡献的大臣，祖父也做过太守，但到陶渊明时家道已然衰落。但早年的陶渊明在政治上很有抱负，也曾"猛志逸四海，骞翮思远翥"，也曾希望建功立业、兼济天下。东晋士族文人普遍企羡隐逸，追求精神自由。本性洒脱的陶渊明自然也加入了这一潮流，成为儒道双修之人。

都说魏晋风度离不开酒，陶渊明也不例外。那天，陶渊明正在酿酒，郡将前来探望。适值酒熟，陶渊明顺手取下头上葛巾漉酒。漉完酒之后，他仍将葛巾罩在头上，然后接待客人，好个率真的动作。王弘做江州刺史的时候，重阳节这天陶渊明没有酒喝，就在东篱采了一把菊花，又坐在东篱旁边。过了一会，陶渊明望见一个穿白衣的人过来了，原来是刺史王弘给他送酒来了。陶渊明当即小酌一番，大醉而止。陶渊明家里有一张不加装饰的琴，也没有琴弦。每逢饮酒聚会的时候，他便抚弄一番，来表达其中意趣。

毕竟陶渊明接受过传统儒家教育，决心要投身治理家国天下。但这位崇尚魏晋风度、嗜酒如命的人，在政治上却很不得志的。陶渊明先后五次出仕：第一次起为州祭酒，第二次入桓玄军幕，第三次为镇军参军，第四次为建威参军，第五次任彭泽县令。先说一个背景，陶渊明的曾祖父陶侃跟桓温交情不错。陶渊明的出仕，桓玄起了不小作用，尤其是投身于桓玄幕府，主要是政治选择的结果。在当时，他认为晋朝必败，桓玄必胜，其政治前途是一片光明的，故有此选择。但他没有料到的是，桓玄集团那么快就被刘裕消灭了，由此仕于桓玄的经历就在他心里留下巨大的阴影。

就当时的历史情况而言，作为已经覆灭的桓玄政治集团的一分子，或者说桓玄集团的余党，陶渊明必须妥善处理与刘裕集团和皇室集团的关系，这是他赖以生存的政治根基。所以有人说求做彭泽县令是划清与桓玄的界限，意在消除当朝权贵对他在政治上的警觉。辞去彭泽县令则是不愿与刘裕为伍，是在政治高压之下岌岌可危的人生命运中的良苦用心。这是公元405年的事。

果然，从公元407年开始，刘裕对桓玄的余党进行了残酷的迫害和诛杀。这种政治清洗是极其残酷的，有时不分青红皂白，所以有很多人死于非命。而陶渊明早已经摘清了与桓玄的瓜葛，并彻底脱离了桓、刘两党斗争的是是非非，躲过了这一劫。所以在将归未归之际，他唱出了"归去来兮"那凄美、潇洒、激越的人生音调。

有人辞官是云淡风轻；有人辞官是"世界这么大，我想去看看"；而对于陶渊明来说，他则是"久在樊笼里，复得反自然"。事实上，陶渊明的文学成就与他的政治阅历也是密不可分的。因为一个不懂政治的人永远不会超越政治，一个没有政治情怀的人也永远不会有回归田园的梦想。陶渊明能够成为"古今隐逸诗人之宗"，能够创写伟大的田园诗，也是由其政治阅历和政治素养所决定的。

归隐后的陶渊明无疑更加清贫了。他在为官期间奉公守纪，清廉自爱，自然也就两袖清风。加之他本为文人，虽自小帮忙做农事，却并不精于此道，因而日子也就过得尤为凄苦。更糟糕的是，大火又烧了他的房子，田里有多害虫，气候变化无常，收成就很差。他夏天常常吃不饱，冬天连被子都没有。这样清苦的日子不是常人所能忍受的，但陶渊明却并不怨天尤人。

过去的名士，一边做着高官领着俸禄，一边在田园闲云野鹤，而很少真正参与到田园劳动中来，更不用说亲身体会田园生活的平淡、乏味、凄苦、艰辛。而陶渊明表现出是另一番魏晋风度。他亲自参与农事，"种豆南山下，草盛豆苗稀。晨兴理荒秽，带月荷锄归。"清晨早早出门去除草，要到晚上伴着月亮回家。在他的笔下，这一番平淡朴实的描写，却准确刻画了陶渊明田园生活的一天，平平淡淡，甚至乏味。然而陶渊明不但不嫌弃这样的生活，反而自得其乐，于平淡中发现无限妙趣。

走最苦的路，看最好的风景。他在老庄哲学里，看到了与自然的契合点。他享受自然赠予他的平淡舒适，不再被尘世琐碎所束缚。自然带给他的宁静与安详，仿佛天地都化于心中，难为外人道。自然的祥和与清幽赋予了他"质性自然，不慕荣利"的品性。

政治的终点正是他文学的起点，政治上的急流勇退正好成就了他在文坛上的地位。二十年后，一位在晋宋之际同样有影响力的诗人与陶渊明一样不得志，但他不像陶渊明那样选择退隐田间，反而锋芒毕露、讽刺朝廷，以至于惨遭毒手身死他乡。

六十四、一生五次见风使舵的人，最后的结局竟是这样

别以为拍马屁功夫一到家，你就会职场节节升职；也别以为你见风使舵，就会处处满面春风。同为桓玄集团的人，上一回的陶渊明很幸运，这一回的殷仲文就没那么走运了。跟陶渊明的耿直、清廉相比，殷仲文的逢场作戏、溜须拍马、贪财吝啬是出了名的。其实，人在做，天在看，命运在冥冥之中自有安排。

据《晋书》记载，殷仲文"少有才藻，美容貌"，跟陶渊明一样也是一表人才，因而成了曾经的东晋第一权臣桓温家的女婿。后来，殷仲文的堂兄殷仲堪（也是一方诸侯）将他推荐给辅政大臣、会稽王司马道子，被司马道子立即任用为骠骑参军。司马道子赏赐优待有加，于是殷仲文很快又转为谘议参军。随着司马道子的儿子、少壮派司马元显掌权，殷仲文又进入他的军中当上征房长史，由随军参谋升为副官。他这一路，可谓春风得意马蹄疾。

就在殷仲文春风得意的时候，桓玄正处于备受打压、郁郁不得志的时期。殷仲文与桓玄本是很亲的亲戚，殷仲文的妻子是桓玄的姐姐。桓玄因其父桓温晚年谋逆的事遭受牵连，所以朝廷一直对他深怀戒心而不敢任用。后来小舅子桓玄辞官回到荆楚封地策划造反，与朝廷的怨隙越闹越大，以至于姐夫殷仲文也受到牵连。殷仲文本来这小日子过得挺好，却被朝廷"疑而间之"，降职到如今安徽一带的新安当太守去了。这下把殷仲文气个半死，他当桓家的女婿不仅没有沾到一点光，反而尽跟着倒霉；他

下 篇

想急着跟小舅子撇清关系，于是开始了他第一次见风使舵。他一度与小舅子桓玄疏远起来，恨不得离小舅子越远越好。这就是史书上记载的两人曾有过一段"素不交密"的历史。

元兴元年（公元402年），野心家桓玄起兵谋反。殷仲文万万没有料到，桓玄盘踞长江中上游一带，数年合纵连横，居然给他折腾得蛮有气象。更让他难以料到的是，孝武帝暴崩，晋朝国祚传给一个智障少年；而先后辅政的司马道子父子又是那么腐败无能，居然让桓玄攻进石头城，掌了国政。

见桓玄成功摄政，殷仲文不假思索，迅速开始了他第二次见风使舵。当听说桓玄占据京师建康，殷仲文便立即放弃自己所辖的新安郡，赶回建康，前去投靠桓玄。桓玄非常高兴，此时的他正挟傀儡皇帝独令天下。一是出于亲情角度，二是出于人才考虑，对于这个曾在落难时疏远，如今又来趋炎附势的姐夫，桓玄并未嫌恶，反倒热情接纳了他，并恢复了他在司马道子手下担任过的谘议参军之职。

殷仲文确实是写文章高手。当年，他奉司马道子之命，曾打着酒鬼皇帝孝武帝旗号伪造了不少诏书；如今则是奉新主人桓玄旨意，打着智障皇帝晋安帝的旗号，继续捏造各种政令文书。不久，桓玄将殷仲文升为侍中，总揽内阁之事。殷仲文感激小舅子不念旧恶和知遇之恩，全情谋划桓玄篡位、安帝禅让的过程。整个过程是这样的：一是先由桓玄向朝廷申请出兵消灭北方姚兴的后秦政权，做足激昂慷慨、气吞胡虏的姿态，再下一道诏命救场，以"鞍马劳顿""休养生息"之类的借口对请战不予准许，让桓玄在出够风头后平稳着陆、安全退场；二是配合伪让，为种种无耻行径捧场。桓玄接受九锡时，先是屡次谦让，再假借天子诏命"遣百僚敦劝"，一时间天子劝完百官劝，赚足了面子；三是以退为进，为进一步实现野心铺路。桓玄先后两次"上表求归藩"，请求辞去朝廷职务，回到荆楚一带的藩国退隐；又两次由天子"诏令"不准，做足了欲擒故纵的文章。

按以往帝王"禅让"前的惯例，受让者大都先受九锡之礼。桓玄受九锡之赐，就是殷仲文的大作。元兴二年（公元403年），桓玄终于实现了其父桓温晚年没有实现的这一愿望，而隆重的僭号称帝仪式上，智障皇帝那段禅让辞，也是出自殷仲文的笔下。

桓玄篡位，时值隆冬。建康宫前登基仪式上，忽然"逆风迅激"，卷天匝地而起，刮得"旍旗仪饰皆倾偃"，现场一片狼藉。桓玄好不容易进殿，整衣正冠，移上宝座，又遇"其床忽陷"，偌大一张龙椅竟垮了架。就在"群下失色"。正值大家心中暗叫"不祥"之时，有人朗声赞道："皇上啊，这是天大的好事！这都是因为皇上圣德厚重，区区人皇之位所不能载，故而天降瑞兆，以示臣民！"桓玄听到此话，顿时"龙颜"大悦。众人循声望去，见那作此惊人之语的马屁精不是别人，正是当时朝中文臣之首、"总领诏命"的侍中殷仲文。这个马屁拍得让你不得不叫绝。见风使舵的人脑子总是特别好使，脑子不太灵光的人估计还没有这种本领。

由于殷仲文的出色表现，桓玄对其欣赏得很。殷仲文投靠前，桓玄身边的两大红人分别是王谧和卞范之，时人议论"王谧见礼而不亲，卞范之被亲而少礼"。殷仲文一来，则是"宠遇隆重，兼于王、卞"，成了桓玄身边辅佐的最亲近显贵之人。

如此卖命的工作自然会有回报。桓玄给殷仲文厚加封赏，车马器用服装，极尽华丽，后房中歌舞伎女加妻妾共有数十人，丝竹之音不绝。殷仲文生性贪婪，一应赏赐照单全收。他还常嫌不足，时而背着小舅子，利用职权搞点额外创收，以至"多所纳贿，家累千金"。但桓玄好景不长，当了九十天的伪皇帝，就被刘裕等起兵赶出建康。他沿江西逃，一路溃退。桓玄从水路逃命，将劫持的晋穆帝何皇后和晋安帝褚皇后留在巴陵。见桓

下 篇

玄的桓楚政权岌岌可危，形势大大不妙，于是殷仲文开启了第三次见风使舵模式。殷仲文身在桓玄战船上，却是脚踩两只船的高手，他想在两位皇后上做文章，假意请求率船接应溃散兵众，乘机背叛桓玄，将二后接到船中，投奔了刘裕大军。其后桓玄被杀，晋安帝在江陵"反正"重归皇位。殷仲文以保护二后之功得以抵罪，竟又在复辟后的朝廷内担任镇军长史。

第四次见风使舵是在朝廷恢复正常后，殷仲文主动上表，"交代"自己附逆期间表现，说那时"宴安昏宠，叨昧伪封"，帮助桓玄"锡文篡事"，实在是"宜其极法"该当死罪。但接下来，他又玩弄文辞巧言辩解：在桓玄兵变的"巨力"胁迫下，自己不过是微不足道的弱势个体，就像"洪波振壑"时被激流裹挟的一尾小鱼，又像"惊飚拂野"时任狂风摇撼的纤细枝条，一切都是在被动中不得已而为之。最后，他再次使用以退为进的花招，提出"乞解所职，待罪私门"，申请解职回家听候处理。

这样的检讨不能不说深刻，这样的理由不能不说充分，这样的请辞不能不说高明。刘裕见他文笔不错，将他继续留用朝中，并转任尚书。这里还有一幕比较有趣，留待下文再说。

殷仲文一向自负，自认为一定会主持国政，再加上过去被自己所轻视的谢混之流，都与自己比肩而立，所以常常怏怏不得志。义熙三年（公元407年）二月，他突然被刘裕调任东阳太守，就更加不高兴。荆州刺史刘毅爱才好士，对待殷仲文十分有礼。临到郡上任时，刘毅与殷仲文游玩欢饮一整天。他也对刘毅产生了敬意，在第五次见风使舵之时，便想投奔刘毅。但遗憾的是，刘毅的智商和战功不会比刘裕差多少，但情商远远低于刘裕。经过富阳时，殷仲文感慨地叹息说："看这里的山河地理形势，应当再出一个孙策。"这个孙策在他眼里就是刘毅。

赴任途中，殷仲文答应在顺路时去拜访江州刺史何无忌。当时东阳是在何无忌的管辖之内，何无忌平常就很敬慕殷仲文的名气。何无忌非常高兴，谨慎恭敬地对待此事。他命令府中的文人撰写文章，以等待殷仲文的到来。但是，殷仲文那时因为官场失意，神情恍惚，所以才没能过来相见。何无忌认为殷仲文这是瞧不起自己，正好此时南燕皇帝慕容超进兵侵犯东晋，何无忌便对刘裕说："桓玄的余党桓胤、殷仲文是我们的心腹大患，而北方的强盗却不必担心。"于是，刘裕就借手下的部将骆冰制造叛乱之机，杀了桓家的余党殷仲文等人。苦心经营一生的殷仲文就这样糊里糊涂送了性命，为他的见风使舵买了单。而此时，陶渊明则正在老家庐山山下过着"采菊东篱下，悠然见南山"的幸福生活。

这个殷仲文跟契诃夫的《变色龙》中见风使舵、趋炎附势的警官奥楚蔑洛夫如出一辙。写下这段历史，我没别的意思，只是想说，做人要有原则，见风使舵者无节操无底线，将会被无数人鄙夷和唾弃。

下 篇

六十五、不满现状,他第一个向"东晋式特权"开刀

公元407年的一天,确切地说是那年的正月初一,南燕国主慕容超临朝大会群臣,举行新春茶话会。慕容超感叹帝室的御用音乐不完备,提出指导性意见,要掳掠一些晋人作为补充的歌舞伎人。他话音刚落,就遭到武将们的强烈反对:应让天下的士民得到休养生息,而不要再去侵扰掠夺南面的邻国,以扩大我们仇敌的范围。但慕容超固执地说:"我的计划已定,不跟你们多说。"

而两年前,在南方,尽管音乐对于皇家而言,不仅是奢侈享受,也是宫廷礼仪、朝廷威严的一部分。但辅政大臣刘裕对此事却一切从简,"后庭无纨绮丝竹之音"。尚书殷仲文,也就是前一回说见风使舵的那个,也因为朝廷音乐设施不完备一事向刘裕请示,劝他重建。刘裕以"不懂音律"推托,说道:"现在没有时间做这件事,而且我也不懂它的道理。"殷仲文说:"如果你喜欢它,那就自然懂了。"刘裕说:"正因为懂了就会喜爱,所以我才不去学习它。"他的意思很明白,一旦通晓音律就可能沉湎其中,不仅增加开支,而且妨碍政务。

公元410年,不喜欢音乐的刘裕灭掉了爱好音乐的慕容超。两人一对比,谁高谁低一目了然。刘裕出身寒微,凭借军功和特殊时代机遇在东晋末年异军突起,一方面由于出身关系,对民间疾苦了解更多、更深入;另一方面冷眼旁观,对东晋吏治之腐朽、贪腐之误国,有较清醒的认识。他对魏晋风度很是反感,这种只知清谈不干事务,只知铺张不知节俭的做

派,迟早被社会所唾弃;他更对"东晋式的特权"切齿痛恨,这种只有权力没有义务、只知享受不顾民生的做法,迟早要导致亡国。作为辅政大臣的他不仅雷厉风行地推动廉政建设,更身体力行提倡俭朴风气,开启了向特权开刀的行动。

为扭转东晋末期的歪风邪气,心腹刘穆之率先给他出点子。当时东晋法律宽松,纲纪不立,门阀豪强可恃势凌人,兼并土地的行为令百姓流离失所,无法保护其产业。刘穆之以当时形势对法令进行修改调整,对门阀豪强加以约束,更让平民对法律有所适从。刘裕配合他,以身作则,取得了很好的效果,大大抑制了门阀豪强的兼并行为,很快就改变了当时的政治风气。

同时,刘裕还特地打击了一批贪污受贿的大臣,罢掉或处死许多士族或皇族出身的官吏。他的亲信、功臣中有"骄纵贪侈,不恤政事"的,他也严厉惩罚,甚至处死。诸葛长民因为轻狡好利,刘裕也狠下决心杀了他。诸葛长民临死前叹曰:"贫贱常思富贵,富贵必履机危。今日欲为丹徒布衣,岂可得也!"诸葛长民"富贵必履机危"这句话颇有哲理,当你感觉到危机想当布衣也难矣,还是过平常人的日子好,不用担惊受怕。

为改变比富炫富、铺张浪费的社会局面,刘裕从自身做起,"清简寡欲","严正有法度,未尝视珠玉舆马之饰","财帛皆在外府,内无私藏"。他对珠玉之类珍宝弃若敝屣,未即位前喜欢穿普通的木屐和皇后亲手缝制的布衣布袄,这种做法直接影响到他的后来。刘裕即位后他则把这些旧衣旧鞋分赠给公主们,让她们用这些东西告诫骄奢不节的后代。他的府邸十分简陋,床头有土鄣,陈设、用具则是葛灯笼、麻绳拂等民间寻常之物。公主出嫁向来是皇室大典,用度浩繁。但刘裕的几个公主出嫁时,嫁妆最多也只值二十万钱,陪嫁的器物也很平常。他唯一一次表现出对进贡珍宝的浓厚兴趣,是收到宁州送来的琥珀枕。原来有医生说"琥珀有疗伤奇

下　篇

效",他下令将琥珀枕捣碎,做成药材治疗伤病。

一切都在潜移默化,一切都在润物无声。

王弘的父亲王珣平时颇好积聚,财物布在民间。王珣死后,儿子王弘"悉燔券书,一不收责"。做到这一点真不容易,他把父亲放债在外的债券,一烧了之,那就得人心了。财富这个东西有聚必有散,聚而不知如何散,那就害子害孙了。富家子弟结局好的不多,王弘这一散是很聪明的一着。散财也要散得妙,妙在同刘裕步调保持高度一致。刘裕看重王弘的另一原因,估计也是因为他能体恤民众的疾苦。这一点是作为执政者必备的品德,没有这一点又何以服众呢?没多久,王弘就取代刘穆之成为刘裕身边的红人。

义熙八年(公元412年),刘裕上表请求遵循旧制,并主张用考试的办法加以甄别。东晋时期,中央和州、郡的大权一直掌握在王、谢、庚、桓四大家族手中。选拔官吏,主要依据门第,所谓"下品无高门,上品无贱族"。选出的官吏多是无才无识之辈,各州郡送来的秀才、孝廉多是滥竽充数。刘裕掌权后下令改变这种状况,要求按照九品中正制初置时的精神选拔人才。他重用了出身"寒微"的人,如刘穆之、檀道济、王镇恶、赵伦之等。

门阀特权制度下的百姓根本没有被关注过,刘裕却打破了这个惯例,十分关心百姓生活。他曾多次下令减免税役,"蠲租布二年",使百姓能多少减轻一些负担。他在平定刘毅时,也曾下令减免税役,对于那些原来因战争需要而被征发的奴隶也一律放还。同时,刘裕整顿赋役制度,下令严禁地方官吏滥征租税、徭役,规定租税、徭役,都以现存户口为准。凡是州、郡、县的官吏利用官府之名,占据屯田、园地的,一律废除。拿现在的话来说,就是地方政府私设名目的与民争利行为,一律要取消。

还有一个例子很能说明刘裕的爱民。刁氏一族向来富有,奴客也多,在其宗族桓玄败死后被诛灭时，刘裕亦将刁家的资产都分发给老百姓，让人们按己力取用，赈济当时处于饥荒及战乱中的人民。后来刘裕在义熙九年（公元413年）还将临沂、湖熟原属皇后所有，用来资助其化妆品开销的田地分配给穷人。

在他的影响下，他的儿子，也就是刘宋第三代皇帝宋文帝刘义隆同样提倡节俭且以身作则。鉴于当时奢靡风气业已抬头，他刻意让宫中养蚕并诏告天下，希望引领勤俭风气。他的弟弟刘义恭出任荆州刺史，他专门写信告诫"一月自用不可过三十万，若能省此（比三十万更少），益美"，谆谆嘱咐他"声乐嬉游，不宜令过，蒲（赌博）酒渔猎，一切勿为。供用奉身，皆有节度，奇服异器，不宜兴长"，要求他不要大兴土木修建府邸。公元445年，他的弟弟刘义季出任南兖州刺史，他设宴饯行，众弟都来参加。他故意推迟上菜，让这些"少长丰佚，不见百姓艰难"的宗室近亲"识有饥苦，知以节俭御物"，受到史家赞赏。当然，这是后话了。

大刀阔斧铲除"东晋式特权"，刘裕给了昏昏欲睡、摇摇欲坠的东晋最后一服猛剂。当然这也为他后来的篡位奠定了基础，难怪鲁迅先生说他是南朝唯一值得肯定的君主。田余庆则将刘裕视为门阀政治的掘墓人，认为门阀政治终结于刘裕之手。刘裕代晋之后，门阀士族虽然仍然存在，但已不是决定性的政治力量了。

刘裕是时势造就的英雄。撇开他谋权篡位、杀害东晋末帝等龌龊行为，他所做的改革，无疑推动了社会的进步，促进了历史的发展。

下 篇

六十六、谢大才子，你怎么可以忘记自己的初心

初心，就是在人生的起点所许下的梦想。早年的你博览群书，在江东一带，文章没有谁能胜过你。全东晋的人都为你的初心所折服。"天下才共十斗，曹子建独占八斗，吾占一斗，天下才共分一斗。"无疑，你想用你的才华去延续祖先的荣光，你想用你的才华去建功立业。然而在瞬息万变的繁华世事中，你是否已走得太远，以至于忘了为什么出发？

谢灵运是东晋名将谢玄的孙子。公元385年，即淝水之战的两年后，他生在会稽始宁（今浙江绍兴嵊州）。父亲名为谢瑍，母亲刘氏是王羲之和郗璿的独女王孟姜的女儿。年仅八岁的他因其父亲早逝，袭封为康乐公。十五岁时，他从钱塘搬到了建康的乌衣巷，和一批贵族子弟饮酒赋诗，过上一段风流高雅的生活，称为"乌衣之游"。

生于贵族之家的谢灵运，富贵荣华唾手可得。加上他的聪明才智，本是高起点大手笔的人生，可以浓缩其他屌丝数十年乃至一辈子的奋斗经历。可偏偏谢灵运是一个不守规矩的人，经济的富足对他来说不够，生活的清闲也不够，一定的政治地位和文学影响力仍然不够，加上他傲慢、偏激的性格，最终造成了悲剧。他学过佛，擅于刻画山水，但这些对谢灵运的心灵似乎没有太多的滋润。

二十岁那年他出来做官，原因不需要详细说明了，先后担任辅政大臣司马德文、大将军刘毅的参军。然而这两个上司一个太懦弱，一个太好胜。东晋被刘裕摧毁垮台后，由于谢家的家族影响力，加上谢灵运运气很好，还能全身而退。到了三十五岁，又到刘裕的手下任黄

门侍郎。

按理说,经历政治斗争的风浪,加上十五年的官场生涯,会让谢灵运懂得很多官场规则。可他偏不,一如既往地个性过于张扬。尤其在刘裕手下任职后,他最大的乐趣居然是:对同事评头论足,又不说好话,一张嘴太臭。他的族叔谢混批评他:"博而无检。"由于跟同事关系处理不太好,后来也就时时被诸多不顺缠上身。

他有个随从叫桂兴,跟着谢灵运很久了,后来居然跟谢灵运的小妾搞上了不正当关系。谢灵运听说后大怒,派人把桂兴杀死在江边。其实这不算什么事,主子杀奴仆司空见惯,尤其像谢氏这样的大族,属于清理门户。但时任尚书仆射的王弘借题发挥,上书弹劾,说这事伤风败俗,影响太坏,应当重重惩罚谢灵运才能解民愤。

为什么会这样?因为王弘的父亲王珣。当年谢安为了国家利益而影响到王珣的利益,导致两人不和。上辈子积下的怨恨,到这一代还没有化解。这时正遇上刘裕要对特权进行打击,于是抓住典型,敲山震虎,顺势免了谢灵运的官。

刘裕篡位建立南朝宋时,为了笼络人心,谢灵运又被任命为散骑常侍、太子左卫率,身居高位。刘裕的次子刘义真和谢灵运等人几乎天天聚会。刘义真说:"我如果得志的话,就让谢灵运、颜延之做宰相。"手下的人劝说:"这两个人不像政治家。"刘义真答:"谢灵运不切实际,颜延之心胸狭窄,确实是有毛病的。但是魏文帝曹丕曾经说过古今文人多是不拘小节,我和他们处得好,实在是因为性情相投。"

无奈刘义真死得早,没能兑现他的诺言。谢灵运在政治上抱有很大的雄心,却高傲、坦露、褊躁,不擅权谋,最终受到宋新贵集团的排挤,到了永嘉。表面看,天生放荡不羁的人,你把他放在哪儿他都到处游荡。其实这时候的他内心十分矛盾。他一方面想成为朝廷有用之才,一方面又不想受管控我行我素。当时的永嘉为偏僻蛮荒之地,从他的《登池上楼》的诗句中就能看出他进退维谷的忧郁和无可奈何的怅恨。等到宋文帝刘义隆继位后,身为秘书监的谢灵运,自以为他的才能、名望和辈分完全有能力参与朝政。但理想很丰满,现实很骨感。跟刘义真不同,宋文帝刘义隆只是看重他的文才,顶多让他参加个宴会一起吟诗作赋之类的。感觉怀才不遇的谢灵运开始抱怨朝廷。

没多久,无论名声还是水平一直都居于谢灵运之下的王昙首、王华、殷景仁都得到了重用,谢灵运更加愤愤不平。谢灵运开始经常以身体不适等原因不参加朝会,以示无声的抗议。不去上班的他除了写诗外,还喜欢郊游、探险。他有时候出城游玩,跑个百十里地,十来天也不回来。谢灵运既不上书奏报,也不写请假条。唉,谢大才子,你忘记了,这不再是两晋王朝,魏晋风度不再是主旋律啦。做人最可怕的是对规矩的蔑视。官员

温州谢灵运池上楼故址如园

不上班那成何体统？如果每个人都这样的话，那朝廷的事情谁来做？宋文帝实在是看不下去了，但碍于情面，不想伤害君臣之间的感情，于是委婉地让谢灵运自己请辞。

请辞就请辞，世界这么大，我正想去看看。谢灵运于是上书请辞，以身体欠佳的名义，请假回会稽老家养病去。谁知道谢灵运回到会稽也不守规矩，好为山泽之游，穷幽极险。玩就玩呗，他每次出去还都带着百十来号人，伐木开道，严重扰民，当地老百姓还以为是山贼呢。时任会稽太守孟顗与谢灵运之间有嫌隙，于是就上表弹劾他。谢灵运也上表为自己喊冤，说根本不是孟顗说的那样。宋文帝知道谢灵运是被诬陷的，未予追究。

看这样也不是办法，宋文帝只好再给他找一个差事做，让他去当临川内史。但他依然荒废政事，遨游山水。平心而论，以宋文帝为代表的当权者已经对他很宽容，可是他根本不领情，依然故我，最终走上了一条不归路。后来，司徒刘义康遣使收录，谢灵运兴兵拒捕，犯下了死罪。而宋文帝爱惜谢灵运的才能，不忍心杀他，罢了他的官就是了。但是彭城王刘义康不愿就此善罢甘休，死罪可免，活罪难逃，就把谢灵运流放到广州。元嘉十年（公元433年），谢灵运因密谋使人劫救自己，不幸事发，被文帝以"叛逆"罪名杀害，终年四十九岁。一代奇才，就此凋零。

谢灵运可能至死也不明白，有一个身负权势的父亲，并不一定保证你一生无忧；可是遵守规则，你就永远能活得坦坦荡荡。再也没有什么比规则更冷冰冰、硬邦邦、毫无人情的了。你不遵守它，它比老虎还要可怕；当你遵守它，它就是你最坚实的盔甲和最温暖的外衣。

谢灵运还忘了自己的初心。他没能明白，初心能给他一种积极进取的状态。初心正如一个新生儿面对这个世界一样，永远充满好奇、求知欲和赞叹。初心也能给他成长的内在力量。星云大师说："生活很辛苦，只要你不忘记最初为什么开始，就心甘情愿。不忘初心，就是力量。"

下 篇

刘裕是东晋王朝的掘墓人，谢灵运则是魏晋风度的终结者。谢灵运之后，再无魏晋，再无名士，再无风流。

不过，好在他在永嘉郡实行道家的"无为之治"，重教化，兴郡学，提倡水利，勉励农桑，关心民间疾苦，做了不少好事；好在他开创了中国山水诗的先河，没有他开创的山水诗派，唐朝诗人的山水诗就不一定能如此迅速地成熟并登峰造极。若没有这些成就，他将如何面对在九泉之下的曾祖谢安和祖父谢玄呢？

唉，一声长叹，穿越时空，从一千五百年前的南朝宋到公元二〇一六年七月二十九日。

参考文献

［1］房玄龄等. 晋书［M］. 北京：中华书局，1974.

［2］司马光. 资治通鉴［M］. 太原：北岳文艺出版社，1995.

［3］刘义庆. 世说新语［M］. 北京：中华书局，2009.

［4］周一良. 魏晋南北朝论集［M］. 北京：北京大学出版社，2010.

［5］尼采. 论道德的谱系［M］. 北京：生活·读书·新知三联书店，1992.

［6］蒙思明. 魏晋南北朝的社会［M］. 上海：上海世纪出版集团，2007.

［7］万绳楠. 陈寅恪魏晋南北朝史讲演录［M］. 贵州：贵州人民出版社，2008.

［8］田余庆. 东晋门阀政治［M］. 北京：北京大学出版社，2012.

［9］孙立群. 从司马到司马［M］. 北京：中华书局，2011.

［10］张新科主编. 晋书解读［M］. 昆明：云南出版集团，2011.

［11］唐长儒. 魏晋南北朝史论丛［M］. 北京：商务印书馆，2010.

［12］陈琳国，陈群. 可汗的子孙与魏晋乱世［M］. 北京：北京时代华文书局，2013.

［13］干宝. 搜神记［M］. 扬州：江苏广陵书社有限公司，2012.

［14］尹剑翔. 燃烧的两晋［M］. 哈尔滨：黑龙江教育出版社，2014.

［15］陈锋，王翰. 治国宰相［M］. 武汉：长江文艺出版社，1999.

［16］吕思勉. 两晋南北朝史［M］. 上海：上海古籍出版社，1983.

［17］川本芳昭. 中华的崩溃与扩大［M］. 桂林：广西师范大学出版社，2014.